アナーキズム

政治思想史的考察

森政稔

作品社

まえがき

最初にことわっておかなければならないことは、本書は表題に「アナーキズム」を掲げてはいるが、その主要な対象は運動や思想としてのアナーキズムそのものではなく、「アナーキズム的モーメント」であるということである。ここで「アナーキズム的モーメント」と呼ぶのは、狭義のアナーキズムのように正面から統治や支配を否定しようとする考え方に限らず、統治することにはたとえ民主主義であっても深刻な限界や自己矛盾、正当性の欠如などがあることを明らかにし、またこのような統治の限界や正当性の欠如には理由があることを承認するような、より広い思想的契機のことである（この「アナーキズム的モーメント」を本書では「アナーキズム的なもの」「アナーキズム的諸思想」などと文脈によって言い換えて用いているが、内容はほぼ重なっている）。

アナーキズム研究の多くは、自らもアナーキスト的信条や心情を持つ著者によって書かれることが多く、研究と実践とが重なっていることがむしろ普通である。このことはもちろんそれなりの必然性があることであり、決して非難されるような性質のことではない。政治思想は、アナーキズムに限らずもともと実践的関心抜きに純粋な知的興味だけで語られるものではない。なかでもアナーキズムのようなマイナーな思想系譜は、実践家の知的貢献がなかったならば、歴史のなかに埋もれて顧みられることはなかっただろう。そういう実践家への敬意を念頭に置いたうえで、私が本書で試みたいことは、アナーキズムに関連する思想を、実践的な運動としてのアナーキズムから相対的に距離を設けて、政治思想や政治理論の歴史のなかで「アナーキズム的モーメント」が果たしてきた役割を学問的に明らかにしようとすることである。

なぜそのような、実践家からは無意味だと思われるようなことを試みるのかを明快に語ることは、必ずしも容易ではない。その意義があるか否かは本書全体で答えられるべきものではあるが、ここではそのうちのいくつかを簡単に先取りして述べておきたい。

今も昔も、自らをアナーキストだと称する人はごく少数である。なぜアナーキストがごく少数に止まるかと言えば、これには複数の異なる理由が存在し、それがすでにアナーキズムの多義性を示唆している。アナーキズムは一方では国家を否認する過激な思想として捉えられ、共産主義などと並んで、あるいはそれ以上に最も危険な左翼思想と同一視されることが多い。そこには破壊活動、陰謀、テロリズムなどが連想される。こうした暗いイメージはもちろん過去のアナーキズムの思想や運動のすべてを覆うわけではないが、しかしアナーキズムを自称してきた勢力の一部に責任がないとは言えない。

他方、アナーキズムはしばしば、思想は立派なのだが、あまりに理想が高すぎるために現実的ではなく、付いていけないとみなされることも多い。こちらのアナーキズムのイメージは先のものとは異なり、平和主義的・理想主義的であって、それゆえ近代にあっては暴力を独占する装置である国家（とくに主権を有する国民国家）を原理的に否認するのだと考えられている。このような理想に共感する人は少なからずいるのだが、だからといって暴力装置である国家を廃止するならば、外敵のみならず私たち相互の暴力からも逃れることができなくなり、国家の廃止がより頻度の高い暴力を野放しにするという問題に応えることが困難になる。ホッブズが論じたように、「万人の万人に対する闘争」を終焉させるためには国家を設立するしかない、というような議論のリアリティは今も失われていない。

本書はこのような二つの文脈に即してアナーキズムを弁護することを目的にするものではない。しかし、これらに問題があるからといってアナーキズムとそれに関連する思想が意義を失うかというと、立ち止まって考えてみる必要がある。たとえば、ただちに国家を廃止するような考えが非現実的であるからといって、積極的に国家を正当化する立場へと飛躍しなければならないかどうかという問題である。

国家の正当化には政治哲学上さまざまなレベルが存在する。一方では国家を何か倫理的に優れた実体とする立場が存在するが、これも前提如何でその持つ意味が大きく変わってくる。たとえばアリストテレスの「ゾーン・ポリティコン」に依拠するならば、国家とは「われわれ市民」の集合体を意味する。それに対して、しばしば悪名が高いものは、国家を市民から切り離された崇拝すべき超越的実体と捉え、国家への一方的な献身を説くものである。アリストテレスの理想を支持する立場は現在も健在だが、しかしそれにふさわしい政治的共同体をわれわれが持ち得ているかという点では、心もとないのが実状だとも言える。

他方、国家を積極的に肯定するのではなく、それ自体にはとくに倫理的価値はないが、ないと困るために、消極的に国家を肯定する立場は、自由主義を中心として数多く主張されてきた。国家は、それがなければより多くの悪を私たちが甘受せざるを得ないゆえに、必要悪として認められるというものである。そのような考え方は、いまだ自由主義とは言えないがその源流とされることもあるホッブズに遡り、近代の自由主義において必要悪としての国家という見方が継承された。現代の自由民主主義的な社会に住む者にとって、このような考え方は生活実感に合致し、比較的受け入れやすいものであるが、問題がないわけではない。たとえば国家の主権と個人の自由とのあいだの対立はつねに可能性としてあり、これをどのように線引きするかは困難な問題であり続けている。とくにさまざまな危機への対処が急がれ、例外が日常的になる現代にあって、国民の自由や安全の名において、主権的権力がどこまでも介入する正当性を得るようになったという問題が再浮上している。

政治学の一般的な常識として、軍隊に代表される暴力装置は、国家の最後の手段（ultima ratio）とされてきた。この意味するところは両義的である。すなわち、暴力は通常は政治から排除され、政治は暴力の対極にあるものとされる。しかし同時に、暴力の担保なしに政治はあり得ず、究極的には政治は暴力に依存していることになる。このような理解が誤っているわけではないが、なぜ国家が必要なのか、国家の暴力は正当化されるのか、国家の代わりとなるような社会関係はあり得るのか、といった根本的な問いを封じ、それ以上考えなくさせる働きをしているとも考えられる。アナーキズムとそれに関連する諸思想は、こうした問題を問うということ自体に意味を見出すことができるだろう。

政治思想史学や政治哲学は、政治を成り立たせながら、通常の政治によっては覆い隠されるような契機を、しばしば〈政治的なもの〉と呼んできた。危機が日常化しているとされる今日、〈政治的なもの〉を「友と敵の区別」や「例外時の決断」などに求めたカール・シュミットらの議論が注目を集めるようになっている。それに対してアナーキズムは通常、政治を否定する思想と考えられているゆえに、これが「政治思想」に含まれるかどうかも自明ではない。しかし、シュミットに代表される〈政治的なもの〉のしばしば危険な突出を批判的に検討する意味でも、アナーキズム的な諸思想を検討することには意味があるだろう。

アナーキズム的な諸思想は、〈政治的なもの〉をいわば裏からあぶり出す意味を有するとともに、〈政治的なもの〉をその限界の側から考え直すことを可能にするかもしれない。それも本書の目的に加え、アナーキズムとその周辺の思想をさまざまな見地から取り上げてみることにしたい。

アナーキズム——政治思想史的考察＊目次

I　アナーキズムの思想的意義

II　先駆者たち

Ⅳ　その後の展開

アナーキズム——政治思想史的考察

凡例

本書は既発表の諸論文をもとに構成されているため、註その他の表記は初出時では統一されていなかった。本書にまとめるさいにできるだけ統一を心掛けたが、必ずしも統一されていない箇所があることをご寛恕いただきたい。

引用文については訳書のあるものはできるだけそれを使わせていただいているが、一部表記の統一などの理由で変更した箇所がある。また引用文中の強調の傍点は繁雑なため省略している。

序章　アナーキズムとアナーキズム的なものの概念をめぐって

1　アナーキズムと「アナーキズム的なもの」の諸相

今日、しばしば指摘されるように、国民国家の観念が揺らいで国家の正当性が問題とされ、またグローバル資本主義システムが国民国家の境界を曖昧にするとともに、世界中で反グローバリズムの社会運動が「グローバル」に発生する事態となっている。こうした社会運動のなかには、後で見るように部分的にはアナーキズム的色彩を有するものも多い。

一方アナーキズムといえば、何かこの現代社会とは縁遠い、論外な思想や運動として、はじめからまじめに扱われないこともある。アナーキズムは一九世紀から二〇世紀にかけて存在した、すでに過去のものとなった過激な思想や運動と思われることもあれば、また国家のない世界を夢想する空虚なユートピア思想にすぎないとされることもある。アナーキズムの通史や概説書などは比較的多く出版されてはいるが、過去の思想は一応理解できても、それが現在にどのようにつながるのかがよくわからないものがむしろ普通である。このようなことになるのは、アナーキズムの概念が明確ではない一方で、同時に固定観念によって縛られている面があるからだと言えよう。そうした混乱を避け、アナーキズム的な思想の意義を再検討するためには、アナーキズムを明確に自称する思想や運動だけではなく、それらを含むより広い裾野を研究の射程に入れることが重要である。

まず、どのような立場の人もアナーキズムといえばその典型として思い浮かべるような思想や運動を、「狭義のアナーキズム」と名付けてみたい。この狭義のアナーキズムは、一九世紀後半のヨーロッパに成立した社会運動であり、その思想形成の中心をなした人物としては、バクーニン（Mikhail Bakunin 一八一四－七六）やクロポトキン（Pjotr Aljeksjejevich Kropotkin 一八四二－一九二一）らを挙げることができる（一般にはプルードンもこのような思想の典型とみなされることが多いが、すぐ後に述べる理由から、プルードンはこのなかには含めない）。もっともこれらは決して一体の思想や運動ではなく、平和主義的な立場をとるクロポトキンと、謀略もあえて行い蜂起に賭けたバクーニンとはむしろ両極だと見ることができる。

この時代のアナーキズムは基本的に左翼、社会主義に属すると見られた。そして他の社会主義の流派、たとえば国家の役割を重視する社会民主主義や、前衛党による指導に労働者を服させるマルクス主義（とりわけボリシェヴィズム）と対比される。バクーニンはマルクス（Karl Marx 一八一八－八三）の論敵として自らを位置付けたし、日本でも大杉栄のようなアナーキストは、マルクス主義者の押し付ける党規律に強く反発した（いわゆるアナ・ボル論争）。こうした左派内部の競合関係のなかで、アナーキズムは労働運動と結合して、アナルコ・サンディカリズム（無政府組合主義）の形態を取ることもあった。一九世紀後半から二〇世紀にかけて、アナーキズムは資本主義の中心地域である英国やドイツ、北米などよりも、むしろ南欧やラテンアメリカなど、当時の資本主義の周辺地域に主として広がり、当時の社会主義運動の重要な一翼を担った。

こうした狭義のアナーキズムについて言えば、それらは歴史的意義があるが、現在ではすでに過去の存在となったと言ってもおかしくはない。その理由はさまざまに考えられる。まず、労働者の組織化において、マルクス主義はアナーキズムよりはるかに巧みであり、そして何よりレーニン（Vladimir Lenin 一八七〇 - 一九二四）らボリシェヴィキの手によって、二〇世紀前半に現実に社会主義・共産主義の国家が樹立されて、ソヴィエト・ロシアが左翼における圧倒的な権威となったことである。また西欧を中心に二〇世紀には社会民主主義が隆盛し、労働者階級の組織化と政治参加のもとに福祉国家が建設された。労働者はもはや体制の外部に排除されているわけではなく、政治的にも経済的にも体制の恩恵を受けるようになった。こうしたことからアナーキズムを志向する動機付けの多くが失われた。

もっとも、その後一九六〇 - 七〇年代になると状況は再び変化し、ソ連型の共産主義が権威を失墜するとともに、共産党による指導が正当性を失うことになって、社会運動はこれまでとは明らかに異なる志向を持つようになる。これらの変化は後で述べるように、アナーキズム的なもの（広義のアナーキズム）の再生を促すことになり、思想史上のアナーキズムへの関心もこの時期に高まった。マルクス・エンゲルスの正統に対して、これまで誤った思想として扱われてきたプルードン（Pierre-Joseph Proudhon 一八〇九 - 六五）やバクーニンらが見直され、場合によってはマルクス主義に対するオールタナティヴとして期待されることもあった。

しかしその後、左翼運動全体が著しく後退したために、こうした再評価にも限界があった。そしてアナーキズム的思想を、左翼運動のなかで位置付けることの意味も薄れていった。代わりに北米で注目されるようになるリバタリアニズムのように、国家権力を否定ないし極小化しようとする点ではアナーキズムに近く見えながら、経済的にはむしろ右翼（再分配ないし福祉の否定）と目される思想も現れ、アナーキズム的な思想の位置付けは困難になっていった。

本書では、こうしたアナーキズム概念の混乱を避け、また関心を狭義のアナーキズムに限定しないようにするため、「アナーキズム的なもの」または「アナーキズム的モーメント」という概念を明確化することにしたい。(狭義の)「アナーキズム」とは区別して、「アナーキズム的モーメント」と呼ぶさいには、少なくとも以下の四つの種類のものを想定している。

まず、通常のアナーキズム思想史ではアナーキズムに含まれるが、狭義のアナーキズムとは区別すべきだと私が考えている「初期アナーキズム」の諸思想である。これは一八世紀末から一九世紀半ばに至る、ゴドウィン(William Godwin 一七五六 - 一八三六)、シュティルナー(Max Stirner 一八〇六 - 五六)、プルードンといった比較的孤立性の強い思想家たちによって展開されたものである。次にさらに遡って、「アナーキズム的要素を有する諸思想」を考えることができる。これは「狭義のアナーキズム」「初期アナーキズム」のいずれとも異なり、あまり歴史的限定を持たず、またヨーロッパ文明に限定されることなく、世界の諸文明にさまざまに見出されるものである(たとえばディオゲネス、老荘思想のように)。第三に区別したいものは、「狭義のアナーキズム」が一応その歴史を閉じたあとの二〇世紀後半になって、とりわけ一九六〇 - 七〇年代の社会運動以後に生じてきた、さまざまなアナーキズム的性格を有する運動の潮流である。そして最後に挙げるのは、諸学問のなかのアナーキズム的モーメントである。これは論者がアナーキズム的主張や運動に共感するかどうかということとは関係なく、いわば学問のなかに論理的にはらまれるアナーキズム的な契機である。これらを時間的順序で並び替え(最後に挙げたものは独立性が高いので最後に置くことにする)、それぞれの概略を簡単に説明することにしたい。

①アナーキズム的要素を有する諸思想

アリストテレスは『政治学』の冒頭部分で、「人間はポリス的動物」であるとする有名な人間の定義を置いた(これはしばしば「政治的動物」「社会的動物」と訳されることもあるが、厳密には不正確であるか、あるいは誤っているので、原義に従って、「ポリスに生きる動物」であるとしておきたい)。この定義は事実を述べたものではなく、規範的な性格を有する。なぜなら、当時においても「ポリス」に生きる人間は少数であり、多くは帝国の支配下に生きていたし、またポリスにあっても奴隷や従属民はこの定義に含まれていない。アリストテレスの言うように、たんに生物的に生きるのではなく「よく生きる」ことで人間の本質を現実のものにするには、ポリスのなかで政治など自由人にふさわしい営みを行うことが必要だとされたからである。

この定義にもとづく政治観、人間観は、後にヨーロッパ世界にもたらされ、きわめて重要な役割を果たし、今もなおここに実践的規範を求める試みが絶えない。そのような重要性を十分に認めたうえで、この定義から逸脱する思想が生まれることの必然性にも言及しないわけにはいかないだろう。人間の生き方はポリス(国家)からはみ出す部分を持ち、またポリス的生がすべての人間を包括することは不可能だからである。アリストテレス自身が、ギリシアの植民都市、すなわちアテナイにとっての外国で生まれ育ち、アテナイで活躍して学園まで営みながら、アテナイの完全な市民資格を得ることがなかった事情が、哲学とポリスとの緊張関係を示している。

哲学とポリスの緊張関係といえば、アリストテレスをさらに遡って、アテナイ民主政によって刑死したソクラテスのケースがある。ソクラテスの知的影響はその死後、アテナイが政治的に没落し帝国に従属するようになってからも持続した。エピクロスやディオゲネスといった独創的な思想家たちは、ソクラテスを慕ってアテナイにやってきた外国人であり、その後のアテナイの文化的繁栄を支えてきたのはこうした外国人たちの活躍だった。とくにディオゲネスは、財産も家も持たず、アテナイの市民権を持たない境遇にあることを、むしろ自らの哲学の根拠とする言論活動を展開した。彼は国籍を聞かれたさいに自らを「世界市民(コスモポリテース)」と呼んだ。こうしたコスモポリタニズムの契機は、後に大きな学派を形成することになるストアの哲学者たちによっても継承された。ストア派は世界全体をコスモポリスと表現し、世界市民（コスモポリテース）として、宇宙や自然の秩序に従って生きることの幸福を追求した。ディオゲネスやエピクロスらと異なり、ストア派の人びとは、政治に関与する責任を説いた。しかし、哲学をポリスに閉ざすことがない点では、古代後期の哲学は流派を超えて共通する性格を有していたと見ることができる。

通常、アテナイに発したソクラテスの教えは、プラトン、アリストテレスへと継承され、良き国家（ポリス）とは何かを志向する系譜が社会思想史（政治思想史）の本流に位置付けられる。もっともこの系譜のなかにも政治と哲学との葛藤が秘められていることは少なくない。政治哲学の主題を良き国家の探求に置くこと自体は、今日のロールズに代表される政治哲学まで、その主流において基本的に変わっていない。しかしこのほかに、国家をより大きい集合（たとえば人類）の視点から、また強固な個人主義の立場から相対化する系譜が存在したことも重要であり、最近のグローバル正義論などの見地からも再評価がなされていることに注目すべきだろう。

そのような意味では、キリスト教、イスラム教、仏教のようないわゆる「世界宗教」の成立も、民族や国家を超えるものを背景としている点で、少なくとも潜在的にアナーキズム的契機を秘めていると考えることも可能である。これらの世界宗教の始祖たちは、共同体からの離脱を、信仰のための重要な契機とした。一九世紀の社会学に見られるような伝統（共同体）と近代（個人）を二元論的に対比する理論に反して、すでに古代において所与の共同性からの精神的な離脱の試みがなされ、それが文明の基礎を作ったことは重要である。もっとも、家族の絆を絶つことを信徒に要請したイエスの教えとは対照的に、後のローマ・カトリックは家族を重視し、またローマ帝国による弾圧を経て国教とされるに及んで、その性格を大きく変えたのであるが。

②初期アナーキズム思想

本書で扱う中心となるのが、この一八世紀末から一九世紀半ばにかけての初期アナーキズムに分類される思想家たちである。これらの思想家たち（ゴドウィン、シュティルナー、プルードンら）は、先の①に挙げた人びととは異なり、歴史的・地理的限定を有している。そして通常のアナーキズム思想史において、その直接の創始者として扱われる人びとである。このような位置付けは半ば自明化されているが、疑いの余地がないわけではない。

まず、これらの思想家たちは後の「狭義のアナーキズム」の人びととは異なり、自らはアナーキストを名乗ってはいないか、自称するとしても限定的であった。ゴドウィンはイングランドにおける個人主義的な非国教会派（ディセンターズ）の伝統から急進化した人物であり、大部の『政治的正義』を著してフランス革命と同時期のイングランド急進主義に影響を与えた。その点では『コモン・センス』『人間の権利』で知られるトマス・ペインとも共通しているが、ゴドウィンの場合はより個人主義を強め、個人的判断力の立場から民主政をも批判の対象としたため、ペインらとは区別されてアナーキズムの始祖のひとりに数えられることが多い。民主主義とアナーキズムの分岐点を考えるうえでゴドウィンの位置付けは興味深いが、彼自身がアナーキズムを自称したわけではない。

シュティルナーは一九世紀半ばにヘーゲル左派の運動およびその解体過程のなかから出現した、孤立性の強い思想家である。彼の唯一の著書『唯一者とその所有』はエゴイズムを自らの立場とし、あらゆる政治形態とヘーゲル的な「精神」を批判し去った論考として異彩を放っている。彼の影響は、マルクス・エンゲルスの思想形成における、『経済学・哲学草稿』と『ドイツ・イデオロギー』（いずれも草稿）のあいだでのいわゆる「切断」に決定的に寄与したことでも知られ、また一九世紀末のヨーロッパでニーチェが流行したさいにその先駆者として注目されたこともある。しかし彼もまたアナーキズムを自称したわけではないし、社会運動を組織化することもなく、孤独な思想家としてその一生を終えた。

最後にプルードンは、先の二者に比べれば後の思想および運動の系譜としての（狭義の）アナーキズムに関係の深い思想家である。しかし、プルードンは必ずしもアナーキストを自称したわけではなく、むしろ「連合主義」などの名称を用いることが多かった。以後の各章で触れるように、プルードンの主張にはアイロニーが多く含まれており、一見してわかりやすいアナーキズムの定式に収まるものではない。また彼は一九世紀半ばのフランスの革命に関わり、革命側に立って闘争し「私的所有とは盗み」だとするようなラディカルな発言でも知られたが、革命の主流派にはつねに批判的であり、人民主権的主張に対してはむしろ保守的な批判者と見られる面もあった。一九世紀後半のアナーキズム運動やバクーニンの思想に表現されるような、一斉蜂起や共同体主義といった性格は見られず、それらとは対照的に、慎重で複雑な思考を特徴とする思想家であった。

ゴドウィン、シュティルナー、プルードンらは当時の哲学や思想の潮流のなかで、それぞれの意味において反逆者であったが、しかしその思考の枠組み自体は西欧的な伝統との連続性を残していた。そしていずれも直接に後世につながるようなアナーキズム運動を組織化したわけではないし、アナーキズムを定式化したとも言えない。後の思想および運動の系譜としてのアナーキズムから遡行して、これらの独立性の高い思想家たちをアナーキズムの祖先として位置付けることから本書は距離を取り、初期アナーキズム思想の特徴を明らかにしたいと考える。

③（狭義の）アナーキズム

アナーキズムが社会思想史上、あるいは社会運動史上に明確な系譜として出現したのは、一九世紀の後半である。これは時代的に「極端な時代」（ホブズボーム）のいわゆる「長い二〇世紀」の始まりと関わっている。この時期、資本主義的ヨーロッパ文明の世界支配（帝国主義）、科学技術と社会の組織化が一気に進み、これまでの社会理論では把握することが困難な状況が生まれた。一九世紀中頃までの社会学など（コント、スペンサー）では、軍事社会が終焉して、近代社会は基本的に平和な産業社会に移行すると把握されていたが、いまや植民地での列強の衝突の恐れも含め、再び社会の軍事化と過激なナショナリズムの台頭が顕著になった。一九世紀をとおして社会運動は、バリケード戦など都市騒擾《そうじょう》の形態で争われることが多かったが、軍隊と民衆とのあいだに圧倒的な軍事テクノロジーの格差が付いたために、一八七一年のパリ・コミューンの頃を最後として、このような闘争形態は現実性が失われた。その結果、社会主義は（晩年のエンゲルスが指摘したように）議会制のもとで平和的に支持を集めるか、さもなければ新しい直接行動を考案するかの分岐点に立っていたと言うことができる。

このような岐路において、議会主義路線が知的には実証主義や新カント派に親近的である（この傾向はマルクス主義にも流れ込む）のに対して、（狭義の）アナーキズムが依拠する直接行動論には、ベルクソンに代表されるような「生の哲学」などが引照され、イタリアとフランスで大きな影響力を持ったソレルの、ゼネストやサンディカリズムの理論に取り込まれた。またこの時代の「進化論」の影響力は強大であり、ほとんどあらゆる社会思想に影響を与えたが、アナーキズムも例外ではない。ただ、進化論の解釈は多様であり、個人間であれ国家間であれ生存競争による自然淘汰を正当化する解釈に対しては、クロポトキンが相互扶助を進化論的に擁護することで新生面を開いた。

空間的にはバクーニン、クロポトキンの二大思想家がロシア出身であることからわかるように、この時代の（狭義の）アナーキズムは、工業化がまだあまり進展していないがその影響を受けるようになった文明の周辺部への浸透が特徴的である。そのため初期アナーキズム思想には欠けていた非西欧的な要素がアナーキズムに導入されたことも重要である。日本の大杉栄もその一例である。とりわけバクーニンは、マルクス主義を官僚的で知識人的だとして激しく非難し、マルクス主義対アナーキズムの図式を形成することで、後世のアナーキズム観を規定した。

また本書では取り上げることができないが、芸術や文学の領域におけるアナーキズム的傾向も二〇世紀には顕著だった。この領域でのアナーキズム的要素は、集団行動よりも個人主義を基調にしていたと見ることができよう。直接に影響を与えた思想潮流は、たとえばユルゲン・ハーバーマスが『近代の哲学的ディスクルス』で取り上げている「美的モダニティ」である。[1] ハーバーマスによれば、ヘーゲル後近代の言説は三つに分かれ、進歩主義（ヘーゲル左派からマルクス主義に至る）、保守主義、そして最後がボードレールからシュルレアリズムなどに至る美的モダニズムである。ハーバーマスはこの最後のモダンの潮流にアナーキズム的要素を見出している。これは近代から生まれながら近代のとくに資本主義的文明を批判する点に特徴があり、ヘーゲルからマルクス主義へと継承された法則的、科学的な歴史理解に反対して、「いま・ここ」における歴史の一瞬が永遠と出会う可能性に救済を見出す（たとえばベンヤミン）。

アヴァンギャルド芸術にしばしば見られるこのような個人主義的な反逆の思想は、権威主義国家や保守的なブルジョワ文化に対してのみならず、共産党をはじめとする左翼政党の集団主義に対しても抵抗する姿勢を示した。このような立場は、政治と芸術の対立を問題化させるように見えるが、三宅芳夫が指摘するように、[2] 反政治というよりむしろ公式的な「政治」で見失われた別の「政治」、ミクロな領域の「政治」の発見だという理解も成り立つ。アナーキズム的な社会構想が、一方で権威主義的国家により、他方でソ連型共産主義によって閉ざされていくこの時代に、「アナーキズム的なもの」がもっとも輝いたのは、芸術領域における実験的な試みであったのかもしれない。

④なかばアナーキズム的性格を持つ民主主義運動（一九六〇年代以降）

先に触れた（狭義の）アナーキズムは、その後の二〇世紀の歴史のなかで弾圧されるなどして生彩を失い、歴史の表舞台から次第に消えていくように見えた。もちろんスペイン内戦でのアナーキスト勢力の活動や、それを伝えたジョージ・オーウェル『カタロニア讃歌』などの諸著作に見られるような輝きがないわけではない。しかし、先にも触れたように、ロシア革命の成就によるマルクス主義、とりわけボリシェヴィズムの権威の高まり、そして資本主義国においても労働者階級の議会政への参加による福祉国家への移行によって、アナーキズムの活動の場は狭められたように見えた。

それゆえ逆に、一九六〇‐七〇年代になって「現実に存在する」共産主義体制の抑圧性が明らかになってオールタナティヴとしての資格が失われ、またそれとは同列には論じられないとはいえ、西側の社会民主主義やリベラルな体制の限界も見えてきた時点で、新たに登場した社会運動にアナーキズム的な色彩が再び含まれるようになったのは理解できる。前者の共産主義に対しては少数の真理を体現したとされる「前衛」への服従の拒否、反逆を含む「自由な」組織原理への志向、といったことが挙げられよう。後者の社会民主主義への不満については、ヴェトナム反戦運動などを機とする国家への不信の高まり、そして生産力中心主義への批判、といった近代文明全体を問題視する方向が、この時期の学生運動や新しい社会運動には含まれていた。こうした社会運動は斬新であったが、旧来の左翼運動のような政治権力の奪取へと向かうことは少なく、運動の目的の次元においても旧来の常識を破っていた。

しかし、こうした運動において旧いアナーキズムがそのまま復活したと見る根拠は乏しい。この時期にアナーキズムの古典などがあらためて出版されるなど、それなりの関心を集めていたようではあるが、旧い原理を現実に適用するといった受容がなされたわけではない。ニューレフトの思想を代表するH・マルクーゼの解放論を見ても、とくに過去のアナーキズム思想が引照されているわけではない（影響を与えたのは、マルクスのほか、フーリエとフロイトである）。アナーキズムはマルクス主義などとは異なり、「正典」などがあるわけではないこともその理由のひとつであろうが、歴史的には（狭義の）アナーキズムが「極端な時代」に構想されたのに対して、そうした背景が消滅していったことも理由のひとつに挙げられるだろう。たとえばプルードンなども、マルクス主義に対するオールタナティヴな社会主義の可能性を持った思想家として取り上げられる機会はあったが、やがて左翼のなかでもマルクス（主義）を規準とする議論自体が衰退することで、アナーキズムの対抗的役割も影が薄くなっていった。

ニューレフトに刺激された新しい社会運動が出現したあとの社会空間は、それまで考えられなかった多様な差異が承認され、それらが協同したり対立したりを繰り返す非常に複雑な性格を持つものに変貌した。それゆえ、抑圧的な国家権力を排除すれば、ただちに一体としての民衆の共同性が実現すると期待することは現実的ではなくなった。この時期の社会運動に決定的な影響を受け、また逆に運動に多大の知的刺激を与えることになる、ミシェル・フーコーやアントニオ・ネグリといった思想家たちが、しばしばアナーキズム的だと目されながら、自らはアナーキストではないとしているのは、この時代の思想空間の（狭義の）アナーキズムの時代との差異を示唆するものだとも考えられる。

もちろん現在も、ノーム・チョムスキーや最近話題になることの多い人類学者デヴィッド・グレーバーのように、アナーキストを自称する人びともいる。しかし、その主張の内容はかつての（狭義の）アナーキズムと同じというわけではない。それらの多くは、とくにアナーキズム的と言わなくても、現代の主要な社会運動（反グローバル化運動、反貧困運動など）と多くの共通性を持つものである。アナーキズム的な特徴が民主主義運動一般に拡散するとともに、アナーキズムに固有な考え方の輪郭は曖昧になったと言うことができよう。

⑤諸学問における「アナーキズム的モーメント」

アナーキストを自称するような人はごく少数であり、社会科学の研究者のなかにも皆無ではないが滅多にいない。では、アナーキズム的なものは社会科学、社会思想にとってごく周辺的な関心しか持たれないかというと、必ずしもそうではない。ここでは政治的主張としてのアナーキズムとは区別して、社会諸学のなかに内在する「アナーキズム的モーメント」について一瞥し、そのうえで政治学と人類学を通底すると考えられるテーマについては、やや詳しく見ることにしたい。

（狭義の）アナーキズムは必ずしも国家だけを批判の対象とするわけではないが（たとえば教会や資本なども歴史的に批判の対象となってきた）、国家の批判や国家のない社会を構想することはアナーキズムの主要関心であり続けてきた。アナーキズムに立つのではない通常の社会科学にとって、国家は当然想定され、その意義が肯定されていると考えるのが自然であるが、じつはそう単純ではない。

まず、しばしば指摘されてきたように、いわゆる近代経済学にとって国家は付随的なものでしかない。もっともアダム・スミスが『国富論』で国民経済学（political economy）を論じた当初は、経済政策としての自由主義を論じたのであり、自由競争的な市場が政府と関係なくあらかじめ存在すると考えられたわけではない。当然国家や政府は想定され、その役割が伝統を引き継ぐモラル・フィロソフィーの枠組みのなかで与えられていた。しかし、その後経済理論がより精緻に展開され、ミクロ経済学の一般均衡理論が形成されるに至って、国家は経済理論にとっての偶然的な外部性の地位に甘んじることになった。あくまで社会科学的モデルという意味においてであるが、経済学にとっては、国家の不在（アナーキー）が一種のユートピアとして機能してきた。

これに対してケインズの経済学は、政府による景気対策の役割を重視し、国家が経済理論のなかに再び組み込まれることになるが、そのさいミクロとマクロの関係をどのように把握するかが、経済学の一貫性をめぐる問題となる。また一九七〇年代以降、ケインズ経済学の影響力が減退するなかで、小さな政府論からさらにはアナルコ・キャピタリズム（無政府資本主義）がさかんに主張されたが、このような思想の背景にあったもののひとつが、古典的な自由主義経済学だった。経済的合理性の主張が、個人の絶対的な自由という権利論上の立場（たとえばR・ノージックやM・ロスバード）とも関係しあって、右派アナーキズムと目されることもあるリバタリアニズムの理論や思想が形成された。

一方、近代経済学に対立してきたマルクス主義経済学も、国家に安定的な位置を与えてきたと言うことはできない。マルクス主義の基本的図式からして、国家をその一部とする上部構造は、土台（経済）に規定されることになっており、政治的国家の本体は生産力、生産関係といった経済のなかに探られる。マルクスの『資本論』では自由主義時代の英国をもとに理論的に純粋化されたモデルとして、経済外的強制のない「純粋資本主義」が想定されていた。この点では奇妙に近代経済学に類似している。

アナーキズムとの関連で問題になるのは、マルクス主義におけるいわゆる「国家の死滅」テーゼをめぐってである。マルクス主義では、社会主義革命後はかつての抑圧者（資本家階級）を抑圧するために国家がさしあたり必要であるが、敵対者の消滅とともにそのうち不要になって国家は自然消滅するとされていた。このことからマルクス主義でも国家は究極的には否定されるわけであるから、マルクス主義にもアナーキズム的契機は存在し、ただ即時的に国家を否定するのではなく、過渡期的なプロレタリアート独裁を必要とする点が異なる、などと説明されてきた。しかし実際には、そのような根拠のもとに共産主義圏では強大で奇怪な官僚制国家が聳え立ち、死滅など考えられない事態が展開した。

このようなことが生じたのは、マルクス主義の国家観そのものに深刻な問題があったことによる。通常アナーキズムでは君主政であれ民主政であれ、いかなる種類の国家も信頼しないとされるのに対して、マルクス主義では国家を所有し支配するものが誰であるかによって国家の評価が一変する。ブルジョワジーの支配する国家は打倒すべきだが、プロレタリア独裁の国家による権力行使はその目的ゆえに正当化され、

「過渡期」が権力の都合でいくらでも延長されることになる。こうして現実に存在する共産主義国家の独裁的な権力行使に対する歯止めは何もなくなった。

このような深刻な欠陥の理論的な問題点は、国家に関する「道具主義」、および国家を(それを支配する)経済的階級へと解消する「還元主義」にあると言うことができる。正統マルクス主義(とくにマルクス＝レーニン主義)の思考様式に対する根本的な問題提起は、ようやく一九六〇－七〇年代以後のネオマルクス主義によってなされた。ニコス・プーランザス、ボブ・ジェソップらネオマルクス主義の論者たちによれば、国家の形態は階級関係で直接決まるのではなく、とくに資本主義的生産関係にあっては諸々の資本の利益は対立するために、国家は諸々の経済的主体から「相対的な自律性」を有して成立し、国家とは諸勢力がヘゲモニーをめぐって抗争する社会的関係の凝縮体として把握し直された。

ネオマルクス主義はまた、マルクスの教条的な読みを克服し、『ルイ・ボナパルトのブリュメール一八日』をはじめとしたマルクス自身の、単なる階級支配では読み解くことのできない政治の多様性を明らかにし、国家論の復権を通して〈政治的なもの〉の再評価をもたらした。

しかし今回顧してみると、ネオマルクス主義の帰結は皮肉なものだったと言える。〈政治的なもの〉の再評価が国家論を経由して行われ、国家こそ階級闘争の集約であり諸関係の凝縮された総体であると説かれたのだが、一九八〇年代頃になるとグローバル資本主義の展開が顕著となり、国家を超えてNGOなどの中間団体を中心に政治や民主主義を論じる、新しい市民社会論のような潮流が出現した。国家について言えば、ネオマルクス主義よりもこうした現実の経済や社会運動の動態の方が、ある意味では「アナーキズム」的になっていったと言うことができる。そしてまた、政治の究極的な目的が社会主義社会の実現であるといったような「大きな物語」が左翼内部でさえ必ずしも受け入れられないものとなってくると、グラムシの理論的遺産であるヘゲモニーをどのように把握すればよいのかも定められなくなってしまう。一方、こうした行き詰まりを打破しようと登場したエルネスト・ラクラウに代表されるポスト・マルクス主義は、ラディカルな民主主義をポピュリズムと等置することで、別の意味で問題を含むものとなっていった。

経済思想のうえで、より積極的にアナーキズム的要素を持つのは、市場社会主義の構想、すなわち国家中心的なソ連型社会主義と西欧型福祉国家のいずれにも見切りをつけ、市場を社会主義の要素として位置付ける異端的な社会主義の立場であろう。しかし、旧ユーゴスラヴィアで行われていた分権的な「自主管理社会主義」の試みは挫折したし、現代の西欧においても左翼的オールタナティヴとしての市場社会主義が現実の成果を挙げたとは言えない。これがなぜうまく行かないのかは明らかではないが、ブローデルのように市場と資本主義とを区別し異質のものとみなす考え方が示すように、市場交換を組み込んだ非資本主義的な経済体制を考えることにはなお可能性があると言えよう。そしてこのような経済体制の構想の発端のひとつはプルードンに見出すことができる。

次に法学においては「アナーキズム的なもの」の入り込む余地はあるのだろうか。法学の多くの部分は実定法、すなわち国家によって制定され、実際に強制力を有して通用している法を対象としているのだから、アナーキズム的なものは、法学の完全な反対物、何よりも最初に排除されるべき考え方と見られて当然のように見える。しかし法理論的には必ずしもそうではないようである。むしろ法の根拠を原理的に問い詰めていくと、そこに容易に排除することのできないアナーキズム的契機が出現すると言っても、おそらくは間違っていない。

まず実定法と対をなす自然法という発想がある。自然法は多義的な概念であり、その影響も広汎に及んでいる。国家権力によって制定されたり強制されたりすることがなくても通用する理性の法、という自然法の考え方は、旧くはストア派のコスモポリタニズムの思想に発し、アナーキズム的な思想の源流のひとつともなったが、他方ではトマス・アクィナスをはじめキリスト教思想にも浸透した。近代に入ると自然法思想は、あるものは伝統的な自然法とはその内実を大きく変えてホッブズやロックなど国家形成の契約理論の正当化のために貢献するが、国民国家の法制度が整う一九世紀以降は実定的な憲法秩序に吸収されてしだいに影の薄いものになっていく。

しかし、ナチスに代表されるような二〇世紀の暴虐行為が、第二次世界大戦後になって自然法の意義を呼び覚ました。自然法を追放した実定法の正当性はもっぱら手続き的なものに求められるが、このような規準が、一応は合法的に選挙で多数を獲得したナチスのような場合に、抵抗の根拠となり得るのかが疑われて当然だった。法の正しさの実質とは何かを探求していくと、実定法の内部に答えを見出すことがむずかしくなる。この問いは法の究極の根拠へとどのように遡ることができるかという問いと結び付いている。

よく知られているように、実定法上の最高規範である憲法の正当性の由来を問うと、憲法制定権力と呼ばれる、法の外部に存在するいわば生の力を想定することになる。憲法の生誕が革命に由来するような場合、これは理解しやすいものであるが、通常反対物とされる法と暴力とが、法のはじまりにおいて出会っているという矛盾に直面する（ベンヤミンの言う「法措定的暴力」）。

最近シュミットを引き継ぐ仕方で、デリダやアガンベンをはじめとする現代思想のなかできわめてしばしば取り上げられてきたのが、こうした法の根底にある根拠の不在の問題である。この問題については非常に多くの論考が存在するのでこれ以上の言及は避ける。アナーキズムとの直接の関係で言えば、シュミットは政治哲学と神学の同型性を論じる『政治神学』のなかで、秩序の不倶戴天の敵であるアナーキズム（とくにバクーニン）に神に対抗する悪魔的な思想として敬意を捧げており、これは彼が自由主義を軽蔑するのと著しい対照をなすものである。シュミットはバクーニンの悪魔性に比してプルードンには小市民的な道徳性が残ることからプルードンを低く評価するが、プルードンの特徴はむしろ、バクーニンとは対照的に、アナーキーと秩序とは矛盾しないとする点にあった。政治秩序か無か、というシュミットの『政治神学』の問題設定では捉えられないものが、プルードンには見出される。

2　政治哲学と人類学におけるアナーキズム的モーメント

先にも触れたように、ヨーロッパの政治哲学・政治思想の主流は、プラトンやアリストテレスに典型的に見られるように、良い国制（ポリス）が満たすべき要件とは何か、良きポリスを作るにはどうすればよいか、といった問いを中心に思考してきた。それは近代においても基本的には維持されたが、しかし国家の必要性を論証する手続きにおいて、近代の政治哲学では古代にはない新たなアイデアが導入されたことが注目に値する。

その典型は一般に社会契約説と呼ばれる、結合契約によって政治社会の成立を説明し正当化する政治理論である。国家の成立を契約で説明すること自体はヨーロッパの政治的伝統のなかに旧くから存在しており、とくに新しいわけではない。旧いタイプの契約説は、はじめから治者（君主）および被治者の団体が前提され、その両者のあいだで「支配服従契約」を結ぶもので、たとえばモナルコマキの『ウィンディキアエ』などに典型的に認められる。一七世紀以後の契約説はこの契約の性格を根本的に刷新している点に特徴がある。そして議論の構成としては、「自然状態」が想定されて、達成されるべき「国家状態」と区別され、前者から後者への変換が全員参加の結合契約（それは政治社会自体を新たに創生するものである）によってなされるということになる。

設定される「自然状態」の内容は、戦争状態と等置されるホッブズの場合と、不都合はあっても基本的には平和状態とされるロックの場合の対比に見られるように論者によって異なるが、国家や政府が存在しないという意味での「アナーキー」である点は共通している。アナーキーとしての自然状態は、もちろん結合契約によって克服されるために持ち出される。しかしこのアナーキーは、契約説の構成にとってはなくてはならない契機として設定されている。

自然状態（アナーキー）が実在とされるか論理的仮説とされるかは論者によって異なる。しかしいずれの場合も自然状態が契約によって否定され克服されるべきものでありながら、それが登場しなければ契約説が成り立たない契機としてあることの意味は何であるのか。たとえば絶対主義的統治を結論付ける点ではホッブズと変わりのないように見える、フィルマーの『パトリアーカ』においては、ホッブズとは異なり、自然状態なるものは契機としてもいっさい認められない。旧約聖書『創世記』に書かれている時代より、神は支配者（王）を設け、その子孫が正統な王として今日まで統治するとともに、あらゆる人間は王の支配のもとにあるとする王権神授説の構成が採られる。

ホッブズがこうした議論とは全く異なり、「アナーキー」を契機として含んでいることは、ホッブズの政治理論に決定的な特徴を与えている。自然状態で想定されている自然権は自然状態では殺し合いとなって自己保存と対立し、また自然法は自然状態では実効力を持たず、国家ができるとその解釈はすべて主権者にゆだねられてしまう（実定法を制約する原理にはならない）にもかかわらず、自然状態でのこうした規範は契約後成立する国家状態においても形を変えて貫通している。それが露わになるのは、国家（リヴァイアサン）によって契約目的である臣民の自己保存が奪われかねないようなケースである。

ホッブズにとって国家設立の目的は各人の自己保存を確保することであり、それに比べれば主権者に絶対服従することの不都合などたいしたことではなく、主権者への不服従はいっさい認められないというのがホッブズの立場である。しかし、主権者によって戦場に赴かされた兵が恐怖によって逃亡する場合や、主権者によって死刑を宣告された囚人が死刑台で抵抗するような場合について、ホッブズはこれらを不法とは言えないとする。ホッブズによれば「臣民はだれも自己を害するようには拘束されていない」からである。しばしば指摘されてきたように、ホッブズの国家状態とはじつはリヴァイアサン（秩序）とビヒモス（内乱）との均衡にすぎず、いかに強力なリヴァイアサンといっても「可死の神（mortal God）」に止まるのである。

このような契約説への「アナーキズム的モーメント」の侵入という事態は、ルソーにおいてはより複雑な問題として出現する。ルソーは自然状態の設定については既存の契約論者たちよりはるかに深い方法的自覚を持って臨んだ。人類にとって本当の自然状態が見出されるならばそれは同一でなければならないはずなのに、論者によって自然状態の内容が全く異なっているのは設定の仕方自体が誤っていると言わざるを得ないからである。

それに加えて、ルソーはホッブズやロックよりも、大航海時代以来もたらされてきた、非ヨーロッパ地域の、自然状態に近いように見える、いわゆる未開社会の旅行記に深い関心を持ってきたことが挙げられる。こうした未開社会の記述が自然状態観に反映されるとすれば、ホッブズやロックの自然状態の虚構性は明らかにならざるを得ないだろう。ルソーはまた、『人間不平等起源論』の補注では、人類の種としての起源を遡り、今日のオランウータンやチンパンジーなどに相当する類人猿に興味を示している。

こうして自然状態のリアルについて深い関心を有するようになったルソーにとっては、そのゆえに逆に自らの自然状態をリアルな実質を持つものとして提示することが困難になったと考えられる。旅行記が伝える未開社会においてさえ、そこにはいくらかの文明的要素は必ず伴っているはずであり、真の自然状態とは言えないからである。

その結果、ルソーは自らの自然状態の設定を実在から切り離し、「仮説的・条件的推理」によって得られたものとして提示する。よく知られているように、ルソーは彼の自然状態を、いっさいの文明的要素を剝ぎ取ってなお人間の状態と言える限界に設定する。そこでは、国家はもちろん、私有財産も家族もなく、言語能力の発達もほとんど見られず、人間の男女の個体が森のなかで偶然に遭遇し生殖する以上の社会関係は存在しない。

自然状態は厳密には実在しないのだから、ルソーの論敵がルソーを批判して言ったような「自然に帰る」ことは不可能である。それゆえ自然概念はもっぱら、文明状態を批判する視座として機能する。ただし、ルソーは純粋な自然状態は望み得ないとしても、この文明のゼロ点からわずかに踏み出した時点を、人類がかつてもっとも幸福だった時代であるとして称賛していることもたしかである。

ルソーに顕著に見られる「自然」の地位の上昇は、「アナーキズム的なもの」の政治思想における評価を変更するうえで重要である。キリスト教の正統派の教義は、カトリックであれプロテスタントであれ、原罪の観念を重視しており、それが人間の「自然」に対する評価を抑えてきたが、啓蒙期になるとそれが緩みはじめる。多くの啓蒙思想において悪の起源は原罪ではなく、人間の無知あるいは社会制度に求められるようになり、知識の普及や制度の改善によって悪を克服できると考えられるようになる。この点ではルソーも仲が良くなかったフィロゾーフたちと基本的に一致していたと見ることができよう。

ルソーにとって「自然状態」は腐敗堕落したとされる文明状態に対するオールタナティヴとしての性格を持ち得るのだろうか。文明状態の腐敗や政治的従属を問題とする議論は、ルソー以前にも数多く存在し、それらの多くは古代ローマなどを範とする共和主義を志向していた。そしてルソーもまた積極的な政治の原理を提出する『社会契約論』では、こうした古代モデルに依拠して徳ある市民の養成に向かう。あるべき国家においては、人は孤立状態であった自然から脱却しなければならない。ここには自然状態それ自体を肯定的に評価する余地は残されていない。自然モデルと有徳な古代モデルとは、接点を持たないままルソーにおいて並存している。

契約説が「自然状態」を想定することの意味は何だろうか。いわゆる社会契約説の理論は、アナーキーを称揚するどころか、それを克服して国家を設立することをその目的とするのだが、国家の設立の目的や過程を語るためには、いったん「自然状態」と呼ばれる国家の不在の状態を、実在としてであれ仮定としてであれ、呼び出さざるを得ない構成を採る。「自然状態＝アナーキー」は社会契約説に不可欠な契機であるとともに、設立契約によってできるだけ早く消去されることが目的とされる。しかしそれにもかかわらず、自然状態における自己保存の要求は、ホッブズについて見たように、国家状態に対しても潜在的な要求を突きつける契機となる。

近代を代表するとされる社会契約論の、アナーキーへの両義的な関わりが意味するものを、アナーキズム的なものの側から明らかにし、社会契約説の理論的特徴を見出すことができるのではないか。そしてホッブズ、ルソーなど主要な論者間のアナーキーに対する態度の相違が、近代政治理論の分岐と多義性を物語っているのではないかという想定も可能であろう。

先ほどルソーに触れて、ルソーの自然状態の設定がアナーキズム的モーメントを濃厚に有していながら、もうひとつの国家設立の企図においては、それがどこかに隠れてしまったことに言及した。ところで、このルソーがしばしば「人類学の祖」と言われるのは、彼の『人間不平等起源論』などでの自然状態を設定する努力が人類史の起源の探求を呼び覚ましたことにあるが、その人類学的関心はアナーキズム的モーメントとも無関係ではないどころか深く関係している。その理由のひとつは、人類学こそ（自然状態ではないとしても）国家なき人間の共存のあり方を調査し具体的に描くことのできるほぼ唯一の学問分野である点に求められるだろう。

現代の人類学者でアナーキストを自称するグレーバーは、人類学というディシプリンとアナーキズムのあいだには深い内在的な関係があると主張している[3]。その理由は明快であり、「人類学者は国家なき社会を経験したことのある唯一の知識人集団」だからであると言う。もっとも、アナーキズムをグレーバーが定義する「自律、自主連合（自発的結社）、自己組織化、相互扶助、直接民主主義」の政治的主張と見るならば、もちろん人類学者の多くがそれに同意することはありそうにないと思われるが、アナーキズムの主張ではなく「アナーキズム的モーメント」と解するならば、これまでの重要な人類学者たちの思考や志向のなかに、それらを見出すことは可能であろう。

たとえば、マーシャル・サーリンズの『石器時代の経済学』[4]はマルセル・モースの古典『贈与論』のなかの贈与をめぐる規則についての諸解釈を検討しながら、この書物をひとつの秩序形成論として、言い換えれば「政治哲学」として読む提案を行っている。すなわち、未開社会の平和は（それ自体ポトラッチのような闘争的形態を取ることもある）贈与によって保たれている。それは分散的で中央権力が不在という未開社会の条件のもとで、いかにして秩序が維持されるのかという問いへの答えとして、近代社会におけるホッブズやルソーの契約説と比肩する秩序形成論なのである。

サーリンズによればここでも契約説にもとづく政治哲学への両義的な評価が見られる。ホッブズらの契約説は人びとの個別的利害の上空に「そびえたつ第三者（リヴァイアサン）」を形成する点で、モースの相互的交換とは対照的であるが、しかしホッブズにおいても結合契約の手続きや自然法において相互性が不可欠とされている。またホッブズにおいて人を契約へと駆り立てるのは戦争への恐怖であるが、モースの贈与においても返報が必然視されるのには戦争に至ることの恐怖がある。ポトラッチは昇華された一種の戦争であると捉えられる。このように贈与の考え方が近代社会の契約説と機能的な等価性を有するということは、同時に「カオスからコモンウェルスへ」「野蛮から文明へ」といった、契約説の進歩主義的な見方を修正するものとしてサーリンズは把握している。

人類学と「アナーキズム的モーメント」との関係を考えるうえで次に扱うべきなのは、ピエール・クラストルの『国家に抗する社会』であろう。[5] 政治哲学や社会思想史の常識から見れば、このタイトルは一見アナクロニズムに思われる。「国家」と「(市民)社会」の概念的な分離が行われるのは一九世紀に入ってからであり、未開社会にそのような区分を適用することはあり得ないからである。しかしクラストルの主張することはもちろんそうしたことではない。クラストルの問いは秩序形成論の根本に関わっており、未開社会と文明社会とを隔てる国家(政治権力)とは何かを問い、また国家のない社会は遅れた未成熟の社会だとする常識を根源的に疑おうとするものである。

クラストルはアメリカの未開社会でのフィールドワークをもとに、その社会の「首長」の役割を明らかにしていく。首長は軍事指導者であって戦争のさいには英雄になり得るが、通常時はむしろ影が薄く、恒常的に命令する権限はない。逆に共同体の成員から物をねだられると、贈与に応じることが首長の資格とされていることから断るわけにいかず、首長をしていると必ず貧乏になる。首長だけが一夫多妻を認められているにしても、権力を握っているのは首長ではなく集団である。威厳を取り戻そうとする首長は戦争を始めようとするが、集団の同意を得られないと一人で戦って戦死するということも起こる。

クラストルによれば、これらの集団には恒常的な命令者を生じさせないための工夫がなされている。それは「一なるもの」への不信感であり、「一なるもの」は不完全で悪なのだという。したがって未開社会はその未熟さゆえに国家を持ち得ないのではなく、意識的に国家を拒否しているのだとクラストルは解釈している。また未開社会は生産力が低いゆえに生存することのできる限界水準にあるというのは誤りであり、必要以上に働こうとしないだけで固有の豊かさを備えているとする。それゆえにマルクス主義の歴史解釈にあるような、未開社会は余剰のない社会であるために階級や国家を形成することができない段階だ、とする考え方を退ける。クラストルは階級や国家のある社会を未開社会に対して優位に置く、マルクス主義の進歩主義的前提を批判する。未開社会は国家を形成できないのではなく、国家を拒むゆえに国家が不在なのである。

グレーバーはこのようなクラストルの問題提起を「アナーキズム的人類学」の成果として高く評価しつつも、クラストルの「国家なき未開社会」の「ロマン主義」からはやや距離を取ろうとしている点が興味深い。クラストルには一九七〇年代の知に見られるユートピア主義的な志向が横溢しているが、グローバル化の進んだ現在では、資本主義経済から切れたいわゆる未開社会を想定することが困難となり、文化人類学の関心や方法も大きく変化している。グレーバーはそのような変化を受けて、未開社会と文明社会とを断絶的に考えるのではなく、文明社会のなかにも「アナーキズム的人類学」の視点が導入できると考えている。

グレーバーは、モースとサーリンズ、そしてクラストルの知見をもとに、（ウェーバー的な意味での）国家を持たない社会はいくらでもあり、国家とは異なる仕方で「政治的なもの」を語ることができると主張する。「アナーキズム的人類学」が取り上げてきた、非国家的な秩序形成としての「贈与」「相互扶助」「自己組織化」といった主題は、文明社会にあっても広く見出されると指摘することで、未開社会から現代までつながる「アナーキズム的なもの」の可能性を引き出そうとしていると言えよう。

最後にグレーバーの晩年の小著『民主主義の非西欧的起源について』▼6に触れておこう。この興味深い著作でグレーバーは、民主主義についての二つの主張を展開している。ひとつはこれまでの政治思想史学において基本とされてきた、民主主義の起源を古代アテナイに遡るヨーロッパ中心的な民主主義観の批判である。そしてもうひとつは民主主義はそもそも国家とは両立不可能だとする主張である。この両者はそれぞれ独立に論じることもできるが、グレーバーにおいては両者は密接に関係した一つながりの主張である。そして後者では民主主義は国家とは関係のない水平的なコミュニティにおいて実現される実践であるとされ、それゆえ彼の考える意味での民主主義とアナーキズムとはほとんど重なると見ることができよう。

グレーバーはまず、ハンティントン『文明の衝突』がヨーロッパ文明の特徴を「個人主義、自由主義、立憲主義、人権、平等、自由、法の支配、民主主義」等に見出していることを問題とする。民主主義をはじめ、以上のような理念が正当化されるようになったのは、ヨーロッパの歴史においても比較的最近のことにすぎないからである。それにもかかわらず、古代アテナイに始まるとされる民主主義はそれ以来長くヨーロッパの固有の理念として扱われてきた。実際はプラトンからホッブズや『ザ・フェデラリスト』の著者たちに至るまで民主主義は危険視されてきたのであり、ようやく一九世紀になってギリシア称賛が開始されたにすぎない。

こうしてグレーバーの民主主義論は、既存の政治思想史学などにおける民主主義の系譜の論じ方を問題にすることを通して、ヨーロッパ的なるものの構成の虚構性を批判している。彼によれば民主主義は文書によって構築されるようなものではない。そして次には民主主義の起源を古代ギリシアに限ることは根拠がないとして、民主主義の非西欧起源の実例を挙げて論じる。たとえば、アメリカ合衆国憲法への先住民イロクォイ族の考え方の影響をめぐる論争などが取り上げられている。

しかし、グレーバーはこのような民主主義の非西欧起源を擁護するのかというと少し様子は異なっているようである。グレーバーの考える民主主義は、何か古い起源にもとづいて著作をとおして継承されるようなものではなく、身近な実践としてどこにでも存在する何かであって、起源などを必要とするものではないからである。

そしてグレーバーは民主主義と国家との非両立性を説く。アテナイの民主主義を特徴付けるものは、グレーバーによると多数決による国家意志の決定と強制力の存在なのだが、世界各地の文明に見られる水平的なコミュニティは、アテナイのような国家化された民主主義とは異なり、全員一致（コンセンサス）を目指すものだという。もっともコンセンサスといっても全員の意見が容易に一致することはあり得ず、程度の異なる不同意は普通にあるが、全く受け入れられない者が排除されることを避けるということなのだが。

グレーバーは近代以降の革命が「人民」を創出しようとしてきたことを、国家的民主主義というあり得ない結合の例として挙げている。このような「人民」を正当化の根拠とする疑似民主主義は、歴史上恐るべき数の殺戮を生み出してきたのだった（「人民」概念を批判する点に限って言えば、ネグリの「マルティテュード」論と合致し、左派ポピュリズムと対立すると言えよう）。このように国家的民主主義を本来の民主主義から排除することにより、民主主義は水平的コミュニティの社会関係として把握され、グレーバーの説くアナーキズムと基本的に重なることになるだろう。

グレーバーはアナーキズムを（同じことだが民主主義を）、何らかの理論にもとづく「正しい」実践と捉えるのではない。彼はマルクス主義とアナーキズムとを対比するエッセイのなかで、革命戦略を理論的に求めるマルクス主義に対して、アナーキズムはそのような高度の理論を持たない代わりに、個別の実践のための個別的な理論や倫理を目指すのだとする。[7] すなわち彼はアナーキズムを、状況に応じたプラグマティックな態度や人間のあいだの関係として把握している。これはたしかにひとつの示唆的な考え方であると思われる。

このようにグレーバーの政治学や政治思想史における民主主義観に対する批判は非常に興味深いのだが、民主主義が偏在する水平的な関係と等置されるならば、国家的な制度における「民主主義」（「人民」的なものであれ、自由民主主義であれ）を何と呼べばよいかわからなくなる。とくに産業化以降の社会では、社会の複雑化により制度的な民主主義もまた複雑に構造化されることになり、グレーバーの考える水平的コミュニティのアナーキズムと政治制度としての民主主義との乖離も大きくなることは避けがたい。そこで本書では民主主義を理想化することを避けつつ、（広義の）民主主義とアナーキズム的モーメントとを相互に距離を持った関係として把握することにしたい。

ところでランシエールがアナーキズムについて問われたインタビューのなかで、アナーキズムを支配＝始まり（アルケー）の否定であると答えているのは示唆的である。▼8 古代ギリシアにおいて、始まり（アルケー）は権威を持ったゆえに、同時に支配を意味するようになった。ヨーロッパの政治思想史において（たとえばマキアヴェリやルソーのような共和主義においても）国家の創設者（立法者）が神的な存在として尊敬され、また近代の社会契約説においても国家設立の「始まり」に遡ることが根源的だとされるのも、こうした始まりと支配とを結びつける伝統を継承していると考えることができる。グレーバーが民主主義を古代ギリシアに始まるとする思想史の語りに反発するのは、このような事情と関係するのかもしれない。

たとえばプルードンの理論のなかには、こうした「始まり」の権威への反発を各所で見出すことができる。「始まり」は神の世界創造のように一方的であるのに対して、その後の社会の発展過程は「始まり」への抵抗であり、その過程で絶対的な「始まり」に代わって「反省的」で複数の主体によって支えられる自由の原理が成長していくと説かれる。アナーキズム的とされる思想系譜がこのような「始まり」の権威を覆す点に特徴を見出すことができるとすれば、それは思想史の深層における挑戦と言うことができると思われる。

以上取り上げてきた、諸学問のなかの「アナーキズム的モーメント」は、必ずしも直接に、思想や運動の系譜としてのアナーキズムにつながるものではない。何度も触れてきたように、アナーキズムの思想や運動は、一九世紀のヨーロッパに歴史的起源を持つものである。デュルケームのような社会学者が早くから指摘したことによれば、社会主義は（彼の定義する、プラトンに遡る共産主義とは対照的に）一九世紀に始まる思想であり、一八世紀と一九世紀とを隔てる構造的差異がその生誕におそらく関係している。アナーキズムは当時の文脈では社会主義の一派とみなされたが、アナーキズムが社会主義一般に対して有する距離は、人民主権や社会主義的ヒューマニズムに対する一種の幻滅を経て生み出されたものであり、アナーキズムの意識化は、社会主義が生み出された一八／一九世紀の断層線にさらに少し遅れるかたちで生み出されている。

それと同時に、後に定式化されるアナーキズムの常識とは異なるものの可能性を検討してみたいという理由で、本書の中心的な関心は一九世紀半ば頃までの初期アナーキズム思想に置かれる。言い換えれば、古代以来のアナーキズムの可能性を持った諸思想や社会科学の思想のなかのアナーキズム的モーメントと、一九世紀後半以後の社会運動の系譜としての狭義のアナーキズムとのあいだを埋める諸思想の研究である。ここには一九世紀に先立つ社会理論（契約説や道徳哲学）を批判的に受け継ぎつつ思考する、独自性の強い思想家の豊かな広がりや可能性が見出されるだろう。

I

アナーキズムの思想的意義

第一章　アナーキズム的モーメント

1　はじめに

現在アナーキズムについてどのように語ることができるのだろうか。そこには奇妙に相反する印象が交錯する。一方でアナーキズムとは、ずっと昔に死に絶えてしまったはずの古びた思想や運動ではなかったか、という疑問であり、この言葉はある種のアナクロニズム的な印象を与える。しかし他方で、ある意味では今ほどアナーキズムが現実味を帯びている時代はあまりないのではないか、という感覚もまたわき上がってくる。この相反する感じ方は何に由来するのか。本章はこのアンチノミー然とした感覚の混乱を手がかりとして、アナーキズムに関連する新しい問いの可能性を考えてみようとするものである。あるいは、やや先取りして言えば、これまでの「アナーキズム思想史」に対する疑問を提起しつつ、それへの差異としての「アナーキズム的モーメント」を発見することを目指すものである。

先の相反する二項について、もう少し補足しておこう。アナーキズムとはまず、世間での一般的な理解としては、以下のようなものであろう。テロリズムや暗殺などの暴力的手段、あるいはそこまで直接暴力的ではないとしても、ゼネストのような暴力を伴うこともある過激な手段によって、現存政治体制の即時崩壊をねらう思想や運動。もちろん学問的にはこのような運動とは直接の関係を持たない、たとえば個人主義的な、あるいは芸術家のアナーキズムなど、他の流派が知られてはいた。権力なき静謐なユートピアの夢想もまた、アナーキズムの一派に含まれよう。しかし社会的な影響力ということになると、先のような印象を免れることは困難であろう。暴力がアナーキズムの中核的な構成要素だというわけではない、という反論はそのとおりであるとしても、この思想や運動が暴力と関わりを持った事実を消去することはできない。こうした意味でのアナーキズム思想および運動は、一九世紀末から二〇世紀初めにかけての社会的、知的状況のもとで激しく高揚し、短い全盛期のあと、世界全体が戦火に包まれる世界大戦の時代になると急速に衰えたとされている。左翼運動の主導権は、ロシア革命の成就という決定的事件も契機として、マルクス主義者たちに掌握されることになった。

その後一九六〇年代末からの学生運動に先導されたラディカリズムの復興期に、アナーキズムの復活が一部で言われるようになる。現在も言及されるアナーキズムの研究や概説の多くも、六〇年代から七〇年代にかけて集中して出版されている[1]のもこの時期の関心の有り様を示している。最近再び取り上げられることの多いこの時期の「革命」運動の、どのような面がアナーキズムとの関連を見出したのだろうか。既成の左翼の官僚的、組織的体質への嫌悪、個人主義的な運動への志向、目的合理的な成果の達成よりも美的あるいは表現的なものの重視、場合によっては暴力も辞さない過激な運動形態、こうした性格がアナーキズムへの関心を取り戻させたことはたしかに不自然ではない。しかし、かつて政治勢力としてあったアナーキズムはもはや運動に直接関わっていたわけではないし、当時においてすでに、アナーキズムは古いものであり、それとの幾つかの類似点にもかかわらず、現在の運動はその延長で捉えられるものではないと考えられていたのである。そして今、新左翼の時代もはるかに遠ざかり、ひとつの歴史となりつつある。

テロリズムや爆弾はまさに現在の関心の焦点である。しかしそれらの暴力を用いる主役は交替した。アナーキズムだけでなく、テロリズムに訴える左翼勢力は衰退し、原理主義などというあまり適切ではない名称で呼ばれることの多い宗教上の過激な諸グループへと主体は入れ替わっている。左翼勢力からエスニックグループや宗教勢力への転換には、イデオロギーの変化と同時に、メンタリティや戦術面における連続性が存在するのかもしれない。いずれにせよこのようなテロリズムが決して思想の可能性を示すのではなく、その死を意味するものであることは明らかだが、このような暗い面でも、アナーキズム的左翼運動は、今では過去の記憶として扱われるにすぎない。

もとより「アナーキズムの死」は、このような皮相な現象におけるよりも、より根源的な次元に訪れていると言うべきであろう。しばしば暴力的になった運動形態にもかかわらず、アナーキズムはもともと「権力から自由な世界」を目指す試みであった。そんなものは存在するはずがないという冷笑は、保守主義者や現実主義者はもちろん、左翼のマルクス主義者たちによっても繰り返し浴びせられてきた。しかし、これらに対してはアナーキスト的な立場からのそれなりに正当な反論も可能だっただろう。問題は、アナーキズム的運動に近い人びとからも、このような理念の不可能が宣言されるようになったことである。たとえばよく知られているように、ミシェル・フーコーの思想、とりわけその権力論は六〇・七〇年代のラディカルな運動との関連で形成されたが、そのフーコーが「砂浜の下にはつねに敷石」というような言葉で、権力に侵されることのない民衆の善性に期待する左翼の想定を批判していたことはよく知られている。[2]この時代のアナーキズム的とも称される運動は、権力を批判し権力の否定を志向することに始まりながら、当初の志向とは裏腹に、権力を否定することの不可能性のみならず、その遍在を立証することへ向かったのである。同じことを別様に言えば、ヒューマニズムを徹底させ、国家や資本といった人間性を疎外する権力要因を主体的に破砕すれば人間解放が到来するといった、いわゆる疎外革命論の敗北と変容の過程が示されたとも言える。

しかし、以上はアナーキズム的なものをめぐる事態の一面にすぎない。逆の視点、すなわち政治秩序を正当化する側から見れば、左翼運動の「失敗」にもかかわらず、その後経済成長の終焉といった要因もあって、政治権力の正当性を引き出すことにいっそうの困難が見出されるようになる。七〇年代あたりから頻繁に議論されるようになる、先進諸国における政治権力のいわゆる正当化の危機（legitimation crisis）は、政治体制内部の組織力の減衰と、それを政治的に表出する代表民主制の行き詰まりを示唆していた。さらに、政治社会の自明な単位として通用していた国民国家の揺らぎがいっそうの不確実性を生み出した。それを危機と受け止めて力を得たように見えるナショナリズムもまた、多くは危機の突破というよりはその反映にすぎない。

知的な次元においては、たしかに七〇年代以降、「政治理論（political theory）の復権」が言われ、政治学の古典の再読からロールズに始まる正義論の復興など、さまざまな「パラダイム」が出現して活況を呈するようになった。これらはマルクス主義の退出のあと、勝利したとされる自由主義に哲学的根拠を与え、政治社会に意味を供給する役割を担おうとするものであった。しかしその後、いわゆるポストモダニズムの政治理論への貢献もあって、皮肉なことに議論の展開のなかではむしろ逆に「政治的なもの」の曖昧さ、困難さ、不可能性が際立ってきたと言うことができる。その結果、意図されたわけではないのに、政治理論の内部に、ある意味で「アナーキズム的なもの」の浸透が始まったと言うことも不可能ではない。

まず、規範的な意味で言われる政治理論の役割とは、より良き政治秩序のヴィジョンを提示し、これを何らかの基礎付けの根拠に照らして正当化することだと言えようが、ポスト構造主義の脱構築に影響を受けた一派は、このような政治理論の正当化の企てそのものを宙吊りにしようとする点で、これまでの政治理論と異なる方向を示すようになった。アナーキズム的なものへの接近はポストモダニズム系に限定されない。八〇年代に世界を席捲したネオリベラリズムのなかにも、アナルコ・キャピタリズム（無政府資本主義）のように国家権力を縮小するに止まらず、アナーキズムへ接近する要素が存在した。この立場はその現実性はともかくとしても、リベラリズムの側にいかなる点でリベラリズムはアナーキズムと区別されるのか、という、その正当化根拠に関わる問いをあらためて提起させた。さらに、東欧革命やアジアにおける民主化運動の成果のうえに市民社会論および「熟慮民主主義」系の議論が展開したが、それらにあっては、周知のように、NGO、ボランティア団体など、国家権力や営利企業などから自律的な自発的結社の活動に注目が集まった。これらの議論は流動性を持った中間団体に期待するのみならず、政治活動の目的を固定的なテロス（労働者国家や民族主義国家の建設といった）へと結びつけるのではなく、多くの場合活動そのものが目的とされる点でも、アナーキズム的なものに親近的であると言うことができる。またしばしば指摘されることなので省略するが、それらの運動の不可欠な手段でもあるコンピュータ・ネットワークは中心が不在であり、また国民国家のコントロールを超え出るために、しばしばアナーキスト的な心性に支えられるものとして紹介されてきた。同時にそれらは、安全を脅かす過激な運動やサイバー・テロなどとも表裏一体でもあり、こうした点でもかつてアナーキズムがたどった道の新しい技術水準▼3での再版だという見方も可能であるかもしれない。

このように、最近の政治や文化の変容のなかで、死に絶えた旧来のアナーキズムとは異なるものの、いくつかの点でアナーキズム的な要素を含む諸潮流が多様に出現し、狭い意味でのアナーキズムの枠から溢れて、社会全体へ浸透しつつある構図を見出すことができよう。

しかし、このような社会の知的傾向一般にアナーキズム的傾向を見出すことができるとしても、それらをまとまったひとつの主義として括ることは正当ではないし、また不可能でもある。さしあたりそれらは既存の政治への不満であり、その限界の表出である。政治思想史の次元にあっては、これまで古典古代の都市共同体から近代の国民国家へと継承され反復されてきた、政治社会を自律性と閉鎖性を持ったまとまりと考えて正当化する思考様式が自明視されてきた。しかし最近ではこのようなポリスモデルおよびその変容としての近代国家モデルでは、未来を描くことも現実を説明することも不可能ではないかという考え方がようやく浸透をはじめている。それは「帝国」という政治的単位への頻繁な引照と同時に生じている事態でもある。このような変容と旧来の枠組みからの離脱志向のなかでアナーキズムに期待されているのはいったい何であるのか。

2　アナーキズムのアイデンティティ・クライシス？

これまでアナーキズムという語を、通用性に従って用い、とくに定義をしてこなかった。マルクス主義などと対比すると、アナーキズムのアイデンティティはきわめて緩やかである。アナーキズムの場合、その教義を統一する必然性に乏しく、また統一せずに放っておくことが自由を至上だとする思想内容にも合致すると考えられやすいことがそうなる理由だと言えよう。しかし、アナーキズムに分類される内容が雑多であるだけでなく、相互に対立するような要素がしばしば含まれていることが、この思想が一般に理解されることを困難にしてきた、という面もまた否定できない。

たとえば、社会と個人、共同体主義と個人主義（自由主義）というような対立軸は、周知のように、八〇年代アメリカの社会・政治哲学において、いささか凡庸な仕方で盛んに論じられたが、アナーキズムの思想史のなかでは、対立する両方の要素が平気で共存している。一九世紀ドイツのマックス・シュティルナーのような徹底した個人主義の立場は、二〇世紀の芸術家タイプのアナーキストたちをはじめ多くの共鳴を見出してきた。他方、バクーニンなどは逆に人間の共同性を強調する集産主義的性格が顕著である。そして両者のあいだに位置するアナーキストの多くは、国家や権威に対抗するために、自律的な中間集団、自発的結社の意義を評価してきた。しかし、集団や「社会」が、個人にとって手段以上の意味を持つかどうかについては、アナーキストの間で意見の一致を見ることはないだろう。

平和主義を是として暴力を否認するか否か、という問題もアナーキストの間での大きな裂け目でありつづけた。トルストイのような非暴力主義者や、限定付きながらも平和的手段に立つクロポトキンなどを一方の極とすると、二〇世紀初頭に頻発するテロリズムや暗殺を試みた多くのアナーキストたちとの対照はあまりに顕著である。これらの差異は「理想社会」到来のための、手段選択の問題として論じられるのが普通であるかもしれないが、おそらくそれに尽きるものではない。手段のレベルを超えて、根源的な人間観、世界観における対立につながるものであり、アナーキズムはこれらの問題について深い亀裂を含んでいると言うべきなのであろう。

こうした次元の問題は、アナーキズムを啓蒙の子だと考えるのか、それともニヒリズムにより親近性を有すると考えるのか、というような、より根源的な問いへわれわれを導く。しばしば指摘される、理性を重視するアナーキズム（典型的にはウィリアム・ゴドウィンやプルードン）と感情を重視するアナーキズム（バクーニンおよび、多くの二〇世紀のアナーキスト）というような対比もこれに関連するが、その前段階にある比較的皮相な問題の立て方に止まると言うべきであろう。先の問いは、自然や歴史、「摂理」といったものに関わる、存在論レベルの問いと結びついている。すなわち、自然や理性に反する支配を排し、自然や理性を肯定的に受容することによって自由が前進することができると考えるのか、それとも逆にそのような道は絶望的に塞がれていて、反逆や報復のみが可能な自由への方策であると考えるのかが、アナーキズムの分岐点として出現する。そして面倒なことに、同一の思想家のなかに、この相反する傾向性が含まれる場合も見られる（たとえばプルードン）。

以上のような多様性や内的に対立する諸要素にもかかわらず、比較的最近まで、アナーキズムがなおひとつのまとまりを持った思想系譜として論じられ得たのは、理論の内容というよりはその政治的役割がある程度明確であったからだと言えるかもしれない。たとえば、七〇年代の初めにアナーキズム的なものの復活に注目した政治学者D・アプターは、以下のように述べて、アナーキズムを読者に紹介している。「アナーキズムという主義の美点は、それが資本主義に対する社会主義的批判と、社会主義に対する自由主義的批判とを用いている」ことにあり、「一種の自由主義であるが、普通の自由主義とは違って資本主義を否認するような自由主義」であって、「社会主義イデオロギーのうちのもっともリバタリアンなもの」とされる。[4] これはアナーキズムの定義というよりは、諸イデオロギーのなかにアナーキズムの位置付けを見出したものと言えよう。しかし、この明確な位置付けにおいても、アナーキズムがなぜ左翼や社会主義に所属する必然性があるのかについては触れられていない。先にも述べたように、今ではリバタリアニズムのなかの極端な立場とされるアナルコ・キャピタリズムの登場により、「右」と目されるアナーキズムの潮流が注目されるようになった。共産主義を全体主義の極とし自由主義をその反対側に置く、冷戦後に書き改められた社会思想上の対立構図にあっては、アナルコ・キャピタリズムはたとえ実現の可能性が乏しくても、自由主義の側の極にいわば論理的に要請され発見されるべき立場だと言うことができる。アナーキズムは左右のイデオロギー対立を横断することになった。

このようにして、社会・政治思想における対立構図をつぎつぎに横断してきたアナーキズムには、もはや多様な差異を認めたうえでの運動としての共通性を見出すことさえ、ほとんど絶望的になった、と思われる。古い意味での左翼アナーキストが、ノージックのようなリバタリアンやさらに徹底したロスバードのような資本主義的自由擁護論を前にしたさいの当惑は想像に余りある。また二〇世紀の歴史研究などにおいては、アナーキズムとファシズムの接近がしばしば興味を引くようになってきた。かつてアナーキズムはマルクス主義の側からファシズムへと転落するという理由で非難されたが、そのさいファシズムは悪と同義であり、それ以上の検討は不要とされた。しかし現在では、ファシズムに流れ込んでいくさまざまの要素の多様性、（ある意味での）豊かさを考える一つの契機として、アナーキズムにも注目が集まっているようである。[5] このことはアナーキズムを研究する側からすれば、ひとつの当惑であるかもしれない。二〇世紀初頭という時期、実際イタリアなどで大量に見られたアナーキスト、サンディカリストのファシズムへの合流は何ゆえに生じたのか。ファシズムがその運動期に有していた、分権的、反国家的、（ドゥルーズの）「戦争機械」的性格は、アナーキズムにも通底する性格ではなかったか。このようにアナーキズムを通して、左右の浸透がまた別のかたちで生じている。

アナーキズムのアイデンティティ・クライシスは、しかし先に述べたような理由であまりまともに検討されたことがない。そのため、アナーキズム的な運動は、その内容をあまり検討されることなく、気分のような仕方で突然現れ、また理由なく衰微するように見える。ただこの取り止めのなさをある程度小さくするために参照されるものがある。それはアナーキズムの思想史であり、そこでの物語の構成や取り上げられる主要な思想家には共通性が見られる。これまで述べてきた混乱についてアナーキズムの思想史は何らかの説明をしてくれるだろうか。それともアナーキズムの思想史の方が、以上のような混乱の上に作られているにすぎないのだろうか。いずれにせよ、次にはアナーキズムの思想史なるものがどのように構成されてきたのかを、歴史的に明らかにすることが必要となる。

3　アナーキズム思想史の構成／解体

たいていの -ism の付く思想史において、その系譜は事後的に構成されたものである。たとえばジョン・ロックは自由主義史上最も重要な思想家のひとりとして扱われるのが普通であるが、ロック自身は自由主義を組織したり主張したりしたわけではなく、そもそも自由主義（liberalism）という言葉が後世の作り物であって、ロックには見出されない。多くの -ism は一九世紀前半あたりに構成されたものであり、その主張に応じて自らの思想の起源を過去の思想家に遡らせて、思想史を構築することになった。自由主義のほか、保守主義、社会主義、個人主義、ナショナリズム、等々。なぜこういうことが一九世紀前半に集中的に生じたかはそれ自体興味深い問題である。おそらく社会と知との関係がそれまでとは非常に変化したことを示していると考えられる。また解釈上重要な点として、ロックのように -ism 成立に先立つ思想家が、当該 -ism のなかに取り込まれて解釈されることによって、本来の学問的内容とのあいだに無視できないズレを生み出すことが、当然想定されるのである。

ところで、アナーキズムと呼ばれる思想系譜について言えば、この -ism の成立は先に挙げた近代社会にメジャーである諸々の思想群よりも遅れている。ゴドウィン、シュティルナー、そしてプルードンも含めて、アナーキズムの思想史に必ず登場する一九世紀中頃までの思想家たちは、自らを「アナーキズム」の系譜のなかに位置付けてその思想を語ったわけではなかった。ゴドウィンとシュティルナーについては、そもそもアナーキズムという用語が未出であった（プルードンについても実質的には同様であることについては後述）。

また彼らは基本的に孤立した思想家であって、シュティルナーの『唯一者とその所有』のなかに、プルードンの私的所有論に対する批判的言及があるのを除けば、相互の関連はほとんど存在しない。彼らはそれぞれに非国教会派ラディカル、ヘーゲル左派、フランス社会主義といったグループに数えられるが、アナーキストという集合のうえに自らの主張を置いたわけではない。

この点は一九世紀末から二〇世紀にかけてのアナーキストと呼ばれる人たちにおいては根本的に異なっている。田中ひかるのドイツ・アナーキズムの研究[6]によれば、自称および他称として「アナーキスト」という呼称が一般化するのは一八七〇‐八〇年代であるという[7]。

おそらくマルクスたちに対抗して第一インターで組織的な活動を展開したバクーニンあたりに社会運動としての「アナーキズム」が成立する転機があったものと考えられる。

アナーキズムの概念はその前提としてアナーキー概念に依拠する。アナーキズムの実質的な起源を一九世紀ないし一八世紀、さらには中世や古代に遡行させるアナーキズム思想史の語りがそれなりにもっともであるのは、西洋思想史におけるアナーキー概念の存在とそれをめぐる議論が繰り返されてきたことに求められよう。

プラトンやアリストテレスにおける「魂」内部の序列とそれにもとづく正しい支配の議論に見られるように、古代ギリシア以来の古典的政治哲学にあっては、存在論的により高次なものがより低次なものを支配することに、あるべき秩序の基本を見出してきた。そうである以上、支配の不在としてのアナーキーは、当然避けられるべき悪としてあった。民主政がしばしばアナーキーに陥りやすいという理由で非難されたのも、もちろんアナーキー概念のネガティヴな位置付けを前提してのことであった。ローマ帝国期の古代普遍世界の誕生はポリスの限界を超えた思考の可能性を開き、一方でストア派のようにコスモポリテースとしての普遍的な倫理についての考察、他方でエピクロス派なども含め、必ずしもポリスに内属することのない自己についての思索を生み出すことになった。これらは後世のアナーキスト的な諸思想のなかで引照されることにもなるが、政治思想史全体のなかでは比較的マイナーな地位しか与えられてこなかった。

さらに、キリスト教の出現もまた、ひとつの逆説的な非ポリス的政治思想となる可能性を含むものであり、イエス自身の教えを一種のアナーキズムとして捉える見方をも後世生み出している。しかし、正統的なキリスト教はアリストテレス主義との融合などを通して、古典的政治学を支える政治社会統合の主要な契機として機能することになる。

共同体が生活世界を包摂していたヨーロッパ中世ではアナーキーが問題になることは少なかったが、宗教戦争などにより政治秩序の自明性が失われ内乱が頻発する近代初期になって、アナーキーが克服されるべき状態として頻繁に言及されることになる。ここで注目したいことは、近代の政治理論を特徴付ける主権概念とアナーキー概念とが、互いに参照し合うようなかたちで登場した点である。たとえば主権論で有名なボダンは、都市（cité）のような政治社会を、主権を有しないという理由で国家（État）から区別し格下げしたように、初期近代の国家に比してそれなりの安定を保持していた古代から中世にかけての政治社会が、主権の不在のゆえにアナーキーに近いものとして捉えられることになる。このような方向をさらに進めたのはホッブズであり、彼によれば主権の不在は必ずアナーキーを招来し、かつアナーキーは「万人の万人に対する闘争」状態としての自然状態と等置される。主権を政治理論の中心に置こうとする志向は恐怖から生じていると言えようが、それがアナーキー概念を必要としたのである。絶対主権とアナーキーとを神と悪魔のように二元的に対比する構図はカール・シュミットのよく知られた『政治神学』のなかでも印象的に登場するが、こうした対立の地平が開かれた近代初期の共通前提を相対化することの方が重要ではないかと考えられる。一方、ずっと後になって、主権概念を相対化し多元的国家論を主唱した一時期のラスキや、またギールケの（主権に通じるヘルシャフトに対立する）ゲノッセンシャフトに依拠するアナーキズムの一派が、近代の主権国家に対する中世立憲主義に発想の源流を求めるのもまた理解できよう。

しかし、近代の政治理論がすべて絶対的な主権理論へと吸い寄せられたわけではなく、アナーキー概念を取り扱い評価するうえで、別の可能性が開かれたことも見逃すことができない。まずロックはホッブズに類似した社会契約の理論構成を用いて、ホッブズとはかなり異なる結論を導いたが、この分岐点には専制とアナーキーの評価がロックにおいて逆転したことが挙げられる。ホッブズにおいてはアナーキーは何よりも避けられるべき悪として捉えられ、これとの対照においてはあらゆる統治における善悪の質の差が消失したのに対して、ロックにあっては専制はアナーキーを凌ぐ悪であって、アナーキーの脅威を理由にした専制の正当化は否認される。またスピノザはホッブズにきわめて近い理論構成を用いつつも、主権成立後も力がマルティテュードに留保される点で異なっている。スピノザはアナーキズムを主張したわけではないものの、アナーキズム的なもののひとつの理論的可能性として後世に注目されることになるが、ホッブズとのわずかな違いが主権とアナーキーに関わる対照的な方向への分岐になっているのは興味深い。

アナーキーをめぐる価値の逆転が生じるのは一八世紀の啓蒙の時代であり、これが後のアナーキズムを可能にする前提を準備する。「善良な未開人」言説などに典型的な自然の善性、ユートピア的な想定は、事実というより同時代の文明を批判するためのフィクションであったと言えようが、このような人為的支配の相対化が可能となったのは、宗教上の原罪観からの解放とともに、政治的支配とは異なる根拠を持った秩序の可能性が開かれたことによると考えられる。商業、社交、批評、コミュニケーション、親密圏など、それぞれの自律性を持った秩序ある空間。政治秩序がこれらの秩序を創り出すというよりは、むしろこれらによって政治秩序が支えられており、これらを否認する恣意的な政治権力は秩序の反対物へと転落する。このような他でもあり得る秩序の可能性は、古典的政治学とは逆の思考方法を可能にすることになった。その結果、政治的支配とは本来の（自然に基礎付けられた）秩序を歪めて表出する反秩序であり、支配への批判こそが真の秩序へつながっているという確信が生み出される。

ルソーはこのような転換を代表する思想家であった（ただし秩序の内容が文明社会論に立つ人びととは異なって

いた）が、理想化された政治秩序の構築へと向かうことにより、他でもあり得る秩序の可能性をアナーキー概念のなかに保持する方向は失われ、古典的政治学の伝統の継承者となる。それに対してフランスのモレリやイングランドのトマス・ペインおよびゴドウィンなどは、アナーキズムの祖先により近づいている。ペインは周知のように「社会は善、政府はせいぜい必要悪」というアナーキズム的にも解釈される明快な定式を掲げたが、彼よりもゴドウィンの方がアナーキズム的なものに近いのは、ゴドウィンが必ずしもペインよりもラディカルであったからというわけではない。ゴドウィンもまた政府の功利的な有効性（たとえば秩序の維持）を全く否定するわけではないが、政府の公的判断の、個人的判断力に対する倫理的優越性を否認することがゴドウィンの眼目であった。ペインに代表される当時のラディカリズムからゴドウィンを差異付ける要素は数多く、ここで論じる余裕はないが、重要なものをひとつだけ挙げると、ゴドウィンは社会の善性を基本的に承認しなかったことである。ゴドウィンは知識の蓄積によって個人的判断力が改善され、善へと導かれることを主張したが、啓蒙にありがちの、社会を改善の主体とする考え方を拒絶した。社会とは人間諸個人の貧しく誤った判断力が相互に模倣される空間にすぎず、それを固定した権威として立ち上げる政府と同様に批判されるべき対象であった。

ゴドウィンとは全く異なりヘーゲル左派のなかから出現したアナーキズム的思想家であるシュティルナーにおいては、このような傾向は一応個人主義として括ることが可能であるように見える。しかし、ピューリタニズムなどをはじめ、多くの個人主義を基礎付ける前提として機能してきた形而上学や神の想定に対して、シュティルナーはこれらを精神という幽霊が自己（フィヒテ流の自我 Ich とは異なり、その対立物である）を捕囚するものとして否定した。このようなある種の「個人主義」と社会ないし国家の共同性の両方を批判する論理については、より複雑なプルードンを参照することができる。ゴドウィン、シュティルナー、プルードンといった初期アナーキズムに分類される思想家たちは、先に述べたように自らアナーキズムを主張したり組織したりしたわけではなく、その帰属は相当程度後世の偶然性にもとづいている。しかし、それにもかかわらず以上のような独特の屈折が共通に見られ、これらの要素が彼らを古典的政治学の統治の正当化論から隔てると同時に、また一九世紀末に成立する社会運動としての「アナーキズム」の言説からも異質なものにしていると言うことができるのである。

では「アナーキズム思想史」構築後のアナーキズムにはどのような特徴が見られるのだろうか（以下ではこのような狭義のアナーキズムを「アナーキズム」と表記して、アナーキズム的な諸思想から区別する。序章参照）。その先駆としてバクーニンに触れることはおそらく誤った選択ではない。バクーニンのアナーキズム思想史における特徴として、集産主義（collectivism）がしばしば挙げられてきた。すなわち、バクーニンは彼に先立つプルードンなど都市の職人層の個人主義的志向にもとづく運動に見切りを付け、工業化が本格的に展開する時代の「アナーキズム」を先取りしたという点である。しかし、バクーニンを特徴付けるのは単に個人から共同性への重点移動ということには止まらない。それまでのアナーキズムを特徴付けてきた複雑な配慮が突破され、ある意味でわかりやすい「アナーキズム」の構成が出現することになった点が重要であると考えられる。それを一言で表すなら、フォイエルバッハの疎外論を直接に政治に適用したことであると言うことができよう。すなわち、神であれ資本であれ国家であれ、これらの支配者をいずれも人間の本質が疎外されて凝固したものと考え、これらに人間の生の高揚、叛乱をもって対置しようとする構えである。万能化された人間の生の高揚と、破壊の衝動とは、対極にあるように見えて、実は同じものの両面にほかならない。人間性は神を否定し、あらゆる制限を乗り越えるが、そのことは人間自身が神であることを要求することにほかならない。ジェイムズ・ジョルによれば、バクーニンにあっては破壊活動がそれ自体で十分意味をなす点でプルードンなどと異なっていた。「彼の考えでは、ひとたび現存の秩序が顚覆されさえすれば、人間の根本にひそんでいるはずの善良さや、人間のつくる制度の根本に含まれているはずの善良さが自動的に解放される」からである。▼8 こうして急進化されたヒューマニズムは破壊の陰謀を正当化し、善と悪とは融合しあって、見た目にはニヒリズムと区別のつかないものへと移行する。

こうした知的傾向が一九世紀末から二〇世紀初めにかけての、特異とも言える社会的状況と共振するのは見やすいところだと言えよう。この時期のヨーロッパ世界では一九世紀を指導してきた実証主義、科学主義、進歩主義に対する倦怠が支配するようになり、平和と経済的繁栄のなかで進むブルジョワジーのデカダンスへの批判が高まった。進歩主義を支えてきた歴史の連続性への疑問と、その切断と破壊の創造性への期待が高まる。この時期を代表する思想家ソレルは、『暴力に関する考察』においてブルジョワジーの秩序を支える強制力（force）とは対極にある、別の種類の暴力（violence）を称賛するとともに、『進歩の幻想』においてはマルクス主義の発展段階論を批判し、マルクス主義の二〇世紀への転回（とくにボリシェヴィズムにおける革命的暴力の使用）にも無視できない影響を与えることになった。この時代に問題になる「暴力」はそれ自体多義的であり、ソレルの暴力が労働者のゼネストを中心とし、彼に特有の「神話」と結び付けられるような象徴的暴力の性格が顕著であって、その後頻発するアナーキストたちのテロや爆弾の諸事件に直接責任があるというわけではない。しかし、それらが共通の空気を吸って共振したことは否定できない。こうして運動としてのアナーキズムの成立には一九世紀末に始まる歴史性が刻印されており、それ以前のアナーキズム的諸思想からの差異とこの時代の特異性を考えることなしにアナーキズムを理解することはできない。

もちろんバクーニン以後の「アナーキズム」の転回にはそれまでのアナーキズム的諸思想にはない数々の意義や貢献が含まれていた。プルードンに代表されるアナーキズム的な社会主義思想は、フランス革命期やさらにアンシャンレジーム期に遡る都市民衆（民衆から労働者階級への変化は漸進的であり、そもそも両者の区別は明確ではない）の自治意識に依拠しており、それは産業革命を経てもパリ・コミューンの頃まで長く生き延びたが、一九世紀末になると行き詰まりが明らかになってくる。しばしば指摘されるように、アナルコ・サンディカリズムはテロリズムへと傾斜しかけたアナーキズムに対し、大量生産時代に適合した集産主義と労働者個人の尊重とを結合することによって、新しい方向性を与えた。これらの方向はそれまでのアナーキズム的運動が一定の熟練職人によって担われていたのに対し、そこで排除されていた人びとを包摂することを可能にした。またそれのみならず、プルードンだけでなく、ゴドウィンやシュティルナーにも見られる事実上西ヨーロッパに限定された視野を、バクーニン以後の「アナーキズム」は突破することができた。文明の側から差別された「向こう岸」の民族の自己主張、ドイツの軍国主義とそれによる社会の規律化のなかに「文明のなかにおける野蛮」、進歩の逆説を発見したこと、バクーニンが（比較的プルードンに近い立場にあった）ゲルツェンとともに開いたこのような視線は「アナーキズム」に地理的な拡大とともに新しい可能性を与えることになる。アナーキズムの運動はイタリア、スペイン、ロシアなど、産業化に遅れながらも産業化の影響を受けずにはいられない広大な地域へ浸透した。アメリカやそして日本へ渡った「アナーキズム」にも、西ヨーロッパ中心主義とは異なる多様な性格が認められる。[9]

しかし、このように一九世紀末から二〇世紀初めにかけての歴史性を刻印されてひとつの思想系譜として成立した「アナーキズム」も、現在では規定される状況が大きく変化してしまった。大量生産の効率化と同時に労働者階級を取り込む方策でもあった「組織された資本主義」ないし「二〇世紀システム」は、社会民主主義と自由主義の協力によって「アナーキズム」とほぼ同じ時期に成立し、「アナーキズム」の敵対者であったが、今ではその敵対的な体制が根本的な変容を余儀なくされている。市場を中心とする文明は世界を覆うとともにより深く浸透して生活世界を変容させたために、「アナーキズム」がその陣地としていた文明の内部と外部の境界地帯も昔のままではあり得ない。一九六〇年代に突然先進国の都市に再生したアナーキズム的傾向を有する社会運動もまた、ネオリベラリズムとポストモダニズムが席捲した八

○年代以降の時代になると、一部は体制のなかに入り込んで変革の成果をあげながらも、意図しなかった変容を遂げていくようになる。さらに重要な環境の変化は、ともに左翼としてあったマルクス主義の政治勢力としての崩壊であった。これは共産主義の不自由に対するアナーキズム的批判が、ある意味で万人に理解されたのだとも言うことができる。しかしアナーキズム的要素はマルクス主義に対する外部的な批判であっただけでなく、左翼内部での異端として侵入していたために、左翼全体の衰退によって打撃を受けた点の方が大きい。とくに狭義の「アナーキズム」について言えば、組織された労働者階級の運動を特権化する点をはじめとして、共産主義的左翼と対立するというよりは、むしろ同じ性格を分かち持って成立していたと言うことも可能である。[10] こうして「アナーキズム」は共産主義的左翼の内在的、外在的批判者として期待されていた役割を、批判対象の消滅によって期待されなくなってしまった。そして左翼と右翼の区別も不分明になるなかで、アナルコ・キャピタリズムのような思わぬ仕方で再発見されることになったりするのである。

アナーキズム的なものの可能性についての再考が必要とされるゆえんである。

4　アナーキズム的なものの諸要素と「アナーキズム」の不可能性

前節ではいわゆる「アナーキズムの思想史」をたどりながら、そもそもこのような思想史が構成されるようになった経過について検討し、現在ではそれを支えてきた前提が変化したために、そのままではアナーキズム的なものが持つ可能性を十分に把握することができないことを指摘した。次にいくらか理論的な検討を加えることによって、別の角度から「アナーキズム」の不可能性とアナーキズム的なものの可能性について考えてみたい。

まず、「アナーキズム」の歴史性と非歴史性についてあらためて検討したい。「アナーキズム」はしばしばその解放戦略について、とりわけマルクス主義と比較すると即時解放的な志向性が先立つことから、非歴史的な思想であるという性格付けがなされてきた。ここにも前節で挙げたソレルの影響を容易に見出すことができる。すなわちマルクス主義が想定していた歴史の法則性に代表されるような歴史の重みや規定性、現在の生を将来の革命的目的のために手段化することに対する根底的な不信が存在する。それらの桎梏としての歴史を、現在に生きる労働者の英雄的な行為によって一挙に粉砕し、「神話」的世界を現出させることが求められる。こういう志向性は救済の時に至る中間の時間を無化しようとする、メシア的な時間の世俗化という性格を表していると言えよう。「アナーキズム」の多くにあって、自発性や意志が極端に強調されることがその結果として挙げられよう。

しかし歴史からの解放を求める思想が、それ自体歴史性を身にまとってしまうことは稀ではない。すでにたどってきたように、「アナーキズム」においてそれはとりわけ顕著である。そうなることの一端は、アナーキズム的諸思想にはマルクス主義はもちろんのこと、自由主義などと比較しても、思想を支える共通の学問的根拠が欠けていて、歴史的に盛衰するさまざまな知的モードに依存し、いわばそれらに寄生して出現を繰り返す、ということに求められる。たしかに自由を至上の価値として追求するという目的の一致はあるとしても、自由の内容は個々の思想が依存する知のあり方によって千差万別となる。

たとえば宗教上の個人主義（ゴドウィン）、職人・労働者のアソシアシオンの知（プルードン）、社会進化論（クロポトキン、なお初期のスペンサーにもアナーキスト的な傾向が見られるという）、芸術上のモダニズム、哲学批判の知的運動（シュティルナーからポスト構造主義に影響を受けたアナーキズム的諸思想まで）、性の解放、エコロジー思想、科学哲学上の批判運動、市場中心の経済学（アナルコ・キャピタリズム）等々。

これらの知的系譜は相互に共約不可能であって、「アナーキズム」を共通に規定する性格をこれらの知的伝統のいずれかに帰属させることは不可能である。しかも、単に多様であるというだけでなく、それらの自由の内容や把握の仕方が多様であるために、相互の見解が矛盾したり反対になったりすることがしばしばである。

国家に対抗する自律的な共同体、中間集団はアナーキズム諸思想においてしばしば肯定的に捉えられてきたが、共同体こそ国家に増して個人の自由を奪う権力だ、という見解も、アナーキズムの立場から容易に成立する。民衆・労働者の自治を基本に据えるならば、能力の高いメンバーを揃える必要が生じるが、そこから排除された人びとにとっては自治は疎遠な権力となるであろう。プルードンのように家族を（彼の想定する社会とは別の原理を持ったものとしてであるが）自由にとって不可欠とする考え方もあるが、その男性中心的志向性を含めて今日では支持されにくい。性の解放は一九六〇−七〇年代のアナーキスト的諸思想では中心的な主張であったが、フーコーによる批判のように、性への議論の集中がひとつの囚われだという見解も成り立つ。個人の自由はアナーキズムの主張の中核に存在するが、シュティルナーの場合のようにそれは必ずしも自明ではないと言うべきであり[11]、個人もまたさまざまな衝動へと分解されるとすれば、それを取りまとめている主体性とはひとつの権力の作用であって、一種の牢獄を構成しているのではないかという疑いを免れない。資本主義に親近的なアナーキズムは国家の権力を免れた市場を自由だと考えるが、言うまでもなく市場を非人称的な権力と考えることもできるし、またそれらが依拠する所有的個人主義の人間像が、近代のある時期に規律権力を内面化することによってできた構成物だという批判も可能である。

「主体」と「個人」とは同じものではないし、個人の自由というのももはや自明の価値だというわけにはいかない。このような議論はもちろんいわゆる現代思想ではあたりまえの話ではあるが、「アナーキズム」

の側に素朴な自由の擁護論を超えて対処できる理論枠組みが存在すると信じることはできない。

こうして、ある種の権力を批判するならば、その批判の根拠が別の種類の権力に依拠していて、その権力をはびこらせることになり、さらにそれを批判するために隠蔽された別の権力を導入することになってしまう、といった終わることのない「権力のモグラたたきゲーム」とも言うべき状況こそが、今日の社会にはふさわしい。自由主義的な権力批判や権力の制限論の多くが、たとえばJ・S・ミルの多数者専制批判のような重要な例外を含みながらも、批判の対象を政治権力に限定し、社会内部の権力をできるだけ問題化させない傾向があったのとは対照的に、アナーキズムに含められる思想は一九世紀以来、留保のない権力批判を志向していた。しばしばアナーキズムの要約として言われるように、政治権力（国家）と経済権力（資本）、そして文化権力（とりわけ教会）の結合こそがその批判対象としてあり続けた。この点は二〇世紀後半の政治理論における権力概念の拡張をはるかに先取りするものであり、評価に値すると言えよう。しかし二〇世紀末の政治理論同様、権力概念の拡張は困難を招く原因でもある。とりわけアナーキズムが「権力なき社会」を語ることをアイデンティティとしていたとするならばなおさらそうであって、留保のない権力批判は権力でない部分を残さなくなってしまうからである。

現在の「権力ゲーム」は端的にアナーキズムの不可能性を示しているように見える。それに呼応するように、一九六〇‐七〇年代の知的運動が権力からの自由を目指すことを発端にしつつ、その帰結として逆に権力の遍在、権力からの脱出不可能性を証明することになったのは印象的である。「すべてが権力である」とするこの立場は、権力からの自由を主張する立場の対極にあるのに、奇妙なことにこれもまたアナーキズムの名で呼ばれることがある。すなわち、社会に遍在する権力という見方は、権力なきユートピアの夢想だけでなく、それらの権力を完全に管理し統制しようとする中央権力の全体主義的欲望をも打ち砕くゆえに、アナーキズムの一種であり得ることになる。こうした思考の起源は明確にニーチェに存在し、▼12

ニーチェの深い影響を受けたポスト構造主義の思想家たちによって反復されてきた(「戦争機械」等々)。この認識は現代社会を把握するうえで正当であるかもしれない。しかし、ニーチェの預言的省察力に敬意を表するとしても、このような見方をそのまま受け入れてよいか、疑問がないわけではない。実証主義と平和を否定し、闘争に満ちた英雄的生を肯定する文化変容は、ちょうど「アナーキズム」成立の時代に生じ、それは二〇世紀末における高度産業社会の行き詰まりの時代に、一定の修正を経て(男性中心主義への反省、ニーチェのフェミニズム化)、ポストモダニズムの政治理論で反復されている。闘争の隠蔽こそが問題であり、闘争が避けられるべきものとは限らないというのはたしかにそのとおりであり、闘争の把握の仕方は、ニーチェ解釈の幅が示すように、それ自体非常に多義的である。しかし今日、社会的な闘争の大半が自由というよりは憎悪によって生み出されており、闘争のなかにあることが不幸であると言わざるを得ないような暴力的抗争に現代世界が満たされていることを考えれば、闘争的生の推奨は限られた適用範囲に止まると言うべきではないだろうか。「すべては権力だ」という言明は、現代世界の問題に対する何らかの乗り越えとなるというよりは、現状をそのまま叙述すること以上であり得ないように思われる。「アナーキズム」はひとつの不可能性に囚われた思想である。アナーキズム的なものの可能性はこのことを認識した先に開かれる。

5 プルードンのオリジナリティ

アナーキズムとはひとつの不可能性であり、逆説であるのか。プルードンによれば、そのとおりだということになる。ゴドウィンとシュティルナーは自らをアナーキストだと名乗ることはなかったのに対し、プルードンは自らアナーキストだと宣言したことがある。しかし、この表明には逆説が含まれていた。

この説明に入るまえに、プルードンという、アナーキズムに分類される一九世紀半ばのフランスの思想家が、これまでどのように問題にされてきたかについて振り返っておきたい。

プルードンの著作がマルクスの批判（とりわけプルードン『経済的諸矛盾の体系、あるいは貧困の哲学』に対するマルクス『哲学の貧困』）を呼び起こし、後世にはマルクスが社会主義運動の主導権を取って、その教義が科学ないし真理の地位を獲得したために、プルードンの方は真理を前にした誤謬という扱いを長く受けてきた。しかし、プルードン生前のマルクスとの関係を考えるならば、プルードンにとってマルクスはさほど重要な論争相手ではなかったし、マルクスの批判はプルードンの理解のうえに立つというよりは、自己の理論形成のために踏み台にしたという性格のもので、マルクスとの関連でプルードンが論じられるのは、プルードン側にしてみれば迷惑であり不幸以外の何ものでもなかったはずである。しかし、そういう限定された関係ではあったものの、マルクス主義のなかで自由を主張する異端的立場にあっては、プルードンはマルクスとマルクス主義に欠けたものを補う重要な思想家であった。マルクスが厳しくプルードンを批判したにもかかわらず、多くのものをプルードンから摂取したという解釈は、一九六〇‐七〇年代の批判的なマルクス主義者の間ではしばしば見られるようになっていた。[13] その後共産主義体制の崩壊を契機としてマルクス主義が政治的議論の中心から撤退するようになると、マルクスに対するプルードンの立場の正当性が広く認められたと言ってもよいはずであるのに、対立項としてのプルードンへの関心も、（すぐれた研究が出なかったわけではないものの）どちらかといえば減少するようになった。

しかし、このような現在まで及ぶ「マルクスの影」の不幸を取り去ってみれば、ポスト冷戦の時代に高まってきた新しい問題群に、プルードンの思想が意外なほど潜在的に関係を持っていることに気付く。共産主義でも無制限の資本主義でもない、社会的連帯に基礎を置く市場経済という課題に意義を感じる人は多いが、プルードンはそのような経済体制を提案していたのではなかったか。また無利子の金融システム（人民銀行）や労働貨幣といったプルードンのアイデアは、マルクス主義者たちからは資本主義を理解しない空論として嘲笑されてきたが、むしろ今日の地域通貨などの発想の源流にあるものではないか。「市場」と「資本主義」とを区別するブローデルの壮大な社会史にも、マルクスよりもプルードンの発想に親近性を持った部分があるように思われる。また、より一般的な社会思想上の議論としては、いわゆる「市民社会」論系の議論が存在する。東欧革命などを契機に一九九〇年代に盛んになったこの議論は、モンテスキューやトクヴィルに依拠して、国家中心の民主主義論に代わって自発的結社など中間集団の役割に期待するが、プルードンにもそのようなアソシエーションへの志向があることは、すでに一九七〇年代あたりからしばしば指摘されていたことであった。

以上のような諸点について、プルードンの思想の貢献の可能性を論じることは、意義のあることと考えられるが、それは今回の課題とすることはできない。今回考えてみたいことは、これらの内容を構成するプルードン的な論理であり、またその「アナーキズム」との異同である。先に挙げた彼の思想の多様性のなかで、プルードンのアナーキスト的な面とは何であるかは、さほど自明であるとは言えない。プルードンは自らを、アソシアシオニスト（時に批判的でもあったが）、連合主義者などと、多様に位置付けており、アナーキスト（アナルシスト）という自称はその一面にすぎない。またアナルシストという名称を自分とは関係の乏しい流派（自由主義的経済学派）を呼ぶのに用いていることもある。しかも、自らをアナルシストと呼んだおそらく最初のケースである、『私的所有権とは何か』の結論部分において、自らを共和主義者、民主主義者、立憲主義者、貴族主義者などと呼ぶことを否定したあとで、ひとつのサタイアとしてそう呼んでいるのである。

ここには思想史上否定的に用いられてきたアナーキーの語感が、逆説の表現のために利用されている。

それは同書でプルードンが有名な「私的所有権とは盗み（vol）」だとする有名な（悪名高い）主張を行った場合と同様である。このテーゼは同時代にシュティルナーやマルクスから、論理的欠点を批判された。すなわち盗みの概念は所有権を前提にしていて、所有権概念がないところでは盗みが成立しないのだから、所有権の起源を盗みに求めることはできない、と。この批判は正当であるように見える。しかし、プルードンのねらいは別のところにあった。

プルードンにとってこの著作での究極の関心は正義であるとされるが、一般に所有権を抜きに正義を語ることはできず、所有権は端的に正義と考えられている。プルードンの立論はこの常識を単純に否定するのではなく、むしろこれを前提にして成立している。すなわち、プルードンのねらいは私的所有権の否定というよりは、それが善と悪の両義性を含むひとつの矛盾であることを提示することにあった。そして「盗み」だとする反常識を提示することによって、人びとの持つ常識を揺さぶろうとする。プルードンの議論には多くこのような読者に対するレトリック的な関係が含まれており、「アナルシスト」の宣言もまた、同様のシチュエーションで言われている。

プルードンにとって肯定的な意味で言われるアナーキーは、秩序の敵ではなく、秩序と自由とは究極的に一致することが想定されている。初期のプルードンにあって所有権（propriété）批判が中心的な位置を占めているのは、所有権が秩序を構成するどころか、貧困者を死に追いやるなど、秩序を不可能にする原因となるものであったからである。プルードンは、小所有を認め、他人を搾取する大所有のみを批判した、というわけではない。しばしばこの思想家に帰せられるいわゆる小ブルジョワ的な主張であったのではない。たしかにプルードンは後年、ある種の所有権を自由の根拠として肯定するようになるが、少なくとも当初の所有権批判は、単なる政策レベルの主張ではなく、存在論レベルに関わる内容を有していた。プルードンはローマ法に由来し近代に継承された私的所有権を、絶対性、専制（despotisme）で特徴付けているが、こうした専制（主人性）は自由と両立しないというものである。小所有といえども、このような思考によって正当化されている以上、社会のレベルでの正義を満たすものではない。一方プルードンは家族の内部にあっては家父長的な支配を認めているが、彼によればそれゆえ、家族の原理は正義が問題となる社会へと持ち込まれてはならないのである。

より大きな問題は国家であり、プルードンによれば主権の論理と所有権の論理は並行していて、所有権の絶対性が主権概念によって政治のなかにも浸透していることになる。君主主権にそのような性格を見出すのは容易であるが、革命で人民主権を主張する勢力が行ったことも事実上同じであって、プルードンによればそれは人民‐王（peuple-loi）を構成することによって、主権の絶対性を継承したにすぎない。ルソーの論理の帰結は、カトリック反動の主権論者ドゥ・メーストルからさほど隔たっていない。政治理論は神学の支配から脱することができない。プルードンが退けるのは、社会をひとつの人格のように構成して、そこに意志をみとめる神人同型説（anthropomorphism）的な発想である。

社会全体をひとつの工場のように捉える、サン＝シモンからマルクス主義、とりわけボリシェヴィズムまで貫かれる思考様式や、また別のタイプとしては民族全体をひとつの主体として人間に類比したものと考えるナショナリズムなど、個と類とを相即させる思考様式は、一九‐二〇世紀を通して左右を問わず力を得た。このような思考様式は、それ自体が全体主義というわけではないにしても、ある程度は類似した傾向を持ち、全体主義に対して脆弱であったと言わなければならない。「アナーキズム」もまたしばしば個人を超えた生の一体性とその高揚への誘惑から免れることは困難であった。この種の全体主義近似の論理を批判し得たのは、二〇世紀ではむしろオークショットのような保守的な自由主義であり、またその影響を受けたハイエクやリバタリアニズムの諸思想であった。プルードンの正義論にはその種の批判を先取りする契機が含まれており、事実オークショットはプルードンの『日曜日の祝祭について』の一節を取り

上げて、いくらかアイロニーを含む賛意を表している。▼14

初期のプルードンを代表する大部の著作『経済的諸矛盾の体系』は、「神の仮定（l'hypothese de Dieu）」をもって幕を開け、そして、「このように神を仮定することは神を否定することだ」という謎めいた言明がそれに続いている。プルードンは神、宗教を批判するが、仮定が必要な以上、単純にそれを否定するわけではない。神の否定は多くの場合、否定された神の場所に「人間」を据えることになり、類としての人間を神に近づけるが、それでは神を批判したことにならない、というのがプルードンの立場である。バクーニンら後の「アナーキスト」の多くがたどった、ヒューマニズムのニヒリズムへの転化という道をプルードンは取っていない。絶対的な君主主権の否定のあとに同じく絶対的な人民主権を置くことで、支配者は代わっても、支配と社会の構造が不変であるのを批判するのと同じ論理である。

プルードンはその主著のひとつである『人類における秩序の創造』のなかで、A・コントの三段階論に似た構成で、人類の知性の進歩を跡付けている。それによれば、初期の人類にあって、人間性（ユマニテ）と神の観念とは対立するものではなく、分かちがたく結び付いている。神の観念の共有によってはじめて社会は成立する。このように神は人類にとって不可欠である。神の観念は純粋な自発性（spontanéité）である。自発性とは普通「アナーキズム」の主張を特徴付ける要素だと考えられているが、プルードンにおいてそれは神の側、そして若い人類のまだ成熟しない思考に与えられていることに注意する必要がある。プルードンにあってもたとえば共産主義（マルクス以前のこの時期、共同体 communauté とほぼ同義の用法が多い）を批判する場合などには自発性が肯定的に用いられることもあるが、一般的には人間の思考である「反省（reflexion）」が自発性よりも高次の能力として扱われている。純粋の自発性は神の行為のように、他者を必要としない一方的行為であるのに対し、正義を論じるプルードンの社会的世界は、相互性と反省で構成され、他者なしでは成り立たない。

宗教よりも進歩した人類の思惟は哲学であり、キリスト教神学もまた哲学を取り込むことで成立している。プルードンは哲学の三段論法をはじめとする論理的な思考様式のなかに、特有の支配関係を見出す。それは原因と結果の関係であり、作るものの作られるものに対する優位を含んでいるという。これは政治について言えば、立法者による権威の原理を意味することになる。

宗教でも哲学でもない第三の知は、メタフィジークと名付けられている。これは通常の形而上学という意味ではなく、たとえば自然物と自然物のあいだに存在する、因果的・実体的ではない関数的な秩序（系列 série）を明らかにする学（科学）という意味で用いられている。プルードンはここで、動植物の驚くべき多様性と分類（リンネなどが引かれている）、のような博物学の秩序、あるいは地球上の元素の規則的な周期などをイメージとして用いている。メタフィジークの秩序においては秩序は創造者に帰せられるのではなく、秩序は自己産出され、しかも創造行為は一回限りではなく、現在も続いて行われている。発展とは差異を持った諸系列が、さらに自ら差異を作りだし、分化を進めていくことである。差異がなければシステムはあり得ない。後に述べるように、プルードンにとって、これは複雑で中心を持たない分業から成り立つ近代社会と、それを把握する知のモデルとなる。

これまで見てきた比較的初期のプルードンの議論には少なくともふたつの系譜がある。ひとつは旧約聖書をモティーフとする正義論であり、この視点からプルードンは近代的所有権論における正義と不正の分割の仕方に反論して、所有権を宙吊りにし、用益と生存権を配慮し優先する「占有（possession）」を正義の原理として掲げる。

もうひとつはよりモダンだと言える秩序の生成論である。プルードンも最初期の『日曜日の祝祭について』では、旧約におけるモーセの立法を正義にかなうものとして高く評価していたが、その後秩序の根拠は、権威者による創造から、先に触れたように、自ら生成する自然へと変更される。こうして同一の自然が、創る自然あるいは能産的自然（natura naturans, natures naturantes）であると同時に、創られる自然あるいは所産的自然（natura naturata, natures naturées）であるという両面を持つものとして把握される。このようなスピノザ的な対概念は、それ自体はプルードン固有ではないが、その扱いに特色が見られる。すなわち、生の無窮な発展を信じる「アナーキズム」が創る自然に同一化する傾向がある（政治に変換すれば「構成的権力」論ということになろう）のに対し、プルードンは能産的自然に自己を同一化することはない。人間が知り得るのは、自然界の秩序に見出されるさまざまな驚きであれ何であれ、所産的自然でしかない。能産的自然は「神」であって語り得ないものである。このように無限者の把握を否定しつつ、人間を徹底して有限性の立場に置くことが、プルードンの否定の弁証法を貫いている。

自然界を構成する差異の系列は、人間界の秩序の創造へ及ぶ。分業による社会の発展は社会の自己創造である。プルードンは秩序と進歩の両立という考え方においてサン＝シモンやコントをおそらく継承しているが、それを可能にするのは差異と自由の密接なつながりであるという点に重点が移されている。自由は社会における差異の増大によって可能となる。ここにはデュルケームの「有機的連帯（solidarité organique）」の発想が先取りされている。彼は社会契約説に見られるような、もともと自然的自由が存在し、それを制約することで社会が成立するという考え方を取らない。制限のない「自由」とは主人性であり、専制に陥るしかないものであって、自由は社会のなかにしか存在し得ない。

プルードンにとってアソシエーションとは、このような多元的な社会を、自由を保持しつつ組織するひとつの方法である。しかし、アソシエーションの構想そのものは労働者の運動のなかに広く存在したものであって、プルードンの独創ではない。しかも『所有とは何か』では称賛したこの運動を、彼は後の『一九世紀革命の一般理念』ではむしろ自由を抑圧するとして批判的に論じている。このような立場の変化も、彼の思想を理解しにくいものにしてきた。しかし、「アソシエーションが自由の味方か抑圧者か定めがたい」という立場を取ることに、むしろプルードンの独創性を見出すことができる。アソシエーションのような中間集団は国家の専制的傾向に対抗して個人の自由を擁護する機能を持ち得るが、中間集団がそれ自体個人の自由を抑圧する可能性も否定できない。最近の市民社会論にあっても、トクヴィルのアメリカにおける結社への注目が肯定的に引用されるのが通常であるが、それらがつねに望ましい方向に働くわけではないことも、理論的・実証的に指摘されてきた。プルードンは共同体的、道徳的志向の強い当時のフランス社会主義の主流に対して、マルクスとは別の仕方で異議を提出した。プルードンは社会がなければ自由の基礎が成り立たないと考えたが、それは共同体が具体的に個人を支配することを支持するものではなく、とりわけ共同体があたかも宗教的権威のように、個人の「献身（dévouement）」を要求する事態を批判した。問われるべきなのは、いったいいかなる力が、個人、中間集団、国家を貫いているのかであって（プルードンの秩序論や政治論には手掛かりになる考察が多数ある）、中間集団が自由をもたらすかどうかは、その形態だけでは決めることはできない。二〇世紀初めに、国家主権を相対化する運動と結びついていた団体論（コーポラティズム）のあるものは、ファシズム運動へと参加した。イタリアのファシズムは「アナーキズム」やサンディカリズム諸勢力を大量に動員し、その遠心力を利用して自由主義的国家を破壊するのに成功したうえで、集権的な体制を作り上げた。中間集団は国家の権威主義体制への通路としても機能する。

以上のように、プルードンは一九世紀半ばの自律性を持った労働者の世界を前提とし、この世界に共有された社会意識と対話を続けることによって、アナーキズム的な思想を形成した。彼が労働者の世界と共有したものはもちろん少なくないが、多くの社会主義者がしたように、労働および労働者を何か崇高なものと考えることを嫌った。そういう意味ではむしろ他の社会主義者よりも労働者世界に近かったとも言えるが、それをそのまま肯定するわけではなかった。労働者たちはブルジョワジーがヘゲモニーを握った政治闘争のなかで、ジャコバン的な共和主義イデオロギーによって動員されては、繰り返し手痛い敗北を被ってきたからである。プルードンが指摘するように、政治は古典的な政体循環論のように、民主政から専制、独裁まで、極端な振幅を見せるものの、労働者の社会のあり方はいっこうに改善することはない。

プルードンの系列の議論は、社会の分化による発展を説いてはいたが、彼にとって社会的生は、発展のみならず、腐蝕にもさらされる両義性を有していた。私的所有権の支配とも関係のある大衆貧困問題（paupérisme）の存在である。もともと土地所有などを中心としていたプルードンの所有権力批判は、ここに至って対象を変化させ、消費、労働、性といった民衆の生と、その不可能性としての死に直接関係した領域に介入してくるものとしての権力に焦点が当てられるようになる。『経済的諸矛盾の体系』の最後の章は、興味深いことに、「人口」に当てられている。この書物は、先に述べた彼の議論のふたつの系譜、正義論と生のシステムについての議論とが合流する位置にあると言えるが、両者のあいだには軋轢が生じており、プルードンは正義を生の発展によって基礎付けることを拒否しているように見える。「人口」論において、彼は「産めよ増やせよ」という旧約の命令と、人間の性欲を通したその摂理の貫徹に対して、奇妙にも禁欲を抵抗として持ち出している。

二月革命をめぐるプルードンの政治論は、ボナパルティズム、（今日流に言えば）ポピュリズムとアナーキズムの関係について重要な問題提起を含むが、今回はそれに立ち入ることができない。この革命の「失敗」のあと、プルードンは政治や国際関係に関心を移していくようになるが、民衆の世界の変貌によって、それとの応答関係は変化し、プルードンの議論は不透明性を深めていくように思われる。晩年の『戦争と平和』は、それ自体戦争を支持するわけではなく、戦争の不可能性を結論するものであったとはいえ、戦争とモラルの結合の不可避性を一方の原理として掲げるものであったから、好戦的な立場であるようにも受け取られかねなかった。アナーキズムと戦争の、奇妙なつながり。サン＝シモン、コント、スペンサーに代表される、軍事社会から産業社会へ、戦争から平和へという進歩の楽観主義は終わりつつあった。プルードンの思考のなかにも、二〇世紀の戦争の時代へ続く不気味なものが忍び寄っていたのかもしれない。

6　おわりに——有限でかつ開かれた社会へ

以上プルードンについて述べてきたことは、必ずしも広く受け入れられてきた内容ではない。たとえばバクーニンはマルクスにはない自由への心情を持った思想家としてプルードンに共感を寄せたが、その理論的、哲学的側面については無用の空論であるとして継承しなかった。二〇世紀の右翼思想家カール・シュミットは、主権秩序とアナーキーとを対極に置き、後者のいわば悪魔的な魅力を発するバクーニンに敵ながら敬意を表したのに対し、プルードンはいまだ道徳的で小市民的であるとして、バクーニンの下に置いた。本章はバクーニンや立場は違うがシュミットが見落としてきた問題に着目して、アナーキズムの別の可能性を探ろうとしてきた。[▼15] 奇妙な言い方だが、プルードンに（彼にとっての）未来の「アナーキズム」を批判する契機を見ようとしてきたのである。

このように述べることはプルードンを称賛するためではないし、先に述べたように、現代に役立つことを彼の思想から取り出そうということも本章の課題ではない。家父長制と反フェミニズムの主張など、今日では受け入れがたい面や、またフランスのナショナリズム研究の文脈でしばしばフーリエとともに問題にされる反ユダヤ主義の疑惑など、プルードンが問題の多い思想家であることも事実である。ただ、今日の「アナーキズム」のアイデンティティ・クライシスを検討し、「アナーキズム」の不可能性を突破するには、ここまで戻ってみることが必要だと思われたのである。もちろんプルードンの思想はアナーキズム的なものの数ある可能性のうちの、ひとつのモーメントにすぎないのではあるが。

最後にプルードンの偏見のひとつとして言われる、アメリカとプロテスタンティズムへの嫌悪を取り上げておこう。これらはたしかに偏見であるのだろうが、これまで紹介してきた思想内容と関係がないわけではない。彼は人間の有限性に視座を置き、限定された空間のなかで正義と自由を両立させて生きる方法を模索した。当時まだフロンティアが閉じられていなかったアメリカは、その無限の空間ゆえに、プルードンの正義論が適用できない領域であったのではないかと推測することができる。空間の過剰な広さは、権力の限界を画すことを困難にし、専制政体に結びつく、というのはモンテスキューの有名な考え方であったが、プルードンは力の抑制と均衡という点で、モンテスキューに近い考え方を継承している。その意味でプルードンはヨーロッパ的な思想家であったと言うことができよう。

二〇世紀は、共産主義とファシズムという、ヨーロッパの危機から発したふたつのイデオロギーに対して、アメリカニズムが勝利を得るプロセスで進行した。アメリカニズムの内容は複雑なので立ち入れないが、現在そのアメリカニズムに不信が向けられはじめていることは否定できそうにない。無限の自由、無限の享楽、無限の正義は、有限の地球に生きる人間の条件から乖離しはじめ、解放よりは取り返しのつかない破壊を帰結するのではないか、という疑いである（ここで問題にする無限とは、無限一般ではなく、ヘーゲルの言う悪無限に近い。ただヘーゲルの肯定する無限性に問題がないかは別である）。リバタリアニズム的なアナーキズムも、主体の無限の活動に信頼を置く点で、この疑いに応えてはいない。プルードンから見れば、それは無限の主体性に根拠を置くプロテスタント的自由主義の一変種ということになろう。一方このようなアメリカニズムへの反発は新しいものではないが、その多くが共同体を志向する、有限で閉じた社会を構想するもので、個人の自由と両立することが困難であり、グローバル化の反動に止まらざるを得なかった。

プルードンの思索には、このアポリアを超えて、有限でかつ開かれた社会に通じる可能性が含まれていないだろうか。もちろん、それらが十分成功しているというわけではない。反ユダヤ主義の疑惑は、開かれた点に不十分な点があったことを示しているだろう。「セルクル・プルードン」という彼の名を借りたファシズム団体の存在にもかかわらず、プルードンが直接ファシズムにつながるというわけではない。しかし、最近の研究が示すように、アナーキズムとファシズムのあいだにきわどい関係が存在することは否定できない。このことはもちろん、ファシズムを相対化することを意味しない。ファシズムは道徳的に受容できないだけでなく、不可能であり、またその不可能性を隠蔽することで成立する思想である。それは遠心力を利用しながら求心的な権力を樹立しようとし、有限性に立つ（ハイデガーの思索を参照）ように見せながら、無限なもの（神に代わる、民族の自己崇拝であれ何であれ）を呼び込まずにはおかない。

アナーキズムもまた不可能性と関わる思想である。しかしこの不可能性を認識したうえでの思想であることによって、ファシズムからきわどく分岐することが可能なのではないか。そのためには、この思想系譜がたどった道のりを歩み直すことに意味があると思うのである。

Ⅱ
先駆者たち

第二章　W・ゴドウィン——合理性と判断力

1　本章の課題

幾世紀の昔に他界してしまった思想家にわれわれが何らかの問いを発しようとするとき、その問いを、思想家自身を含みつつ成立していた当時の実践の世界の問題圏のなかに埋めこみ、そこからはみ出す部分を非歴史的だとして切り捨てる必要は必ずしもないし、またそうすることは有害でもあろう。政治思想家の問いのなかには当時の何らかのコンテクストを超えて、直接現代のわれわれの問いと反響するものもあれば、また直接的なコンテクストを離れより大きい別のコンテクストに置かれるべき問いもあろう。

しかし、とはいえ、当該思想家を規定するあるコンテクストがあまりに強大であるとき、その思想家の評価がそのコンテクスト全体の評価に置き替えられてしまう場合が生じる。本章で取り上げるウィリアム・ゴドウィン（William Godwin 一七五六－一八三六）の場合、彼は一八世紀末におけるイングランド急進主義の代表的思想家のひとりであり、イングランドにおける革命の挫折、保守主義への屈服という苦い事実から彼の評価は免れることはできない。もとよりこの評価は彼が偶然にこの挫折の時代に生きた、ということにのみ由来するのではない。もうひとりの急進主義の代表者であるトマス・ペインが自然権思想と民主政の理論、および政治的実践によって民主主義の歴史において栄光ある地位を与えられているのに対し、同時期に生きたゴドウィンがイングランド急進主義の挫折の体現者と見られるのは何ゆえであろうか。[1]その主たる理由は、ゴドウィンの政治思想には雑多な原理が交錯しており、そこから明確な民主主義的方向づけを見出すことが絶望的に困難である点に存在すると思われる。

たとえば、彼は急進主義を支持しながら、エドマンド・バークと同じく自然権思想を拒否する。また彼は自然権の代わりに功利の原理を導入するが、それは利己主義を拒否するものであって、ベンサムの功利主義とは根本的に異なる。さらに彼は現状の政治権力に対して徹底して否定的でありながらルソーのように人民主権を支持せず、あらゆる政治権力の正統化を拒否する。この点で彼はアナーキズム思想の始祖として位置付けられるけれども、後のアナーキストへの直接の影響力はほとんど見られない。

ゴドウィンのこのような諸側面はたしかに彼が典型的なデモクラットたり得なかったことを示しており、自然権と社会契約あるいは人民主権等の観念でブルジョワ革命を捉えるならば、ゴドウィンはそこからの退行として位置付けられるほかはない。しかし、フランス革命についてさえ、典型的なブルジョワ革命として捉える見解に疑問が提出されている今日、イギリス急進主義思想を典型的なブルジョワ革命思想からの逸脱、挫折というコンテクストのみにおいて位置付けることには再検討が必要となろう。そしてそういう見方に立つならば、ゴドウィンの多義性は、一八世紀末のイングランド急進主義に流れ込む多様なコンテクストの理解に役立つのではないか、という見通しが生じる。

それゆえ、本章では、ゴドウィンの政治思想を考察するに先立ち、急進主義をめぐる状況を三つのコンテクストに分けて概観してみたい。

2　イングランド急進主義をめぐる状況

コンテクスト1　イングランドの国制をめぐる議論

一八世紀のイングランドの急進主義は伝統的な立憲主義（constitutionalism）と無縁に発生したわけではなく、イングランドの伝統的な国制の擁護にもとづく政府批判の歴史との関わりを無視することはできない。

一八世紀イングランドの国制をめぐる論争は、J・G・A・ポコックが整理しているように、[2]「宮廷（Court）」派と「地方（Country）」派の論争として要約されよう。名誉革命の後政権についたウィッグ党は、一八世紀前半を通して宰相ウォルポールのもとで勢力を握るが、彼ら「宮廷」側が選挙区、官職の売買、常備軍の育成、商業の保護等の方策によって権力を拡張したのに対し、反旗をひるがえしたのはボリングブロック（Bolingbroke）をはじめとする「地方」派の人びとであった。「地方」派はウォルポールに反対してウィッグの理念を貫こうとする「真正ウィッグ」とトーリーとから成っていたが、彼らのイデオロギーはイングランドの自由の観念の伝統に根ざすものであって、ハリントンの『オセアナ』によって集成された古典古代的な政治的人文主義（civic humanism）を受け継ぎ、それによってイングランドの伝統的な国制を擁護しようとするものであった。彼らの攻撃する対象は、第一に行政府による専制であり、第二にそれと結び付く商業社会の腐敗（corruption）である。彼らによれば良き国制は自由な土地所有者（freeholder）である国民から構成されるものでなければならず、土地財産（real property）のみが政治社会に自由と徳とを保障するのである。しかるにウォルポール政権は土地所有者の政治的権利をないがしろにし、土地財産に代えて貨幣利益（monied interest）を操作することによって、国民からその独立を奪い王権に従属させた。したがって専制と腐敗からなるウォルポール政権は良き国制の破壊者である。

土地財産に基礎を置く「地方」派のイデオロギーにとって事物の秩序は現実的な（real）形態をとっておらねばならず、その点において彼らは、合理論的理神論（rational deism）の、事物はその自然（nature）によって合理的な因果連関の体系を成し人間は理性によってその秩序を認識し得るとする前提と、理論的な親近性を有していた。[3]

それゆえ彼らは貨幣の表示するノミナルな価値にもとづいて世界を秩序付けようとする商業社会の論敵であって、商業社会は幻想（fantasy）、想像（imagination）、情念（passion）、意見（opinion）等に支配され、合理的な支柱を欠いているとされる。[4] 彼らによれば人が彼自身の主人となる（master of himself）という意味での合理性は、文明社会の間主観的な（intersubjective）関係からは獲得されず、ただ土地財産の所有者として政治社会の一構成員となることによってのみ獲得されるべきものであった。

こうして倫理的・伝統的色彩のつよい「地方」派、とくに真正ウィッグのイデオロギーは、イングランド人の民族意識に訴えかけ、ノルマンの征服以前の古き良きイングランド人の自由を引照することでジェントリ層を中心とする広汎な支持を受け、腐敗と専制にもとづくウォルポール政権を批判する有力な武器になり得た。一八世紀後半のラディカリズムの高揚期においてもこうした伝統的国制をモデルとする改革の要求は、議会の強化による内閣の権力濫用の抑制というかたちでひんぱんに現れ、[5] またアメリカ革命の主導的な思想となったのである。[6]

しかし、ラディカリズムの中心的なイデオローグとなった非国教会派聖職者（Dissenters）の多くが啓蒙思想の信捧者であったことから容易に気づかれるように、一八世紀末期の改革思想にとって、その主潮流をなす進歩の思想と、国制に依拠する伝統回帰の「地方」派的な発想のあいだには、たとえ立法府による行政府の統制という点で利益の一致が見られるとしても、もはや両者の不協和は隠せなかったであろう。そして改革思想が決定的に伝統と手を切る画期をなしたのはトマス・ペインであった。ペインはもはや伝統的な国制によって現実の国制を批判するのではなく、伝統的な国制に専制をはじめとする現実の君主政の悪を負わせる。古き良き国制などは存在せず、それらはいずれも征服や迷信からその権威を導き出しており、アメリカとフランスの政府を除けばすべての政府はいずれも恣意的な権力に依存している。[7] 正義はこうした伝統の悪を自然権によって打破することにより獲得されるのである。ペインの『人間の権利』が公刊直後にすでに急進主義の正典の地位を獲得し、そして従来批判の武器であった「国制」がフランス革命の論敵エドマンド・バークの『フランス革命の省察』において保守主義の鍵概念として現れたとき、一八世紀的な対立図式は決定的に転回していた。

コンテクスト2　非国教会派(Dissenters)

一八世紀末の急進主義にとって、そのイデオローグの多くが非国教会派（ディセンターズ）の聖職者であり、しかも各派の教義がそれぞれ多様な社会層、とくに労働者階級、民衆に影響を及ぼしていた点で、[8] 宗教的コンテクストの持つ重要性はいちじるしく大きい。

しかし、彼ら非国教会派は何らかの統一的な教義または政治的信条によって結合された集団では決してなかった。非国教会派は厳格なカルヴァン派からきわめてリベラルなソッツィーニ派のようなユニテリアンまでをも含み、名誉革命において国教会の外に平和的な存続を許された諸セクトの一般的名称以上のものではあり得ない。[9] 政治的にも、原罪観にもとづくゆえに概して保守に傾くカルヴィニズムから、啓蒙思想を摂取して改革運動に熱心な理神論に近いセクトに至るまで、きわめて多様なあり方を示していた。しかし本章では便宜上、改革思想に何らかの関わりを持った諸セクトの総称としてこの名称を用いることにしたい。

一八世紀の国制をめぐる議論において、宗教思想とりわけ合理論的神学に依拠する非国教会派がいかなる改革的役割を果してきたかは、必ずしも十分に明らかではない。しかしポコックによれば、前述のように「真正ウィッグ」のイデオロギーと合理論的神学のあいだには親和性が存在する。両者は世界をひとつの合理的な秩序として把握し、想像力によって作られる間主観的な現れの次元のかなたに真の実在である「存在の大いなる連鎖（Great Chain of Being）」が支配することを想定する。そして真の道徳はこの体系を理性によって認識することで得られるとされる。[10] たとえば代表的な非国教会派の理論家リチャード・プライスが理性による道徳の認識を主張してシャフツベリをはじめとする道徳感情論（moral sentiment）を批判したことは、彼らのプラトニズムへの傾斜をよく示すものであった。[11]

非国教会派と国制における改革派とはこのような理論のもっとも抽象的なレベルで結合していただけではない。非国教会の理神論に近づく部分は、その活動の多様な文脈で世俗の改革思想と切り結んでいたのであった。

まず彼らは名誉革命によってその平和な存続を許されたものの、審査律他（'Test and Corporation Act'）によって公的な活動は制限されており、この法律の撤廃を求める運動は彼らを改革思想と結びつけた。またアフリカの奴隷貿易をめぐる議論は、人道主義の見地から彼らを政府批判におもむかしめた。[12]

次に非国教会派の経済活動への関心を取り上げることができよう。その教義の基調においてプロテスタンティズムに立つ彼らにとって、良心の自由は何にもまして尊重されるべき価値であったが、この良心の自由はしばしばたんに宗教的な根源であるばかりでなく、世俗の事柄を含むあらゆる人間活動の由来する根源としてきわめて重要な概念となるものであった。その傾向は彼らの代表的理論家のひとりでありもっともリベラルなソッツィーニ派に属するJ・プリーストリーにおいて顕著に示される。自らも酸素の発見者として科学史上にその名を残すプリーストリーにとって、発明・発見等の知的自由は良心の自由から由来するものとして重要な位置を占めた。そして発明・発見の延長上にその体系化としての科学および応用としての産業が基礎付けられ、こうした産業・経済活動の自由の根源としての良心の自由は、彼らが政府に対して不可侵を要求する政治的な課題であり続けたのである。[13]

さらに非国教会派が聖職者養成のために設けたアカデミー（Dissenters' Academy）のあり方に彼らの世俗への関心を見ることもできよう。たとえば青年時代のゴドウィンが入学するホクストン（Hoxton）のアカデミーについて見れば、そのカリキュラムは多様であり、用いられる教材も宗教関係のヘブライ語等には限定されておらず、古くはギリシア・ローマの古典、また新しくは唯物論に接近するフランス啓蒙の諸思想およびヒューム、スミスらスコットランド学派等が扱われるなど、世俗の学問への関心は広く深かったと言える。[14]こうした関心の対象は宗教の枠を超えて普遍的であり、またギリシア・ローマの古典が重視されたことに関して政治的人文主義の伝統とのつながりを想定することは不可能ではないであろう。

以上のように非国教会派聖職者の世俗の学問・科学・経済活動への深い関心、および政治的関心を考慮するとき、ポコックの指摘するように彼らと改革思想とのつながりを確認することができよう。しかし、このことは非国教会派の急進主義が政治的人文主義の枠内においてのみ把握されることを意味するのではない。彼らの理論的な代表者プライスやプリーストリーの政治思想の基調をなすものは、伝統的な国制への回帰ではなく、J・ロックに由来する人間の平等な自然権であり、また平等な自然権を持つ諸個人の契約によって成立する近代的な社会契約説であった。[15]そして彼らはジョージ三世の即位後反動化した政府に対し、アメリカ植民地問題等を中心に明確に反政府的立場を打ち出すようになり、ロックの政治理論を下敷としてそれを可能な限り急進化することによって状況との対決に供しようとしていた。ここでも一八世紀の国制の議論をめぐる構図は大きく変化していた。

しかし他方において、プライスやプリーストリーの政治思想をロックのそれと比較するとき、変化の側面もまた明らかであろう。その相異は端的に言えば、彼らにおける啓蒙の契機の徹底、すなわち人間の持つ自由と合理性の能力への強い信頼であると言うことができる。ロックにおいて人間の理性の自律という積極的契機は、神や自然によるサンクションによってつねに均衡をとられていたのに対し、プライスやプリーストリーはこのバランスを積極性へと著しく傾斜させる。彼らにとって個人の内面の良心のなす合理的な判断はすべての出発点であり、神の秩序としての自然もまた個人の理性と別のものではなく、認識主体の理性は宇宙全体を支配する理性との同一性によって支えられる。彼らはフランス啓蒙をとおして世界を合理的な因果関係の体系として捉え、それをピューリタニズムに伝統的な個人の判断力を介して、主体の自由と世界の合理性とを統合しようとしたのである。

しかし彼らのロック的な政治論と啓蒙の統合の試みにはさまざまの矛盾が存在したように思われる。そしてゴドウィンの『政治的正義』はこれらの矛盾のいくつかを批判の標的としつつ、自らの理論的再編を行っている。ここでは本章の目的にとって重要な矛盾を三点にしぼり、簡単に取り上げておきたい。

矛盾の第一点は自然権の占める位置の不確かさである。認識主体の理性が宇宙全体の理性に収斂するならば、主体は必然性の法則のもとに支配されることになり、プリーストリーにおけるように、自由意志の否定が帰結する。決定論をとらず意志の法則と自然の法則とを区別するプライスにおいても、「廉直の法(Law of Rectitude)」の支配により、自然権から恣意やエゴイズムの権利が排除されねばならなかった。

矛盾の第二点は個人と社会と政府の関係に関わる矛盾である。ペインの有名な定式「社会は善、国家は必要悪」に見られるように、彼らはロックよりもいっそう社会を一体的で自己完結的なものと考え、それに対し政府を社会の従属物・必要悪と捉えた。この傾向は非国教会派が政府の介入から良心(教育および宗教)の自由を擁護しようとする彼らの一貫した主張から由来しており、プリーストリーが「政治的自由(political liberty)」と「民事的自由(civil liberty)」を区別し、後者を前者に対してより本源的だとしたのはその典型である。しかしそれでも彼らは政府を他者の疎遠な権力とは考えておらず、社会は個人の改良の手段であり、政府もまた社会をたすけて個人の改良のために働くと考える。ここには非国教会派特有の個人主義とエルヴェシウス流の上からの啓蒙とが混在しており、その結果政府は悪の原因であるとともに改良手段であるという両義性をはらむ。

第三の矛盾は商業活動と公共的徳（civic virtue）とのあいだにはらまれる矛盾である。商業活動の自由の側につき救貧法に反対してレッセ・フェールを支持したプルーストリーに対して、より理想主義的なプライスにとって商業活動は無矛盾的な善ではなかった。彼はアメリカ植民地に関して、商業活動から生じるエゴイズムが自治に必要な公共的徳を掘りくずすことに警告を発していた。こうしてブルジョワ的発展にいかなる立場をとるかは、一八世紀末の急進主義にとって重要性を増してくるのである。

コンテクスト3　民衆運動

イングランドの急進主義を検討するさいにもうひとつ忘れてはならないコンテクストは民衆運動の動向である。フランス革命が発生した直後、イングランドにおいても革命運動の高揚が見られるが、この高揚は広汎な民衆や労働者の参加によって結成されたロンドン通信協会（London Corresponding Society）の活動抜きにはあり得なかったからである。

さて一八世紀末に、いまだひとつの政治的意志を持つとは言えないにしても確実に政治過程に影響を与えるようになるこの民衆は、一八世紀のイングランドにおいていかなる状態で存在したか。リューデやトムソンの研究から明らかなように、この時代の民衆は食糧価格に関して自律的な正義の観念を有しており、政府の食糧価格規制が民衆のこの実質的な経済倫理に反するとき、民衆はしばしば市場や商人を襲撃し、差押えや象徴的投棄、さらには「民衆による価格設定」によって自らの正義の実力行使に出た。こうした食糧暴動は民衆の世界が自律的な倫理的秩序を有していたことを確認するうえで重要であるが、それ自体で一八世紀末の革命的な急進主義へと発展するものではなく、またロンドンにおけるようにトーリーの市政が民衆に対するパターナリズムによる支配に成功している場合には、大きな騒擾《そうじょう》に至ることは事前に予防されていた。▼16

しかし、こうした民衆の世界の自律的な価値観に支えられた暴動は、イングランドにおいても次第に国制をめぐる政治的な争いと連動する可能性を強めるようになる。その画期的な事件は一七六三年より幾度も発生する「ウィルクスと自由」をスローガンとしてかかげる民衆騒擾であった。このウィルクス暴動はウォルポール内閣の国内消費税法案に対する拒絶を訴えるものであり、この政策が民衆の自律的な経済秩序を侵害する点において伝統的な食糧暴動とその発生を共通にするものである。しかし同時にこの暴動がウォルポール政権対トーリー市政という国制レベルにおける政治的対立と直接関わるものであり、しかもピットを指導者とするトーリー市政がウォルポール政権打倒のために民衆運動を利用しこれを煽動していたため、かつてなく政治的対立に巻きこまれる暴動となった。そして暴動の参加者は職人・小商店主の他に、独占に反対する小ブルジョワ等へ拡大し、また知職人層との関係が深まるなど、運動は広汎に規模を拡大していった。さらに一七八〇年に反カトリックを契機として発生したゴードン暴動もまた、「イングランドの古き良き自由と国制の擁護」というイデオロギーを民衆へと浸透させ、国制レベルの争いと民衆運動とはその関係を深めていった。

こうした一連の反ウォルポール的な民衆運動は、専制と腐廃の批判、黒人奴隷反対、アメリカ植民地課税反対等に関して政府批判を行ってきた非国教会派を中心とする知識人の急進主義に通じるものがあった。そしてこの段階に関する限り、両者はピットを指導者とするトーリーの政治的立場と重なる方向を共有していたのである。議会改革を求める非国教会派の急進主義者ワイヴィルやカートライトらは各地に国制の改革について知識や意見を交換する結社（Society for Constitutional Information）を設けるが、彼らは同時にピットを通じて議会に対する改革の請願を続けていた。民衆運動に対してと同様、知識人の急進主義に対しても、トーリーはある程度においてその不満を吸収していたのである。しかし保守主義の限界もまた存在した。政治の安定を求めるピットはついに急進主義者たちの改革の要求を実現することができず、また高揚する民衆運動を自らの保守的なイデオロギーの枠内に抑えこむことに限界を現していくのであった。[17]

急進主義と民衆運動がこうしてトーリーのパターナリズムに依拠する伝統的なイデオロギーの枠組みを超えていき、運動が知識人・ブルジョワから民衆・労働者を通底して広汎な規模を獲得する準備が整ったとき、フランスに発生した大革命の知らせは決定的にイングランドの急進主義の高揚を促した。一七九一年、靴職人であったトマス・ハーディによって設立されたロンドン通信協会はトマス・ペインのフランス革命擁護の書物『人間の権利』を売りさばき、自然権思想を民衆、労働者層へ普及させるのに大きな役割を担った。ここに急進主義は民衆運動を自らのヘゲモニーのもとに把握し、民衆運動は自らすすんでトマス・ペインを熱狂的に受容した。そしてロンドン通信協会はその基本方針である「会員に限定なし（Members unlimited）」に見られるごとく、開かれた近代的な政治結社として自律を達成するのである。

この急進主義の民衆運動に対するヘゲモニーは、しかし、フランス革命におけるジャコバン派のそれとは異なり、自らの政治的目的に従って民衆運動の自律性を解体し、上から権力的に再組織化を企てようとするものではなかった。各々の運動の指導者にはそれぞれ自律性の余地が残されており、その連合体としてのロンドン通信協会は決してひとつのイデオロギーによって統一された組織ではなかった。このことは急進主義がすさまじい勢いで民衆へと浸透しながらも、しかし同時に民衆全体をひとつの方向へ導くヴィジョンの確定性に欠けていたことを意味するものであった。

たとえば急進主義の代表者ペインにおいて第一に彼の思想は周知のように、人間としての人間一般、抽象的な人間の自然権に基礎を置くものであって、彼の訴えかける対象としての民衆・労働者の具体的な社会的経済的条件についての特有のヴィジョンを有するものではなかった。[18] 従って民衆が自律的なものとして共有してきた具体的な正義の観念との関わりを急進主義に見出すことは困難であり、ペインが結局のところ肯定したレッセ・フェールの経済政策は民衆自身の経済倫理と矛盾せざるを得なかったであろう。

第二にペインの自然権の思想は、権利という言葉の広汎な流通にもかかわらず、受容された意味内容に大きな偏差が見られる。たとえば、職人の息子として生まれ「博愛協会」の設立で知られるトマス・スペンスはペインの書物と同じく「人間の権利」と題した講演を行っているが、そこで論じられる権利の内容は抽象的な個人の人権とは全く異なるものであった。[19] 彼はすべての所有権を地主から取り上げ、それを教区（parish）に与えようとする。教区は住民の同意によって成立し、所有権をはじめすべての権利がそこに集中する。地代は教区の金庫に払いこまれ、教区は唯一の地主となる。この教区の政治権力への平等な参加の権利こそが「人間の権利」なのである。こうしてスペンスはペインとは著しく異なる財産共有的・農本主義的ヴィジョンに立つユートピアを描き出していた。

こうしてイングランドの急進主義は民衆の世界の固有の正義の観念や経済倫理を自らのうちに把握するに至らず、急進主義と民衆のあいだの溝は埋められることがなかった。このことを示すもっとも重要な事件は、国王側について急進主義者を襲撃する暴動（'Church and King' mob）の発生であり、リーヴに指導されたこの暴動は急進主義の指導者プリーストリーの自宅を急襲した。こうして急進主義がいまだ民衆運動を確実に指導しえなかったのと同じく、民衆運動もまた自らの政治的要求を思想的に自律させるに至っておらず、暴徒（モブ）と革命的群衆との間を浮遊する不確定な存在であるほかはなかったのである。

ゴドウィンと急進主義

以上見てきたとおり、一八世紀末のイングランド急進主義は単一のイデオロギー的なコンテクストのもとに展開されたものではなく、複合的なコンテクストの総体と考えられるのであり、しかも各々のコンテクストはさまざまな矛盾をはらんでいた。ゴドウィンはこのような混乱のなかで、しかもきわめて短期間に思想形成を行い、急進主義運動に参加する。

ウィリアム・ゴドウィンは一七五六年イングランドのケンブリッジシャーにて、カルヴァン派牧師の子として生まれた。[20] 彼の家系は幾代にわたって厳格なカルヴァン派であり、ゴドウィンは幼少時から人間の原罪と預定に関する陰うつな教義をたたきこまれている。そのように育った彼は感性的なものを軽蔑し論理的思考にもっぱら興味を覚える少年であり、友人との交際は冷淡で孤独な性格であったと言われる。家族の愛に対する敵対的な態度は幼少時の読書経験によりすでに生じていたが、同時に満たされぬ家族愛は彼を他者の承認や称賛を求める強迫観念へと導き、合理的な思考の底に流れるこの抑圧された衝動は後に彼が『ケイレブ・ウィリアムズ』その他の小説において描く孤独な人間の苦悩の原型をなしているとされる。

一七歳になったゴドウィンは聖職者を志して、ホクストンの非国教会派系アカデミー（前述）に入学する。このアカデミーは当時プライスやプリーストリーとも親交のある教師キピスらのもとで非常にリベラルな性格を有して活況を呈しており、学生の間でも活発に議論が行われ、政治的にはウィッグないし急進派を支持する気風が大勢を占めていた。厳格で保守的な教育を受けたゴドウィンにとってこの自由な気風はむしろ困惑を感じるものであったが、このアカデミーで学んだギリシア・ローマの古典はのちの彼の思想に大きな影響を与える。

アカデミーを修了したゴドウィンは二二歳にしてハンプシャー他で教師を任じられる。しかし彼の保守的な教義は会衆に嫌われ、長続きしない。そうした日々のなかで、彼の同僚の教師フォセットを通じて知ったフランスのフィロゾーフたちの著書との出会いは彼の思想的立場を一変させた。

とりわけドルバックやエルヴェシウスにおける原罪の否定や出生時における人間の平等はゴドウィンのカルヴァン主義を打破し、彼は人間や社会の悪を原罪に求めるのではなく、それを政治制度のなかに求めることを学んだ。それは同時に社会改良の可能性を与えるものであり、同じ頃読んだルソーやスウィフトの文明批判とともにゴドウィンを急進主義に接近させることになった。

政治への関心の移動とともに、ゴドウィンは次第に無神論へと近づくようになり、彼は牧師の職を辞して文筆で身を立てる決意をしロンドンに出る。彼はロンドンでいくつかの政治的パンフレットを書き[21]、バークやフォックスらの共和主義の立場から政府の植民地政策等を批判した。時は折から名誉革命の一〇〇周年を迎え、急進派の気勢は高まっていた。そしてまもなくフランス革命が勃発する。ゴドウィンは急進派の一員としてロンドンの革命協会に出入りし、プライスの革命称賛の演説に聴き入っている。

急進派の思想を集約する著書はバークの革命批判を論駁するかたちで次々に出版された。その代表的なものはペインの『人間の権利』であり、そしてのちにゴドウィンの妻となるメアリー・ウルストンクラフトの『人間の権利の擁護』[22]であった。ゴドウィンも自らの急進主義を集成すべく、この興奮のなかで主著『政治的正義』を書き進める。この間ゴドウィンにはいくつかの思想的出会いがあった。まず一七九一年末のペインおよびウルストンクラフトとの会食である。ゴドウィンはペインに強い印象を受けながらも、宗教や自然権等の問題をめぐって意見は一致しなかった[23]。もうひとつの出会いはトマス・ホルクロフトとの討論である。ホルクロフトは善き政府が存在することに疑問を抱く懐疑論者であり、ゴドウィンはホルクロフトの影響のもとで政府を人間改良のための手段とするエルヴェシウス的立場から、次第に政府は悪であり人間改良は教育によらねばならない、という立場へ移行していく。

一七九三年二月『政治的正義』第一版[24]は出版される。この書物は高価で大部、しかも平易に書かれていないにもかかわらず、海賊版などを通してかなり広く読まれ、ゴドウィンは一躍世界の注目を浴びた。

しかし、ゴドウィンの急進派の巨匠としての栄光は長く続かなかった。フランスとの関係が悪化し戦時体制に入るに及んで、イングランドの急進派は当局による厳しい弾圧を受け、その活動は壊滅的な打撃を受ける。ペインが亡命を選んだのに対し、ゴドウィンはイングランドに留まるが、彼はもはや目立った政治的発言を行わず、文筆業（小説・戯曲・教育論等）に専念するのであった。

ここにゴドウィンの転向の問題が存在する。晩年のロマン主義への傾斜は言うに及ばず、『政治的正義』はすでに一七九〇年代に二度の改版が行われている。多くの研究者がこの改版に革命的表現の穏健化をみとめ、検閲を恐れるゴドウィンの当局に対する妥協を指摘している。たしかに改版にこのような妥協的側面を見出すことは不可能ではない。そしてまたゴドウィンは生来の臆病な性格のゆえに正面から権力と衝突することを回避し、そうした勇気の欠如がこの思想家の評価と切り離し得ないとする見方もある。

しかし『政治的正義』の改版はゴドウィンの妥協・転向のみに帰され得るであろうか。ゴドウィンには彼が当局の弾圧の危機に出会う以前から、ペインら他の急進主義者と一線を画する独自の思想が存在した。『政治的正義』第一版はきわめて短期間の思想形成のもとに書かれたために、ゴドウィンの独自性は十分自覚されることなく他の諸原理との混在を許している。それに対し第三版はいまだ数多くの立場のより合わされた総体という性格を残しながらも、そこに一貫するゴドウィンの独自性を見ることは不可能ではない。[25]

本章ではこうした観点に立って、『政治的正義』の改版をゴドウィンの思想的な自立の過程としても把握し得ると考える。それゆえ以下では最後の版である第三版を中心に、あえて直接の政治的コンテクストから離れて、ゴドウィンの政治思想の骨格を把握することを試みたい。そうしたうえで、それでもなおゴドウィンの抽象的な論理構造を規定する時代の特徴を、先に挙げた諸コンテクストとの関連で浮き出させたいと考える。

3 『政治的正義』の構造――理性と判断力

啓蒙と政治権力

ゴドウィンを他の急進主義者の政治思想から分かつ特徴のうち、最大のもののひとつは自然権の否定であろう。ゴドウィンは『政治的正義』（以下『正義』と略す）の序章において政治学の扱い方について触れているが、そのなかで彼は政治学を道徳哲学から分離して説く方法を批判し、政治学を道徳哲学の一部として論じるべきだとする。ゴドウィンによれば自然権より説きおこす政治理論は、それに反して諸個人に恣意の権利をも与えるものであって、政治から道徳を排除するものとして許されない。なぜなら「悪をなす権利を有する」という命題は何よりもばかげており[26]、それゆえ権利に先立って行為の正しさの規範が与えられておらねばならず、権利は正義の第一義的な源泉ではあり得ないからである。世界には人間の権利という形式的要件に還元することのできない実質的な正義の秩序が存在する。国王の権威もまた人民の意志も、この正義の秩序を侵すことはできない。これがゴドウィンの根本的なシェーマであった。

それでは実質的な正義の秩序とはいかなるものであるか。ゴドウィンによれば世界はそれを構成する万物が因果関係の連鎖をなしてひとつの大きなシステムを形成している。人間もまた物と同じくこのシステムのただなかに位置付けられており、このシステムを超越するような神が存在しないのと同様に、先験的な自由意志といったものは存在しない。そして人間は経験のみに由来する因果関係の知識を蓄積することによってこの世界の体系を認識するのであるが、そのメカニズムは次のとおりである。

ゴドウィンはロックの樹立した経験論的伝統に従い、先有観念を否定して、精神とは感覚の産物であると考える。感覚以外に人間の知識のもたらされる経路は存在しない。心《マインド》それ自体は感覚の流れ《フロー》にほかならない。[27] このようにして感覚が集めた外界の諸事実を「諸観念の系列」へと配置するのが悟性（understanding）の機能である。悟性（ないし理性）[28] は外界の諸事実を観念に置き換え、それを比較・判断・推論して、そこに原因と結果の連鎖を発見する。経験的認識から得られた多数の観念の連鎖は、悟性の力によって整理されて、われわれは直接的な印象から離れて次第により普遍的な因果関係の知識を拡大していくことができる。そして過去の経験から得られた法則的知識を将来に投影することによってわれわれは予見能力を獲得することができるのである。予見能力を持つ人間のみが「判断（judgement）」をなすことができる。彼はまた共通善に貢献する能力を持つ者であって、徳（virtue）を有するとされ、徳は主知主義的に定義される。

こうして因果関係の正しい認識から人は判断へと導かれる。判断を伴う行為は外的原因によって生じる行為から区別され、人間に固有な「自由な思慮（discretion）」を構成する。したがって人間は盲目的に自然の必然性に身をまかせる諸物と異なり、自らの判断によって必然性を発見し、それを予測し利用する存在である。判断はそれを支える知識が増大すればするほど、宇宙の法則の必然性に収斂していく。それゆえ知識は判断の基礎を提供する手段として重要であるが、しかしそれのみならず、知識自身が徳とされるのである。

ゴドウィンは道徳を次のように規定する。

> 道徳とは最大の共通善（the greatest general good）への考慮によって規定される行為の体系である。ある人の行為が最も多くの、あるいは最も重要な事例において、慈恵（benevolence）の観点によって支配され、また公的な効用（public utility）に奉仕する場合、その人は最高の道徳的評価に値する。[29]

また「道徳的義務の一般的呼称」としての「正義（justice）」を彼は次のように定義する。

> 正義という言葉を、私は幸福に関する事柄について、すべての人びとに公平な（impartial）扱いを施すこととして理解する。その際に考慮されるのは行為の受け手の資質と与える者の能力の二点のみである。それゆえこの原理は［……］「人を考慮しない（no respecter of persons）」ということである。[30]

この定義について重要な点は、第一に道徳が快苦の原理によって定められる効用（utility）に求められることであり、[31]第二に共通善の「一般的（general）」性格である。すなわち行為が正義にかなうか否かの唯一の判定基準はその行為が人類共同体全体（whole family of mankind）の利益にかなうか否かである。正義にかなう行為は私的利害から免れているのみならず、家族をはじめとする個別的（particular）な倫理やきずなからも免れていることが要請される。いかなる偏りにも立たず、ただ人類の共通善の普遍性の立場からなされる公平な判断に支えられる行為のみが正義を主張できるのである。これはきわめて厳格な正義の定義であり、ある個人の生命の犠牲が共通善にかなうならば自己犠牲の義務も生じる。また彼は肉親を見捨てる犠牲を払う場合にさえ、人類全体の善に貢献するであろう人物の生命を救わなければならない。[32]ゴドウィンのこうした家族愛に対するほとんど敵対的と言える態度は当時とりわけ激烈な非難の的になった。普遍的な倫理にすべてを与え、個別的な倫理や感情には一切を与えない彼の正義論の極端さは、彼が多くを学んだ啓蒙思想の尖鋭化であるとしても、明示的にせよ黙示的にせよ家を政治社会の基本的要素と考えてきたヨーロッパの伝統思想に対する彼の異質さを示すものと言えよう。

さてこのように普遍性の立場に立つことが正義ないし徳の要件であるとするならば、知識はいかなる意味でそれ自身が徳であり得るのか。

ゴドウィンによれば人間はその習慣や好みにおいて相違を持つけれども、共通の諸感覚を有しており、相違が偶然的であるのに対して共通性ははるかに重要である。諸個人のあいだには基本的な同型性が存在する。それゆえ快楽は一定の客観性を有し、人類社会の共同の目的となることができる。この同型性のゆえに、もしわれわれが自分自身の快楽を真に知ることができるならば、われわれは自分自身に望ましいものが同時に他の人びとにとっても望ましいということを感じずにはいられないであろう。[33] 知識はこうして同型性という条件のもとで共感（sympathy）の働きを生み出し、拡大し、そしてそれはついに人類の普遍的利益に到達する。それゆえ知ることとは同時に普遍の立場に立つことであり、知識はエゴイズムと偏見に満ちたあるがままの人間を普遍的な善の増大という正義の命令に従う人間に変える、という規範的意味を持つことになる。

以上のようにしてゴドウィンは実質的な正義の秩序は国王の権威にも人民の意思にも従属することのない究極的な規範であり、ただ知識の増大による普遍的な立場の獲得によってのみ人間はこの秩序に達し得ることを説いた。ゴドウィンのもうひとつの重要な前提は、このような同時に判断であるような正しい知識は、共同体や社会や政府ではなく、ただ個人が、自らの個性に問いかけ能動的な理性に自らの良心を従わせることによってのみ獲得される、という点である。ピューリタニズムの個人主義の伝統に負う、この個人のみが、そしてすべての個人が有する能力は「個人的判断力（private judgment）」と呼ばれる。個人的判断力は人間を普遍的な正義の秩序に至らせる唯一の通路であるゆえに、正義は個人的判断力がいかなる障害にも妨げられることなく保護されることを命じる。『正義』は最初に共通善の定義を置きながらその内容を詳論することなく、共通善の実現の方法としての個人的判断力の問題に著しく深入りすることになる。統治形態・所有・宗教・教育等の政治論の諸問題はいずれも個人的判断力の保護・育成という文脈で展開されており、個人的判断力の観念は『正義』の体系を統合する中心的な位置を占めるのである。

それではいかなる政治的・社会的条件が個人的判断力にとって必要であるか。個人的判断力はまず社会の偏見（prejudice）によって曇らされる。偏見とは、ゴドウィンによれば「諸物をありのままに（Things as They Are）」見ることのできない認識を意味する。すなわち世界の因果関係の総体のなかに諸物を正しく位置付けられず、諸物の因果関係の認識が錯乱するか、あるいは習慣等に従うことでそもそも因果関係について問いを立てるのを怠ることが、偏見の発生する原因である。[34] このような誤った認識は個人的判断力を妨げるものであって、それは社会において共有されている。社会とは、それゆえ理性への厳しい問いかけを欠いた弱々しい判断力が相互に模倣される領域にすぎない。したがって社会は正義の秩序の永遠性に対して偶然的な存在であり、人間の堕落の結果であるとともに源泉である。

次に政府のあり方は判断力にどのように影響するか。ゴドウィンによれば政府の意志とは実は社会の意志にほかならない。ところが社会は偏見や模倣、気まぐれや嫉妬等に支えられ、理性に根拠を置くものではないため、社会がそれ自身の判断によってひとつの意見（opinion）を持つことは不可能である。社会の意見と誤ってみなされるものは実は「虚構の一体性（fictitious unanimity）」にほかならず、社会のなかのある諸個人の意見が全体の名を僭称したものでしかあり得ない。[35] それゆえ政府に関して言えば、政府はその政治的意志を社会の意志に由来するものとして基礎付けることはできない。また一方、政府はその権威を、社会を超越する何ものかに求めることはできない。なぜなら社会の腐敗と堕落の影響はあまりに強力であるために、政府は社会の悪徳から自由でないからである。政府は善なる社会に対立するから悪なのではなく、逆に社会の悪に従属しているから悪なのである。それのみならず政府は社会の悪の内容である習慣や傾向性を広い地域にわたりまた幾世紀も永らえさせるという積極的な悪の側面を有する。すなわち政府の資質は社会によって規定され社会に対して従属的でありながら、同時に強制力や教育等を通して社会を構成する諸個人の判断力を拘束し、いっそう強く社会の悪を固定させるのである。

以上のような政府の持つ負の役割は、政府がたとえ自由な諸個人間の契約によって成立したとしても事情は変わらない。社会契約は契約に参加する諸個人が現在の判断力でもって将来の事柄を取り決める行為である。ところが各々の個人の判断力は経験的知識の増大とともに漸進的に進歩するから、現在の時点で定められた社会契約の内容は将来の諸個人の判断力の発展にとって不可避的に足枷とならざるを得ない。[36]

政治権力によって固定された意思や法は、それらがいかなる手続きによって定められ、またいかなる内容を有するにかかわらず、漸進的・流動的に発展する判断力の実質の変化に対して倫理的な優越を主張できない、とゴドウィンは考える。それゆえ彼はルソーと同じく社会の腐敗や堕落に深く留意していながら、国家による徳の統制を否定し、啓蒙専制・国教会制度・国民教育のいずれをも退ける。[37] それのみならずこのような個人主義の徹底は政治権力の正統化自体を拒否するものであって、政治哲学の目的を正統化の彼方に追いやることになる。もとよりゴドウィンはあらゆる政治権力を即時に解体しようとするのではない。秩序の維持が共通善にかなう限りにおいて政府は必要であるとされ、効用の原理によって政治権力の存在はさしあたり弁証される。しかし政府が必要なのは啓蒙の不十分さのために人間社会から犯罪や暴力が消滅していないからにほかならず、啓蒙の完成する未来にあっては政府は不要であるとされる。それゆえ政治権力は暴力を排除するためだけの、それ自体外面化、脱倫理化された機構として把握されるのである。

ゴドウィンの以上見てきた政治理論の枠組みが、一八世紀末イングランドの急進主義思想の枠組みと比較していくつもの特異性を持つことは明らかであろう。ゴドウィンは個人的判断力と啓蒙の論理を非国教会派の政治思想から借用しながら、同時にそれを極限まで推し進めることによってロックから急進主義へと受けつがれた自然権と社会契約説のパラダイムを崩壊へと至らせたのであった。この転換によって第一に人間の主体性は判断力の権利へと純化され、第二にそれは社会や政府へと同化されるのを拒否する。その結果、急進主義に典型的な、社会を個人改良のための道具、政府を社会改良の道具とするオプティミズムは崩壊せざるを得ない。唯一の主体である諸個人の活動が生み出した成果である政治や社会の諸制度がもはや諸個人にとっての道具ではあり得ず、逆にその前提としての諸個人の判断力を掘りくずすという「疎外」の契機はゴドウィンに特徴的であり、それは急進主義思想における政治社会を「つくる」という積極的契機の修正に向かわせるであろう。この性格は次に扱う所有論においても繰り返される。

所有権と同意による革命

しかし、このようにして獲得されたゴドウィンの基本的立場は改革の理論として満足のゆくものであろうか。それは知識の増大のみが漸進的に社会改良の原動力であるというものであって、きわめて具体性に欠け、平板な進歩の信仰を提示するのみではないかという疑問がただちに生じる。しかも具体性に欠けるのみならず、現実に社会や政府が個人的判断力を歪めている以上、これらの悪の原因を取り去る方法が考察されないならば、長期的に見た知識の増大への信頼は空疎なものとなるであろう。ゴドウィンはこの点に無自覚であったわけではない。『正義』はその最後の篇である所有論において、個人的判断力の問題の延長として改革の方法を論じている。しかし、この問題に入るまえに、ゴドウィンが政府の悪にまさる悪として挙げた所有制度の問題に触れ、社会の悪の内容を具体化しておきたい。

周知のように所有権（property）の概念はロックの政治理論の中枢を占めるものであり、ロックを継承する急進主義の理論においても、所有は人間の諸活動の基礎として自然権による正統化が与えられていた。しかしゴドウィンにあっては自然権の否定と連関して、所有権は両義的な性格を帯びることになる。ゴドウィンにとって所有権は第一に健全な個人的判断力にとっての不可欠の基礎である。十分な所有権が与えられない場合、人は生存することにのみ時間を奪われ、判断力の育成のための知的な活動に時間をさくことができない。またこのとき人はしばしば富者の施しに依存することになるが、これは個人的判断力を富者の意思に従属させることになり、正義に反する。それゆえ知的活動に余地を与えるための必要最低限の所有権は、判断力のいわば物質的側面として正義の要請するものとされ、余暇・従属の不在等とともに「自由な思慮の領域（spheres of descretion）」を構成する。

しかし第二に、所有権は悪の原因でもある。まず無制限な所有権の拡張は他者の所有権を奪い、他者の個人的判断力を侵害する。のみならず過大な所有はそれ自身が悪の原因となる。ゴドウィンによれば判断力の育成に望ましいのは質素な生活であり、それを超える余剰の消費は人間の真の欲求の構造に根拠を持たず、それゆえそれ自体に内在する価値を有しない。ぜいたくな消費が行われるのはもっぱら「これ見よがし（ostentation）」のためである。たとえば豪華な食事が富者に好まれるのは、食事の効用のゆえではなく、召使のへつらいや客の称賛が快をもたらすからである。このような虚栄心（vanity）のために富者は物全体の内在的な価値、すなわち「物をあるがままに見」る能力を失う。▼38

所有の悪はまた、貴族政の悪をも生み出す。ゴドウィンによれば貴族政は富裕な財産に支えられた者たちによる支配である。過剰な富は人間を堕落させるから、貴族政は社会改良への意欲を持たず無気力に陥り、いかに大衆に称賛されても賢者には哀れに思われる。古代の貴族政にはローマのごとく公共精神に熱狂した例があるが、今日の貴族政には望むべくもない。このように過大な所有という経済上の悪は、堕落という社会的な悪を介して、貴族政という政治的な悪と結合するのである。

以上のような所有権の両義性は、ゴドウィンにおいて所有がもはや無制限の善ではあり得ず、たとえ所有が労働によるものであったとしても、万人に「自由な思慮の領域」を確保する正義の命令によって制限されるべきことを示唆している。ゴドウィンにあっては労働による所有権の基礎付けは第二義的な意義を与えられるものの、世襲による富と同じく正義の秩序に取って代わり得るものではない。このいわば「反近代的」な経済観は、ゴドウィンが他方で主張する啓蒙の成果を利用しての生産力の向上、という近代的な経済観と奇妙な対照を見せる。人間の判断力の健全な成長を妨げる貧困は悪であるから、生産力の向上は進歩のための必然的な課題である。ゴドウィンはこの目的のためには機械の導入が必要であるとし、機械が人間に代わって生産を行うようになった未来には人間の必要労働時間は一日につき三〇分に短縮されるであろうと楽観的な予測を行う。しかし生産力の向上はそれ自体が善なのではなく、もっぱら知的活動のための余暇を確保する手段として善なのである。それゆえゴドウィンにとっての関心事は生産力全体の量的増大ではなく、生産力の向上を伴った分配の公正化であり、とりわけ重点は人間の真の欲求に基礎を置く正しい分配にあったと言えよう。産業革命による生産力の向上はそれが労働時間の増大を伴い、貧しい人びとから余暇を奪うために、ゴドウィンはこれを批判するのである。

ゴドウィンの所有権論は、急進主義が擁護してきた自己の労働による富という所有権の近代的な形態に特別の位置を与えず、所有一般を論じている。自由な主体の活動から生じた富は手段的な善として社会全体の利益に貢献する反面、自己および他者の判断力を掘りくずしもする。ゴドウィンは自由な主体という擁護すべき価値を判断力の自由へと純化することによって、ブルジョワ的な自由に対して批判的な視点をとったのである。このような実質的な経済倫理の観点からなされる経済活動への制限は彼をレッセ・フェールの批判へと促す。それゆえゴドウィンの経済思想は民衆の世界が維持しつづけたモラル・エコノミーの観念と決して同じものではないとしても、レッセ・フェール批判および生存権的発想において、関連する部分がないとは言えないであろう。

それではこのような所有の秩序の悪はどのようにして改革されるべきであろうか。ゴドウィンによれば富者の慈善あるいは政治権力による強制はいずれも解決にならない。前者は逆に貧者の富者への従属を強める結果となり、また後者は個人的判断力を侵害するのみならず、政治権力を支える社会の意見を変えることができず、無力だからである。そうであるならば改革は個人の持つ判断力からはじまるほかはないであろう。ゴドウィンはまず各人が自らの判断力に信頼を置いた実力による革命の可能性を検討する。

ゴドウィンによれば政府は「意見のなかに築かれている」（ヒューム）から、実力による革命の成否はそれが社会の意見を変えられるか否かにかかっている。ところが革命は情念（passion）に発する行為であって慈恵（benevolence）に発する行為ではないため、意見の向上の前提として知的自由を与えることができず、逆に不信や憤慨・復讐等の情念を増幅させるにすぎない。そのため革命は安定した支持を調達することができない。しかもこのような不安定な支持に支えられた革命政府は力によって自らの正義を強制するほかはないから、そこには専制という耐えがたい悲劇が生じる。専制への憎しみから出発した暴力革命はそれ自体が専制となることで終わる。▼39

従って体制の変革は暴力を用いない手段、すなわち同意（consent）によって行われなければならない。同意は個人的判断力を侵害せず、それに支えられてはじめて成立するから、この手続き自体が共通善にかなうとされる。こうしてゴドウィンは正義を手続き的側面に拡張することを通して、先に退けた社会契約説の帰結に接近することになる。しかしこの「同意による革命」にはアポリアが存在することは明らかである。

ゴドウィンによれば現在の政治制度と所有制度は個人的判断力を歪めるゆえに改革されなければならなかった。現在の制度のもとでは判断力の育成は困難である。ところが同意は正しい判断力に支えられてはじめて成立する。制度の改廃の目的である判断力の養成は、すでに制度の改廃時における手続きの時点で前提されていなければならない。こうして「結果」が「原因」にならなければならない、という問題が生じる。

このアポリアは周的のようにルソーであるならば立法者を登場させることによって解決されるが、ゴドウィンにはこうした超越者を容れる余地はない。ゴドウィンはこの重要な問題を『正義』において明確に自覚していないし、解決のための具体的な方法を提示してもいない。しかし、『正義』を構成するもうひとつの重要な原理であるコミュニケーションは、この問題に対する部分的な解決になり得ているかもしれない。次にこれを検討してみたい。

判断力と共同社会——社会イメージの分極

『正義』を支えるおそらくもっとも重要な原理である個人的判断力は政治制度・所有制度等によって歪められており、これらの諸制度の改革なくして個人的判断力の擁護は不可能である、というのが、ゴドウィンの基本構図であった。しかし先に見たように個人的判断力の原理そのものから諸制度の改革の方途は導かれない。そうであるならばこのような悪の原因である諸制度から相対的に自律した領域に判断力を養成する場が求められなければならないであろう。こうした文脈からゴドウィンが『正義』においてコミュニケーションの意義を指摘している箇所は重要である。

われわれが獲得することのできる知識は、たいていの場合において、個人の単独の努力にではなく、われわれ自身の判断を承認する他者の悟性の同意に基づいている。われわれが自分の考えを変える衝動に駆られたり、反駁に耐えられなくなったりするのは、誰もが自分の孤独な判断について意識している不確実さのゆえである。もし隣人の賛同に支えられることがなければ、私は自分の意向や才能に満足することはできないし、さらに美徳と悪徳について正確に知ることとさえできないであろう。[▼40]

ゴドウィンはこのようにして個人的判断力を助けるものとしてコミュニケーションの必要を挙げる。それではこのようなコミュニケーションはいかなる関係のもとで成立し、またその関係はゴドウィンが先に否定した「社会」とどのように異なるのかが問題とならざるを得ない。コミュニケーションの成立のためには社会が必要である以上、虚偽と真実とを分かつ線は「社会」と「個人」のあいだに引かれるのではなく、両者がともに人と人とが出会う平面である社会にその源泉を持つことになった。個人的判断力を補完するこの「真実の社会」は「率直さ（frankness）」「誠実さ（sincerity）」「大胆さ（boldness）」等をその徳として必要とし、コミュニケーションは権力等によって制限されてはならない、とされる。[41] ここでは「心《ハート》と言葉《タング》の交流（commerce）」が必要であって、それが分断されるとき、現実の社会のように「偽善」が発生する。しかし、ゴドウィンは『正義』においてこのような真実の社会の成立の可能性には言及しておらず、彼の議論に大きな困難を持ち込むことになる。

個人的判断力の育成に関して次に着目すべき箇所は「民主政」を論じる章である。先に述べたようにゴドウィンは君主政・貴族政・民主政のいずれもが正義にかなった政体ではないとしながらも、彼の民主政についての叙述には著しい両義性が含まれている。

まずゴドウィンは民主政の一般的欠陥を次のように指摘する。

> 民主政にあっては人数が事を決定し、また賢者は愚者に数において劣るために、政治社会全体の福祉は愚者の言いなりになる。すなわち大衆は無知と嫉妬のゆえに彼らの指導者の資質を正しく見分けることができず、強力なデマゴーグが彼らの情念《パッション》に訴えかけることによって政治権力を掌握する事態に至る。ここにおいて個人的判断力は蹂躙され、不法な政治権力によって簒奪される。民主政は人びとの情念に訴える支配であるために堅固な信念に代わって不安定さに侵され、野望が支配の地位に昇る。従って民主政とは「人間の情念《パッション》の大海へと底荷《バラスト》もなしに乗りだした、途方もない統制不能の船」[42]である。

しかしゴドウィンはここまで論じたあと、直ちに議論の基調を変える。民主政にはどんな欠点があろうとも、君主政や貴族政よりははるかに望ましい。情念の奔流と不規則性とを伴うからといって、民主政の「徳と独立への勇敢なる愛（gallant love of virtue and independence）」を否定することはできない。偉大な詩人・芸術家・政治家は民主政の土壌以外からは生まれようがない。民主政には徳を育てる力があり、その点において君主政・貴族政の、活気のない、利己的な、徳を欠いた平穏さに停滞する社会とは根本的に異なる。▼43

こうしてゴドウィンは民主政の擁護を強く打ち出すが、そうであるならばこの民主政の理想と歴史上現実に存在した民主政の欠陥との落差はいかに考えられるべきか。『正義』においてゴドウィンは知識の不足が民主政の悪を生むとして、問題を当初の主知主義的前提に連れ戻すことに止まっている。しかし、この章の陳腐な結論にもかかわらず、民主政という制度が判断力の養成にプラスに作用する点を承認している点は注目に値する。判断力は個人からのみ生じ、政治制度はそれを歪める、という『正義』の前提はここでは実質的に修正されており、政治社会が構成員に倫理的前提を与えている。そしてもうひとつ注目されるのは、この章の「政治的人文主義」を想起させる議論の立て方である。政治の再評価は自然権ないし正統性の観点からなされるのではなく、徳・情念等、民主政の構成員の資質が問われており、古典古代のモデルに引照されている。

判断力に関して第三に注目すべき箇所は、『正義』のなかの「政治社会の未来誌（future history）」と題された章で展開される、ユートピアとしての分権的共和国の構想である。

ゴドウィンによれば民主政の悪の一部は、表決による意志決定に由来する。表決は討論の原理に制限を加え、「虚構の一体性」を作り上げる。それに対しイングランドの下院は「遅速で慎重な討議手続」のゆえに重厚さと良識という良き性質を有し、国民の信頼を得ているとゴドウィンは評価する。▼44 討論の原理に従う代議制は情念に支配され熟考の余地を与えないアテナイ的な直接民主政よりも好ましいと彼は考えていたのである。しかし、イングランドの下院といえども意志決定に伴う民主政の悪から自由ではない。ゴドウィンは政治権力の分権化（decentralization）によってこの悪を取り除こうとする。政府機能の大部分を中央政府から譲渡されるべき小単位は、「教区（parish）」と呼ばれる都市および農村の共同体（community）である。

実際もし国家が適度な大きさの地域に分割され、各々の地域が国民議会に代表を送る権力を有するようになれば、内部の諸事について自らの正義の理解に従って規制することを許された各々の地域から、悪い結果が生じることはないであろう。［……］政治権力が市民にとって身近なものになり（brought home to the citizens）、そして教区《パリシュ》の規制のように簡単なものになるにつれて、相互の誤解や対立の危険は解消される。▼45

まれにしか開催されず、ほとんど権限を有しない代議体と、ほとんどすべての権能を有する小共同体の結合がゴドウィンの政治社会の未来像である。小共同体はまず領域が限定されることにより、大きな政治的野心を人びとの心に呼び起こすことがなく、野心から生じる悲惨な戦争の可能性は小さくなるであろう。ゴドウィンは次のようにも言う。

野心は広い領域のもとでは膨大になり致命的であるが、狭い領域では展開する余地を持たない。民衆騒擾（popular commotion）は水面に生じる波のようなものであって、表面が大きければ可能となり最も悲劇的な結果をもたらすが、表面が小さく限られているときは穏やかで無害である。穏健と衡平（sobriety and equity）は狭い社会の顕著な性質である。▼46

次に小さな共同体では成文法や刑罰による強制はほとんど不要になる。ゴドウィンによれば、人はここでは共同体の良識を体現した隣人相互間の簡単な監視（inspection）によって規制され、政治権力の介入なしに秩序を維持することができる。各人は良識を体現した隣人たちの非難を恐れ、良識に反する行為をためらうようになるため、共同体の徳は堕落することがない。

しかし、容易に気付かれるように、共同体による徳の監視の方法は個人的判断力を致命的に制約し、かつ共同体という個人以外の団体に判断力を賦与しているのではないか、という疑問が生じる。共同体による規制は国家の法による規制より隅々にまでわたるためにいっそう権威主義的になり、個人の自由や判断力が圧殺される危険は大きいであろう。

ゴドウィンは『正義』においてこの問題に満足な解決を与えてはいない。「教区」と名付けられたこの共同体は現実のイングランドにおける行政の下級単位とその名称を同じくするものである。たしかにゴドウィンは「教区」は便宜的な名称にすぎず、何ら宗教的な含意を持たないことを注記している。それゆえゴドウィンが政治権力に取り込まれたありのままの共同体を規範化しようとしたものではないことは確認されなければならない。しかし、問題はむしろ改革の方向に存在する。先に述べたようにスペンスがゴドウィンと同じく「教区」を改革の単位に据えたことを考慮するとき、両者の農本主義的・地方主義的な改革の方向の共通性は明らかなように見える。しかしスペンスのそれと比較するとき、ゴドウィンの共同体が規範の内容や機構の実質を著しく欠いていることもまた明らかである。正義の内容を権威的に画定され得ないものとし、それを個人的判断力にゆだねる『正義』の原理に従うかぎり、共同体の徳はあくまで判断力の補助に止まり、ゴドウィンにはスペンス的な方向への発展は閉ざされていたであろう。判断力の養成のための要件としてゴドウィンが「社会」を導入したとき、彼はイングランド急進主義をめぐる諸コンテクストの矛盾のなかに迷い込んだと言わねばならない。民主政の評価について見られる古代回帰的方向は急進主義のなかに「地方」派的なイデオロギーを持ち込むものであり、またレッセ・フェールの批判と未来社会の単位としての農村共同体は、ゴドウィンをペインとスペンスのあいだに置くものであると同時に、知識人の急進主義と民衆の自律的価値のあいだに彼を宙吊りにするものであった。ゴドウィンのこうした曖昧さは、彼が判断力の主体としての諸個人を、自ら政治社会を形成する能動的存在として把握するか、あるいは既成の政治社会によってその判断力の内実を規定された受動的存在として把握するかのあいだのゆらぎと見ることもできよう。イングランドの急進主義者の多くが選択した前者の方向をゴドウィンは貫くことがなかった。なぜなら政治社会の成員の素材の問題、すなわち判断力の実質の問いを欠落させるならば、人民の意志という形式への信頼が民衆の貧しい判断力に乗じたデマゴーグの支配を正統化するのを予防できない、とゴドウィンは考えたからである。

しかし他方で、以上のような判断力の実質への関心の移動が「社会」の内実の規定を要請したとすれば、一八世紀をとおしてイングランドにおいて形成されてきた「文明社会（civil society）」という「社会」の新しい内実の問題がゴドウィンを悩ませることになるであろう。スコットランド啓蒙の人びとを中心として展開された「文明社会」の理論は、理性的で禁欲的な人間に代えて欲望や情念によって動かされる現実的な人間を前提として、なお相対的に安定した政治社会の発展を目指す壮大な試みであったと言えるが、こうした感覚的で現象的な人間と社会の把握は、ゴドウィンを含む急進主義者たちの合理論的神学を基礎とした発想と理論的にも実践的にも対立を避け得ない。いま文明社会論の代表者のひとりとしてD・ヒュームを取り上げよう。ヒュームによれば「正義」という徳は何ら人間の自然的な慈恵（benevolence）の感情、あるいは永遠不変に世界を支配する合理的で自然的な原理によって基礎付けられるのではなく、「黙約（convention）」に根拠を持つ人為的（artificial）な徳にほかならない。[47] それゆえ黙約を前提として成立する社会は自己の外部にある自然的な正義に引照されることなく、自らのうちに正義の規準を持たねばならない。その結果自然はもはや社会契約説に見られたような実在する社会に対する批判の規準として役立たないのである。このことはゴドウィンが『正義』において正しい判断力を「物をあるがままに」見ると表現し、世界の自然的な秩序へ判断力の根拠を依存させたのと好対照をなす。ゴドウィンはこうした判断力の自然的基礎を清算することなく社会をその補助的な根拠として持ち込んだが、それは自然と社会のあいだにおける判断力の根拠の混乱を生じさせずにはおかない。ヒュームと並ぶスコットランド啓蒙の代表者A・スミスは『道徳感情論』において社会における規範の生成の論理を叙述し、「中立なる観察者（impartial spectator）」の立場を個人が内面化する過程を見出した。この立場は社会という非人称的な存在の有する権威そのものを表現しており、その意味でゴドウィンの個人的判断力と相容れないであろう。ゴドウィンの正義論における「普遍的慈恵」の立場は特殊性を退け誰の立場にも立たないことによって、直接に普遍性の高みに駆けあがることで獲得されるものであり、社会を前提していない。そして『正義』後半でゴドウィンが導入したコミュニケーションや小共同体といえども、判断力を外から支える補助的な原理に止まっている。しかし、ゴドウィンはそこに止まり得たであろうか。『正義』の体系を究極的に支えるべき普遍的な存在論としての共通善は何ら具体的な規範を提供するものではなく、個人的判断力の回路を通して経験的に補充されねばならない以上、存在論は空洞化し、判断力の自然的基礎の説得力は乏しくならざるを得ず、ゴドウィンはそれに応じて社会という間主観的世界に判断力を担保させるようになるのである。

このようにして『正義』のはらむ問題は個人的判断力の根拠を自然的世界の存在論とそこへ漸近する知識に求めるだけでは足りず、何らかの間主観的な社会に求めることに収斂していく。ゴドウィンは現実に存在する社会を堕落と偽善に満ちたものとして否定する以上、このあるべき社会は現実の社会の延長上に像を結ぶことはできない。それではいかなる社会が考えられるか。『正義』におけるあるべき社会はついに曖昧さと両義性とを克服することができず、具体的なヴィジョンと成り得なかった。この破綻を前にしてゴドウィンにおけるイングランド急進主義の挫折を語ることは容易であろう。しかし、本章は『正義』のあとに書かれた小説『ケイレブ・ウィリアムズ』と教育論『探求者』を手がかりに、一見散漫と見られるゴドウィンの構想を、彼の実存的局面へと立ち返ってみることで再構成し、彼の究極的な関心との関わりで再びこの問題を考えることにする。

4 情念と情念のはざまで——転回と挫折

逃亡のオブセッション——システムとしての悪

『正義』がその冒頭近くで「共通善」を定義し、人間の幸福から論を進めるのとは対照的に、小説『ケイレブ・ウィリアムズ』[48]の扱う主題は一貫して人間の不幸である。『正義』においても文明のもたらす不幸の問題は知識の増大が幸福をもたらすという啓蒙のオプティミズムの背後につねに置かれていたが、『ケイレブ・ウィリアムズ』では不幸は正面から扱われ、具体的で生々しく描写される。

村の支配者として君臨する地主ティレルは絶大な権力によって村人の尊敬を集めていた。しかし彼は粗野な権力者であり、その支配は村人の自発性に基礎を置くものではなく、彼は村人を「愛によってではなく、恐怖によって」従わせていた。この一見平和な村に、有能な紳士フォークランドが長い外国の旅から帰ってくる。ここに村の悲劇は始まるのである。幼少時から中世騎士物語（romance）に親しみ、騎士道を理想として生きてきたフォークランドは、勇敢（gallant）で学識があり、しかもそれのみならず詩をたしなみ、婦人たちの心をひく繊細の精神を兼ね備えてもいた。ティレルには財産と権力があるとはいえ、フォークランドがティレルに対し徳や人間的魅力の点で優越していることは明らかである。それゆえ、人心は当然のごとくティレルを離れ、フォークランドになびくようになる。ティレルは深く傷つき、フォークランドに嫉妬と憎悪の感情を抱くに至る。フォークランドはティレルに友情を表現しようとするが、ティレルは拒絶する。そんな敵対が続くある日、ティレルは公衆の面前でフォークランドに恥辱を与える。それに対し名誉を傷つけられたフォークランドは、盲目の情念に駆られてティレルを暗殺してしまう。しかもこの有徳の人物は、自らその罪を認めず、あろうことか事実を知った召使のケイレブ・ウィリアムズを犯人として訴える。貧しく不幸な若者ケイレブは無実の罪を着せられ、村人に追われて逃避行を余儀なくされる。

以上のような筋を持つこの小説は、三人の主要な登場人物が各々の社会層を代表し、しかもゴドウィンがモンテスキューの政体論をもとに構想した人間の四類型論[49]に対応する、という構成をとっている。まずケイレブは農民ないし職人の層を代表する。彼は無知のゆえに幸福へ至る道を知らず、好奇心が災いして無実の罪を背負う。次にティレルは「富と時流の人（the man of wealth and fashion）」である。彼はあらゆるぜいたくを享受し貴族のようにふるまうが、幸福は物質的な充足に限定され、崇高で繊細な精神的価値を理解しない俗物である。彼は地主層に属するが、その支配の原理は恐怖であり、モンテスキュー政体論の専制政に対応している。第三にフォークランドは「趣味の人（the man of taste）」とされる。彼は美と繊細と孤独な心を知り、精神的幸福を充足し、真理の発見を喜びとするが、一方名誉に敏感であり、彼の名声は衆人の称賛に支えられている。古典古代的な徳を継承する彼は貴族層に属している。彼の支配の原理は名誉であって、モンテスキューの君主政の精神に一致している。以上のようにこの小説では、主要人物の人間論が、政体論の枠組みのなかで説かれる構造を有している。

『ケイレブ・ウィリアムズ』ではこのような各層に属する人物の固有の不幸が描写される。ケイレブの不幸は主として被害者としてのそれであるのに対し、ティレルの不幸は自らの粗野な支配が招いた人心の乖離に由来している。そしてこの両者の不幸に対してもっとも理解が困難であるのはフォークランドの不幸である。完全無欠に見えた「趣味の人」フォークランドは何ゆえにこのような殺人と背徳に身をゆだねたのか。ゴドウィンが彼の不幸のなかに見出すのは名誉という原理の持つ欠陥である。▼50

名誉心に導かれる行為は、その行為自体がいかに徳を有するものであっても、名誉心の求める直接の対象が衆人の称賛であるかぎり、慈恵（benevolence）そのものの動機には支えられておらず、それゆえ行為と動機のあいだにギャップが生じる。野心（ambition）と自尊（pride）という動機に支えられたフォークランドの村人に対する行為は外見的には慈恵に満ちており、徳ある者としての評判が彼自身の行為を逆に束縛するようになる。その結果社会的評判に支えられた彼の行為は、彼自身の動機から自立化し、彼は自らの行為を自らの意図によって統制できなくなる、という事態が生じる。ティレルによる恥辱に対し、衆人の尊敬をつなぎとめようとしてなした彼の背徳の行為は、社会という盲目の力に服しており、彼が自ら招いた名誉という罠に彼自身がとらえられたことを示している。社会の力に服することで自己を見失ったフォークランドは、自己の行為を支配する社会に対して自暴自棄な行為をとることで、社会の信頼をも失わざるを得ない。

以上のように、無知・実力による支配・名誉による支配に対応する各層は、各々固有の不幸のもとにあることが明らかにされた。しかもこれらの不幸にはある共通点が存在する。第一にこれらの不幸はいずれも好奇心・物欲・名誉欲等の情念（passion）に発する行為に由来することである。そして第二にこれらの不幸は社会的に形成される何らかの非人称的な力に服しており、この非人称的な力が自己を見失わせ、主体を正しい判断力から疎外させるとともに、また社会からも疎外させることである。その結果人は社会のただなかで、深刻な孤独に襲われる。彼はそれぞれの社会的原因によって社会のきずなから断たれ、誤解によって他者から追われ、また自己欺瞞に悩まされる。こうした孤独と逃亡のオブセッションは、ユートピア的な『正義』を裏から支えるものとして、つねにゴドウィンの思考を支配してきたのであった[51]。

そして、さらに悪いことには、不幸は各社会層固有の不幸に止まらず、意図せざる情念の働きによって他の社会層に移転され、新たな不幸を生み出す。たとえば村人がティレルに対して抱いていた恐怖の情念は、まずフォークランドの介入によってティレルのフォークランドに対する憎悪の情念に移転し、さらにそれがティレルの殺害によってフォークランドが社会的評判に対して抱く恐怖の情念に移転し、ケイレブはそれを肩替わりさせられて迫害され逃亡したのであった。このように恐怖の情念は移転によって社会のすみずみに及び、悪循環を繰り返す。それは何人も意図せざるものであるゆえに、悪は単に個人に帰責されるだけでは足りず、社会というひとつの悪のシステムとして把握されざるを得ない。

名誉の原理はそれが非人称的な評判にもとづくのみならず、それ自身がより大きな情念を求めるものであるゆえに、恐怖の情念の悪循環を止めることはできない。貴族政的な人間フォークランドの暴行は、大きな社会においては戦争の悪に対応している。ゴドウィンは『正義』の各所で戦争による悲惨を繰り返し指摘しているが、彼によれば戦争は名誉を求める貴族政的原理の悪から生じるのである。それではいかなる原理が情念の悪循環を止められるのか。一八世紀の文明社会論はしばしばこの役割を無害な情念としての利益《インタレスト》、すなわち商業活動に与えてきた[52]。それは支配欲のような有害で大きな情念に対し、利益《インタレスト》という小さいが持続的な情念を対置し、平和な経済活動へと情念を秩序付けることによって社会の安定した発展を目指すものである。ゴドウィンにもこうした方向づけが存在しないわけではない。『正義』において彼は獲得されるべき富は戦争ではなく商業によるべきことを説いている[53]。ここでは貴族政的な徳の上位に文明社会の価値が置かれている。しかしより積極的に自説を展開しようとするさいには、ゴドウィンの立場は文明社会の価値と相容れないのである。

A・スミスの『道徳感情論』に代表されるように、文明社会が諸個人を秩序付ける方法は社会化された良心によるものであり、そうして形成される規範は偉大な徳を志向するものであるよりはむしろ、平凡人に対して常識的な正直さを要求するものであった。しかし、ゴドウィンにとっては現存の社会全体がひとつの悪のシステムであるゆえに、このような常識的な道徳への服従は悪を追認するものにほかならない。彼は正直さという通俗的な道徳の規準は隠された利己的な動機を正当化する便法にすぎず、真の社会改良への情熱を失わせるものであるとして批判している[54]。文明社会の礼節が社会の安定のために徳よりも正義を優先させるのに対し、ゴドウィンにとっては徳が失われるならば正義は成立しない。なぜなら常識に従う弱い情念は体制の悪としての大きな情念に対し共犯的な関係に立つゆえに、常識を打破するような強力な徳の担い手によってのみ正義は実行されるからである。

　ゴドウィンのこのような判断は彼の商業活動に関する否定的な評価と関連している。彼にとっては商業活動から生じる富は対等な関係を形成するものではなく、富者と貧者との不平等を深め、支配と従属をより強固にするものであった[55]。このようにして文明社会において社会化された古典的な徳が名誉欲の自己運動を介して不幸を増幅するとともに、文明社会の道徳や商業による富はこのような政治体制の悪の補完物として作用し、恐怖の情念の悪循環をいっそう強める結果に終わるのである。

『正義』におけるゴドウィンのあるべき社会のイメージのゆらぎは、以上のような人間の不幸の観点からする考察からひとつの手がかりを得ることができよう。伝統的な徳と文明社会の価値とは、たがいに相乗的に社会というシステムの悪を増幅している。それゆえゴドウィンにとっては単純に文明の進む方向にユートピアの像を結ぶことができないのと同様、単純な古代回帰もまたユートピアになり得ないのであった。

対等物の共同体

社会の悪がこのような情念の連鎖として捉えられたとき、情念にとらえられたあるがままの人間に対し『正義』の当初の立場のごとく、知識の増大が幸福をもたらすと語ることは、空疎さを免れないことは言うまでもない。『正義』出版後批評家から極度の理性への信頼を批判されたゴドウィンは、一八〇〇年に早々と自己批判を行う。[56]その内容は第一に快苦を人間の唯一の原理とすべきであったこと、第二に人間の行為の原因を判断ではなく感情に求めるべきであったこと、そして第三に家族愛をはじめとする私的な愛を尊重すべきであったこと、である。[57]先の二つの自己批判には一方の極から他方の極へと極端な流動を見せる晩年のゴドウィンの脆弱さがすでに現れているが、注目に値するのは第三の自己批判である。この転回はよく知られているように、メアリー・ウルストンクラフトとの結婚と死別という彼の個人的な経験に根ざしている。バークを批判する激越なパンフレット『人間の権利の擁護』によって急進主義者の代表的な論客として名を馳せながら、弁護士の夫と渡米ののち離婚、傷心のまま帰国した薄幸のウルストンクラフトは、一七九七年ゴドウィンと再婚することになる。この再婚は当時の道徳観念や反急進主義思潮と抵触してスキャンダルとなったが、ゴドウィンは世論に抗して結婚し、しかも『正義』の個人的判断力の立場の実践として、別居による家族生活を行った。[58]

病弱のウルストンクラフトが結婚後わずか一年たらずで死去したあと、彼女がゴドウィンに遺した最大のものは、おそらく「情念のなかには家族の愛のようにすぐれた情念もある」という確信であった。彼女との交際・結婚生活と相前後して書かれた、教育論を中心とするエッセイ集『探求者（*The Enquirer*）』における情念の地位は、『正義』よりもかなり高く位置付けられていると言うことができる。

擁護されるべき情念は家族の愛のみではない。常識の支配をくつがえし正義を実行するためには、知識だけでは足りず、願望（desire）・情熱（passion）・卓越（distinction）への愛が必要である、と『探求者』のゴドウィンは説く。「ただ十分な動機を与えよ。そうすればすべてを与えたことになる」[59]。ここにゴドウィンの徳の観念は著しく主意的な要素を強めたことになる。情念には情念によって対抗するほかない、という一八世紀的な共通認識を、彼はモンテスキューやヒュームとはいささか異なる偏差をもって受け入れたと言うことができよう。

このようにして解放された情念は、しかし、いかにして『ケイレブ・ウィリアムズ』のように悪しき情念に転回することなく、人類の善を志向することが可能か、という難問に直面するであろう。問題は卓越への愛を追求したフォークランドが何ゆえに逆に社会的な力に屈服してしまったかにある。ゴドウィンの意図を追っていくならば、卓越への愛それ自体は決して悪いものではないが、それが貴族政的な関係、言いかえれば非対等者間の関係に置かれるとき、不幸が生じる、という結論に達する。

フォークランドと村人との関係は、フォークランドが一方的に卓越を示し、村人たちがそれを称賛するという優劣関係に支えられていたために、村人たちはフォークランドの偉大さを知ることはできても、彼の行為の意図を理解するという可能性は閉ざされていた。そのためフォークランドはいかに高い評判を得たとしても、対等な隣人を持たず、その点で専制的支配者ティレルと同じく、他者から理解されることのない孤独な存在であるほかはなかったのである。続く小説『聖リオン』[60]のなかでもゴドウィンは次のように書く。「身分の高い人（a man of rank）は彼らの属する人類と等しい関係のもとでは生きていない。［……］同等者をもたないこの悲惨な人びと――こう言ってよければこの怪物《モンスター》――はなんと不幸なのであろうか」[61]。

対等者を持たない卓越した存在の行為は理解されることがないから、その評判は意図から独立に展開し、社会的な拘束となって彼を脅かす。したがってこうした事態を防ぐには、徳ある存在を対等者の関係のなかに置くよりほかはない。ゴドウィンの教育論はこのような方針に貫かれており、それは『正義』において散見されたあるべき社会のイメージの具体化として読むことができよう。

ところでこのように徳が対等者間の関係に置かれることは、伝統的に徳を貴族政の属性と捉えてきたヨーロッパの政治思想からのゴドウィンの離反を示している。一八世紀の諸思想においても、たとえばモンテスキューは君主政国家における名誉欲の競争と予定調和によって身分制的な徳論を維持し、またヒュームも文明社会の人為的な徳である正義を補うものとして、自然的な徳である心の偉大さ（greatness）をとりわけ高い地位（rank）の人びとに要請し、地位《ランク》にふさわしい徳が社会的に再生産されることを期待したのであった。[62] これらの徳論に対し、ゴドウィンの人間の四類型論は各々の地位や身分に各々の徳を割り当てるのではなく、逆に身分と徳の対応が破綻し、身分制の秩序のなかでは各々の徳が充足されないことを示すものである。それゆえゴドウィンにとっては、あらゆる人びとが地位や身分にかかわらず、最高の類型である「慈恵の人（man of benevolence）」に到達することが期待される。

こうして再考されたゴドウィンの徳は、たしかにルソーやモンテスキューの共和政における徳のように共和国への献身へと収斂するような純粋に政治的な徳ではないが、しかし『正義』冒頭に定義された主知主義的な徳でもあり得ない。フォークランドのような「趣味の人」は何ら知識の量において劣っておらず、彼が自らの欠陥によって不幸を甘受するのは知識の不足によるのではないからである。人を正しい判断へと向かわせるのは、知識であるまえに前提としての社会関係であり、対等な関係を生む共感（sympathy）の感情こそが正しい判断力の根拠でなければならない。ゴドウィンは次のように言う。

> 共感に発する動機ほど人間の心に強力に作用する動機はない。〔……〕人間の情念のみならず人間の判断力それ自体も、かなりの程度において共感の産物である。[63]

卓越した存在といえども共感による相互承認に支えられる。

私が自分自身を価値ある存在だと勇気をもって感じることができるのは、ひとえに私が他者によって並みはずれた存在（extraordinary）だとみなされることによってであろう。[64]

共感の感情は、具体性を捨象することによって一挙に獲得されるべきであった「普遍的慈恵」の立場とは異なり、具体的な社会関係のなかに根ざす個別的な感情である。従って判断力を育てるのは、自分の立場を公平無私だと主張する態度ではあり得ず、他者の偏見を排除するのではなくそれを偏見として理解し、同時に自らの主張を可謬として相対化する態度である。偏見は社会の悪によってつくられるから、「自分自身を他者の位置におき、彼の以前の諸習慣や偏見を想起し、そして彼がその影響のもとにある誘惑や衝動や困難をわれわれの心のなかに現出させる（conjure up）[65]」ことによってのみ共感にもとづく相互理解は可能となるのである。

このような共感の方法は、試行錯誤によって他者の判断力を自己のなかに取り込み、自己の判断力の根拠を拡張することを通して、他者と自己のあいだのコミュニケーションの共通の土台を作ることとして特徴付けることができる。そしてこの目的を達するために、共同社会の成員の徳には人物の評判や説得の方法、レトリックの技術なども含まれるとされる。こうして徳は表現の世界の技術として、政治的な性格を含み、共同社会を維持していく一切の資質へと拡張されることになる。なかでもゴドウィンが重視するのは、古典の読解による判断力の育成である。「私はトムソンを読むときはトムソンになりきる。ミルトンを読むときはミルトンになりきる[66]」。文学は著述家の思考をとおして共感の能力を豊かにする。そして古典の著作者と無数におよぶその解釈者はひとつの広大な共同社会を歴史的に形成してきており、啓蒙された者ならば誰でもこの文学という共同社会に参加できるのだ、とゴドウィンは述べる。[67]

判断力が前提する対等者の共同体は、こうして個別的な共感による社会性を持つのみならず、文学を介して歴史性をも有するとされる。しかし、このような社会性と歴史性とは、本来ゴドウィンが対立すべき相手であった、ヒュームやスミスら文明社会の理論を特徴付ける要素でもあったはずである。とりわけゴドウィンが「普遍的慈恵」の立場を実質的に放棄し個別的な共感の積み重ねに依ったとき、彼の立場はスミスの「公平なる観察者」に著しく接近したように見える。存在論の体系ではなく、社会のあり方が判断力を規定することを承認する以上、ある意味で両者の類似は必然的でもあろう。しかしそれでもなおゴドウィンはヒュームやスミスから何らかの距離を保っていたように思われる。

第一の相違はスミスが規範となるべき社会のモデルを彼と同時代の文明社会の理論的な純化のなかに求めたのとは異なり、ゴドウィンは古典古代の社会に求めていることである。ゴドウィンは現代語訳をとおして古典を読むことを退け、ラテン語の学習をすすめる。なぜなら古典の紹介者である近代の歴史家は誰も古代の共和政的精神（republican spirit）を理解しないからであり、ゴドウィンはこのような媒介を排除してはるかな時間を隔てた古代の英雄たちの世界と直接の共感のきずなを結ぼうとするのである。ここにおいても所与の社会とモデルとなるべき社会との断絶は大きい。

第二の相違は、ヒュームやスミスの社会がその具体的な内容を「社交」と「商業」という二つの領域に持つのに対し、ゴドウィンの社会はそのいずれでもあり得ないことである。『正義』におけるゴドウィンの社会のイメージは曖昧さを免れないものであったが、『ケイレブ・ウィリアムズ』の否定像を経由して『探求者』へと進むとき、ここに描かれる社会像は各人が身分や階層によって分断された利害関係の鎖からのがれ、偏見を相対化し、対等な関係で限りなく意見を交換しあうような共同社会であることが判明する。このような共同社会のイメージは、それではいかなる具体的な社会から導かれたのであろうか。ゴドウィンの相対的に乏しい社会経験から推測するかぎり、このモデルは、彼が短いがしかし学的生涯にとって貴重な数年間を過ごした非国教会派のアカデミー以外には求められないであろう。このアカデミーのモデルが社会の利害から相対的に遊離している点において、当時イングランドで進行しつつあった産業革命に伴う急激な社会変動や、反急進主義的思潮に対して、何らかのアクチュアルな批判となり得たかは疑わしい。しかし、思想形成のきわめて早い時期に運動としての急進主義の挫折に直面したゴドウィンにとって、アカデミーのモデルはおそらく具体的な社会像を描くさいの唯一のよりどころであったにちがいない。

社会変革のディレンマ

『正義』の冒頭に置かれた幸福の功利主義的な定義は、その抽象的な原理から見れば、ゴドウィンがエルヴェシウスあるいはプリーストリーから無批判的に継承した平凡な定式化にすぎない。しかしゴドウィンにとっての切実な関心事は快楽よりもむしろ苦痛であった。『ケイレブ・ウィリアムズ』で描写された苦痛は、ゴドウィンのすべての思惟をつらぬく底流であったと思われる。彼は近代社会における苦痛を情念の悪循環から生じる恐怖のなかに捉え、これを乗り越える方法を急進主義の運動から退いたのちも、教育論のなかで模索していた。そして彼によれば、名誉欲の競争に訴える貴族政的原理も、また情念を商業活動の利益へ導く方法も、いずれもこの恐怖を克服することができず、ただ情念の拡大を抑制する小さな共同体において共感に結ばれた対等者の関係を形成することによってのみ、情念はあるべき方向に導かれることが明らかになった。

それではこのような共感の方法はいかにして人を社会変革に必要な判断力の養成へと向かわせるのであろうか。ゴドウィンの個人的判断力の立場は個人の側の判断の積極性を伴うものであったが、判断力を共感によって社会関係のなかに支えられたものと見る『探求者』の方向はそうした積極性をも疑わしくするように思われる。この考え方は自己の立場の相対化を促すものであったが、ゴドウィンはその帰結として、自己とは数限りない他者の影響のもとに形づくられてきた複合物にほかならず、判断力の根拠が関係へと解体していく問題に行きついている。そうであるならば判断力の養成から直接に変革を導くことは困難となろう。それゆえゴドウィンが固執するのは教育という間接的な方法であった。

しかし、ゴドウィンの教育論もまたディレンマを免れない。ゴドウィンによれば人間は生来的に才能や素質に差を持つものではなく、教育によって経験的・後天的に「つくられる」存在である。「生徒とは職人の手中にある粘土のごときものである」[68]。ここに教育者は造物主のごとき高い地位に登りつめる。しかし、ゴドウィンの教育論のもう一方の原理である「共感」は、教師が専制的であることを禁じ、「仲間（companion）」としての教師像を要請している[69]。判断力は試行錯誤的にしか育たず、教育者は子どもの独立の判断力を代行することは許されない。この教師＝仲間という考え方は教師＝造物主という経験論の帰結と明らかに緊張関係に立つものである。その結果、教師は自らと対等であるべき主体（他者）を自らの力で創造しなければならない、というディレンマを生じる。ここに教育は何よりも必要な実践でありながら同時に何よりも危険な実践となるのであった。しかもゴドウィンにとって新たに判断力の主体へと養成されるべき人びとは未成年者のみならず、当時政治社会の外部に放置されたままであった未組織大衆の膨大な群れをも含むはずであった。ゴドウィンは彼ら大衆の破壊を含む集合的行為を嫌いはしたが、彼らの持つ潜在的な諸能力には大きな期待を寄せていた。彼らは虚栄の消費に生きるブルジョワとは異なり、勤勉と質素に生きる自然に近い人びとだったからである。そしてこの期待が大きいほど、教育のディレンマも深刻化は避け得ないであろう。「最も賢明な立法者（legislator）や最も称賛すべき立派な著述家は、彼の誤りによって、怠惰で鈍感な、無価値の人びとよりも、おそらく多くの不幸をもたらすであろう」[70]。有能な教師も同様であって、ここにはゴドウィンの教育と啓蒙に対するペシミズムが告白されている。

一八世紀啓蒙思想の平等の観念を彼なりの仕方で徹底化したゴドウィンにとって、平等は平等者間の平等であってはならず、すべての人びとに拡大されるべきものであった。しかし、啓蒙されるべき民衆が同時に判断力の主体であるとされるとき、啓蒙は既定の実証的な手続きを経ていく平坦な道程であってはならず、ゴドウィンには啓蒙専制からフランス実証哲学に見られる社会＝教育計画へと進む選択肢は存在しない。それは啓蒙思想自身のはらむ矛盾でもあった。啓蒙のもつ「合理性」の要請は、啓蒙が教育の万能へと傾斜するとき、主体の「自由」というもうひとつの有り得べき要請と矛盾せざるを得ないのである。

結局、ゴドウィンは人間は社会や歴史を「つくる」主体であると同時に、それらによって「つくられる」存在でもある、という両義性のあいだに適切な関係を見出し得なかったことになる。『探求者』の教育論によってゴドウィンはこの矛盾が顕在化する地点まで到達した。しかしロマン主義に転向したとされる晩年のゴドウィンは、この両義性をつきつめて問題にすることはなかった。キリスト教に回帰した彼は、神の愛によって父と子の非対等者の関係を正当化する▼71ことをとおして、このディレンマの成立を不可能にし、問題の所在を見失ったのである。

5　結びにかえて

ゴドウィンにおける以上のような理論的な挫折は、未完に終わらざるを得なかった一八世紀急進主義の一員としてのゴドウィンの思想的限界を示すものであろう。しかし同時に彼が他の急進主義者に対してとった批判的な距離は、それ自身実を結ばなかったとしても、一九世紀に継承されるべき新たな萌芽を含んでいたと言えないわけではない。ゴドウィンは自らの挫折を通して、一八世紀的な思想と一九世紀的思想の転回点にまで立ち入ったのである。最後にこの転回に関わる問題を二点に限って指摘しておきたい。

第一は国制とアナーキズムの問題である。ゴドウィンはペインら他の急進主義者たちに比較して、自然権・社会契約などの近代的な概念よりもいっそう伝統的・古典的な議論のスタイルを好んだが、それにもかかわらず逆説的にも彼の政治論は国制の枠を超え出ることになる。ゴドウィンにあっては民主政も人民主権も問題の真の解決とならず、問題は政治の次元から社会の次元におろされる。そして社会は政治を含みつつ成立する悪のシステムとして捉えられる。このような把握の仕方は国家・教会・資本を悪のシステムとして捉えたプルードンやアナーキズムの社会理論につながるものであろう。しかし、ゴドウィンには、モンテスキューの政体論を引照するように、伝統的な政治学の枠組みが生きていた。この意味で彼は伝統的政治学と近代のアナーキズムを架橋する興味深い位置にあると言えよう。

第二は思想の担い手の問題である。ゴドウィンは後のアナーキストたちのように労働運動のなかにその思想の担い手を見出すことはなかった。労働者の世界はいまだ思想的な自立を達成するに十分な条件を整えておらず、また宗教界を経て文筆家になったゴドウィンは労働者の世界を理解するような広い社会的経験を欠いていた。しかし、このことはゴドウィンが自らの思想のあるべき担い手として、何らかの社会層に対して期待を抱かなかったことを意味するのではない。晩年のゴドウィンは民衆の世界における居酒屋《パブ》(public-house)の働きを次のように描写している。▼72

パブは上流階級から酔狂、放蕩、騒乱(riot)など諸悪の根源のように言われている。しかし、このような評価はパブの長所を理解しない偏見によるものである。貧しい階級はコーヒーハウスや劇場のような社交の場を持たないから、パブは貴重な公共の場所である。パブでは農夫や職人たちによる知的な闘争(intellectual combat)が行われる。彼らはここで考えることを学び、無知より目ざめるのであり、パブとはまさに洗練されていない大学(unrefined university)である。彼らは議論のなかで話す技術(art of speaking)や説得の方法を身に付ける。また政治に関する世論もパブでは話題にのぼる。パブの討論のなかで、彼らは言葉の最良の意味における、公民となるのである（They become, in the best sense of the word, citizens）。

ゴドウィンは自らの思いを民衆に伝達する方法を欠いており、また民衆は明確な意志を持つ政治主体となるにはまだあまりにアモルフな存在であった。しかし、まさにこの混沌のなかから、一九世紀の幕は上がろうとしていたのである。

第三章　M・シュティルナー——自己性と差異

1　はじめに——自由主義をめぐる議論とアナーキズム

思想史を記述するうえでわれわれは、多くの場合「主義（イズム）」というまとまりを作り上げるが、この「主義」は、思想の内容の多くを語るとともに、同時に隠しもする。本章で扱うアナーキズムや自由主義の場合もそれがあてはまる。一九八〇年代以降、政治・社会思想の話題は、自由主義をめぐるものに集中してきた。それは自由主義の勝利と揺らぎという二面性を背景としている。周知のように、政治体制を構想するレベルでの社会主義的なオールタナティヴの枯渇と、低成長で行き詰まる資本主義のもとで経済を再活性化させるために、自由主義的な諸制度を再検討し組み替えるといった課題がこの時代の思想的関心をも規定してきた。自由主義の自明性が失われるなかで、自由主義批判はかえって活発になったが、それは具体的な展望を持ち得たとはあまり言えない。保守主義者も、「左翼アリストテレス主義者」も、参加民主主義（共和主義）者も、「共同体論《コミュニタリアニズム》」と曖昧に呼ばれる勢力に合流していき、「自由主義《リベラル》対共同体論」という対立構図が、もっとも目に留まる思想上のイシューのひとつとなった。[▼1] こうした対立はその発生地点について見れば、具体的で意味のある論争と結びついていたと考えられるが、このような抽象的な仕方で争われるかぎり、思想史上の過去の対立（たとえばカント対ヘーゲル）をただ非歴史的に反復するにすぎないだろう。ここで詳しく立ち入る用意はないが、私の偏った見方によれば、困ったことにリベラルと共同体論のそれぞれの相手方に対する批判はともに当たってしまっている。両者は互いを刀で刺し通しつつ、そこから脱出することのできない二律背反的状況を構成している。ここにも「主義」という名で括られるパッケージが問題の所在を示すよりはむしろその複雑性を隠す一面が現れている。問題をあまり一般化してはいけないのだろうけれども。

自由主義をめぐる議論の全盛のなかで、アナーキズムと呼ばれる思想の系列は、忘れ去られるかに見えて、思わぬ方向から再発見されることになった。これまでアナーキズムはもっぱら社会主義ないし左翼思想の文脈で扱われてきたのと対照的に、資本主義を擁護し国家の介入を批判するいわゆる新自由主義のもっとも徹底した形態として、アナルコ・キャピタリズムが一部で支持を得、そこまで極端にいかない場合でも、アナーキズムは正当な最少限国家を演繹するさいの不可欠のリファレンスとされた。こうした再発見はこれまでかなりの程度便宜的に（おそらく運動の視点から）まとめられてきたアナーキズムの概念の再考を要求するものでもあろう。たとえば、個人のエゴイズムに立つシュティルナーのばあい新自由主義的な方向との近さが指摘されるが、バクーニンのような集産主義者はもっとも遠い位置にあるだろう。また、そうした方向とは別に、近代的な「主体」の形成のなかに、規律権力の作用を見る、ミシェル・フーコーと彼に影響をうけた人びとの諸研究は、自由主義の成立史にも新しい光を当てつつあるが、[2]「人間性」や合理主義と結びついた権力のあり方に注目した点では、一九世紀のアナーキストと呼ばれる人びとは、素朴ながらこうした批判の先駆者だと言えないこともない。

本章で試みたいことは、自由主義を擁護することでも、それを論駁してアナーキズムを支持することでもない。自由主義をその似て非なる隣人であるアナーキズムの鏡にあてることで、そのよって立つ存在論的な前提をいくらか明るみに出すことである。同様のことはアナーキズムについても当てはまる。ここでは主要な対象として一九世紀中頃のドイツのアナーキスト、マックス・シュティルナー（Max Stirner 一八〇六–五六）を取り上げるが、それは今日の自由主義をめぐる論点を考えるうえで、彼のいささか極端だが（通常彼に帰せられている意味での極端さとは少々異なるが）ユニークな思考が興味深い問題を引き出すように思われるからである。もちろんここで扱われる自由主義は、シュティルナーが相手とした彼と同時代の主としてドイツのそれであって、自由主義と呼ばれる思想に広く当てはまることもあれば、そうでないこともある。それゆえ本章で引用される「自由」「自由主義」などのタームが今日の論争で用いられるのと同じ意味を持つとはかぎらない。これは本章の限界である。また、当然のことながら、別の人物（たとえばプルードン）を取り上げれば、自由主義とアナーキズムについての別の物語を書くことができよう。

本章の課題を自由主義との関連を中心に、あらかじめ整理しておきたい。

第一は、シュティルナーの自由主義批判を取り上げ、彼が（政治的・経済的）自由主義と共産主義の両方に対して一貫した立場で批判し得るような、特異な視座に立っていたことを示すこと。

第二に、先の批判のなかで、シュティルナーは自由主義の「自由」と彼自身の自我についての考え方である「自己性」とを対比する。最近の議論ではしばしば自由主義は、社会的関係を持たない「負荷なき自我」を前提にしているとし、共同体論者からその非現実性が批判されている。同じことは「自我主義者」シュティルナーにもっとも典型的に当てはまりそうに見えるが、果たしてそうなのか。

第三には、エゴイズムと愛とをめぐる問題である。「エゴイスト」のシュティルナーに「愛」の思想家とされるフォイエルバッハを対比し、二人の対話のなかで、この二つの概念の持つ意味が通常の用法から逸脱し、自明性を失っていく経過を描きたい。なお自由主義は必ずしもエゴイズムを好ましいと考えないものの、物事の判断を各人にゆだねることで、結局エゴイズムを容認している、との批判があるが、フォイエルバッハとシュティルナーはこの問題につき、それぞれ自由主義とどのように関わったのかを考える。

第四に、社会秩序を考えるうえで、国民や階級やそして人類の同質性に解消されることのできないさまざまの差異の問題は今日ますます重要になってきた。自由主義は差異を基本的には私的な問題とするが、フォイエルバッハとシュティルナーはそれぞれそれとは異なった仕方で差異の持つ意味を考えていたことを示したい。

2　シュティルナーの自由主義批判

シュティルナーの主著『唯一者とその所有』は、その前半部のかなりの部分を自由主義の批判に当てている。このことは、基本的には中産階級に担われた運動である自由主義が、ドイツでもようやく一九世紀になって政治的な議論の中心に登場したことの表現でもあろう。そして同時に、自由主義がもはや矛盾のないひとつの理念の表明ではなく、分裂しその内部に党派性をはらんだ政治的なイデオロギーとなったことの証言にもなっている。しかしそのことを考慮しても、シュティルナーの自由主義の扱いは奇妙である。シュティルナーはこの書物で、通常理解される「政治的自由主義」のみならず、その反対者である共産主義や社会主義をも、「社会的自由主義」の名で自由主義に含めて批判の対象としている。これらを含めて「自由主義」を特徴付けるものは何かというと、それは「精神の支配」である、とシュティルナーは言う。これは何を意味するのか。

市民階級はその本質と最も密接にかかわる一つのモラルを承認する。そのモラルの第一の要求は、堅実な勤め、正直な仕事にいそしみ、道徳的な品行を守る、ということだ。このモラルからみて不道徳的なのは、高級ペテン師、娼婦、泥棒、強盗に人殺し、遊び人、定職のない無産者、無分別者、などだ。これら「不徳漢」らに対する気持ちを、けなげな市民は、「きわめて深い憤激」と名付ける。これらの者たちにはすべて、定住性、仕事の堅実さ、堅実で尊敬すべき生活、固定収入、等々が欠けている。つまり、彼らの存在は確たる基盤の上に立つものではないため、彼らは危険な「個人あるいは孤立者」、危険なプロレタリアートに属するのだ。［……］市民には、浮浪者的生活態度はすべてお気に召さないのだ。というのは、精神的浮浪者というのも存在するからで、［……］彼らは穏健な思想の枠のなかにとどまって、凡百の者たちに平安と慰めをあたえてくれるものを不可侵の真理とみなすかわりに、古い因習の限界をすべてとびこえ、不敵な批判とほしいままの懐疑をひっさげて狼藉に狼藉を重ねる。これが不埒にも不埒な浮浪者どもなのだ。これがすなわち、不定、浮動、転変の階級、つまりはプロレタリアを形作り、その不定の本質をあらわにするとき、「不逞の輩」とよばれるのだ。いわゆるプロレタリアートあるいは社会的貧困は、かかる広い意味をもっているのだ。[3]

このようにして浮かび上がってくる市民階級のイメージは、自らの規格に合わない人びと（「プロレタリアート」）に犯罪者の烙印を押し、彼らを排除する支配者のように見える。しかし、シュティルナーによれば、自らの自由を主張する彼ら自身、国家に依存することによってそれを果たしている。自由と服従とは同じことの両面だと言いたいのである。

ブルジョワジーとは功績の貴族であり、［……］仕えることによって、人は自由を獲得する、つまり

「功績」を得るのだ。そして人はまた——物欲の神にも仕えるのだ。かかる国家の精神に仕える者、これこそひとりの善良なる市民であるのだ。[4]

ここにはおそらく、ドイツの自由主義の特殊な事情もあいまって、シュティルナーの自由主義批判は極端なものになっているが、彼は自由主義の自由なるものが、すべての人のありのままの自由を承認しようというものではなく、それが作り出されたものであること、しかもプロテスタンティズムという特殊な宗教的精神によって捏造されたことを暴露しようとする。そしてこの支配は、人類の長い精神の歴史に淵源し、その完成形態であるとシュティルナーは考える。精神の支配は世界の享受の反対物であり、享受を断念する代償として世界の外側に立ち、これを支配しようとする態度である。人は他者と争おうとするとき、有利になるために、相手の背後に廻り込もうとする。相手が強いときはなおさらであり、子どもが大人と、また青年が大人と争うときは必ずそうする。ただし後者の場合、青年は精神の世界、すなわち事物ではなく非事物の、それでいて高次の世界へと廻り込むのである。ソクラテスら哲学者が試みたのは、この世界のさまざまの価値、たとえば古代人によって尊ばれた健康・美・社交などの価値を否定し、この青年のように、生（Leben）を思考（Denken）に置き換えることで、争いに勝利することであった。

こうしてシュティルナーは、一方で高度に見える精神や道徳のなかにエゴイズムや支配欲の作用を見出すとともに、他方ではいったん精神の力に頼るならば、精神が「とりつき」、いわゆる良心となって、行動のすみずみまで監視するようになる経過を描きだす。それがもっとも大規模に起こったのがプロテスタンティズムである。[5]

プロテスタンティズムは、人間を、まさに真実に、一つの「秘密警察国家」たらしめた。「良心」というスパイが精神のあらゆる動きを監視し、あらゆる行為と思惟とが、このものにとっては一つの「良心の事柄」つまりは警察の問題となる。「自然衝動」と「良心」とへの、内的賤民と内的警察への人間の二分裂において、プロテスタンティズムはなりたつ。[6]

シュティルナーによれば、自由主義はこの分裂を反映している。それは一方でエゴイズムを容認しながら他方で禁欲の信仰を守る。自由を主張しながら国家に依存する。フランス革命による絶対主義から自由主義への移行は、主権を持った国民という「新たな君主」を生み、その支配は絶対君主よりもはるかに苛酷だ、と彼は言う。

しかしなぜ、政治的自由主義はそれ自身に留まり得ず、その反対物に見える社会的自由主義に移行しなければならないのか。このことを明らかにするためには、しばらくシュティルナーから離れて、ドイツ自由主義の歴史に簡単に立ち入らなければならない。[7] 本来自由主義の自由の語の語源となった Liberal, Liberalität などの語は、「偏見から自由」で「広い心を持つ」などの倫理的な徳を表現する言葉であって、その性格からして非党派性を信条とするものであった（たとえばゲーテ）。自由を標榜する運動が政治化し、党派（Partei）として反対派（保守派や急進派）に対して自己を主張する政治的構図ができあがるのは、一九世紀のかなりあとになってからのことにすぎない。一九世紀中頃になってもたとえば、自由主義とは法に従った統治であるといったような、中立的な定義が見られた。それに対して自由主義を党派（Partei）としての戦闘性を持ったイデオロギーに仕上げようとする試みは、ヘーゲル左派のような急進的な運動のなかで形成されてくる。たとえばアーノルド・ルーゲは論文「自由主義の自己批判」のなかで、自由主義の既存諸勢力との妥協を批判し、自由主義の急進化、そのデモクラシーへの解消を説く。

しかし自由主義のこのような担い手の下降は、同時に政治的イデオロギーとしての自由主義の限界を明らかにしてしまうプロセスでもあった。ブルーノ・バウアーは革命の主体のなかに無気力とエゴイズム、「大衆」を見出し、批判すべき対象は既存の政治体制よりもむしろこの「大衆」であるとして、はやばやと運動から離脱してしまう。もうひとつの自由主義の限界は、当時「大衆的貧困問題《パウペリスムス》（Pauperismus）」の名でさかんに論じられた社会問題の発生である。経済的自由主義の導入と結びついた国家の近代化は、社団的編成による古い社会構成を流動化させ、資本主義の展開とともに農村から都市への大量の人口の移動をもたらしたが、これは都市に膨大な貧民の群れを生み出した。このパウペリスムスは伝統的な貧困とは性質を大きく異にするものであった。まず、貧困の原因は個人的な怠惰や無能力、病気や偶然に求めることがもはやできず、個人的な資質とは関係なく社会構造に起因する大規模な不幸として認識されるようになった。またそれはたんに経済上の問題に止まらず、病気・公衆衛生・治安・道徳的な堕落状況など、社会全般に及ぶものであった。

　この問題が社会的な緊急事であるにもかかわらず、自由主義は自らの生み出したこの事態をどうすることもできない。こうした限界は、ヘーゲルの『法の哲学綱要』で展開された市民社会論のなかで先取りされていた。▼8 周知のようにヘーゲルは古代ギリシア以来の国家（ポリス）と家との伝統的な二つの共同体のあいだに、差異態（Differenz）として特徴付けられる市民社会の領域を理論的に設定し、アダム・スミス由来の経済的自由主義が展開できる条件を整えた。市民社会は基本的には私人のエゴイズムを原理として動く「欲求の体系」であるが、同時に最低必要な倫理的水準に人間を教育し陶冶する相互依存のシステムという性格も兼ね備えている。しかし市民社会の限界は貧民（Pöbel）の出現によって明らかとなる。貧民は市民社会の失敗のゆえにではなく、繁栄のただなかで生じ、過剰な富が存在する一方で貧困が再生産される。これに対し、貧民に伝統的な施しをするならば市民社会の道徳的基盤である市民の自立の誇りを失わせ、また職を新たに作り与えるならば、今度は過剰生産を帰結してしまう。ヘーゲルは、福祉行政（Polizei）やコルポラツィオン、そして植民地経営まで持ち出して、国家へと人倫の発展をつなごうとするが、市民社会の矛盾が解かれているとは言いがたい。

シュティルナーの言う「社会的自由主義」は、このような市民社会の危機を背景にして登場する。政治的自由主義から社会的自由主義への発展は、シュティルナーによって次のように描かれる。政治的自由主義は、限界を負っている。まずそれは、ブルジョワジーの投機に基礎を置いていて、賭け事を非難する彼ら自身がこの非合理性に依存していることである。「市民的ないし政治的生活がそこでこそ展開される、競争なるものは、全くの運まかせの博打であって、株の投機にはじまって、猟官運動、顧客の争奪、職探し、位階勲等の獲得、腕利き商人の駆け引き、等々にいたるまで、まさにそのとおりだ」[9]。次に、政治的自由主義は、その関心の外にある大衆貧困《パウペリスムス》問題を制御することができず、これに対しては、次のような道徳的非難をすることができるだけである。「浮浪者どもを閉じこめ、不穏きわまりない輩は地下牢に放りこめ！　この者は国家のなかに、「不満を扇動し、現存秩序に犯行をけしかけ」ようとしている！——石もて打て、この者を、石もて打つのだ！[10]」

それに対し、社会的自由主義は政治的自由主義のよって立つ偶然性・非合理性を克服しようとする。こうした諸問題の生じる根源は、私的所有の恣意的で不平等な分配であり、それゆえ社会的自由主義は私的所有を廃止し、社会のみを唯一の所有の主体に作り替えようとする。政治的自由主義は政治の次元で平等を目指したが、経済の不平等と労働の問題を放置した。社会的自由主義はパウペリスムスを取り込むかたちで精神の支配を下層の社会にまで及ぼそうというものであり、この意味では自由主義の課題をより高次の次元で継承していることになる。しかしシュティルナーによれば、社会的自由主義の試みは結局万人を無所有化・「ルンペン」化することにすぎない。「社会的自由主義の結論するところは、何人も所有をしてはならぬ、ということであり、それは政治的自由主義が、何人も命令してはならぬ、としたのと全く同断であり、後者の場合にひとり国家のみが命令を下しえたとするならば、前者の場合にはひとり社会のみが所有をなしうるということだ」。社会的自由主義では所有に代わって労働が「われわれの唯一の価値」（EE, S. 128／上、一五五頁）となる。しかし分業と機械的労働の時代にあっては、それは万人を工場にしばりつける奴隷制となることは避けがたい。労働には何の目的もなく、労働者は教養から遠ざけられていて、そこに人間的なものを求めるのは欺瞞である。

かくして、労働にも拘束されることのない、ただ「人間的な」ものの実現を目指す、ブルーノ・バウアーらの「人間的自由主義」が登場するのは必然的であり、自由主義批判の物語はここに閉じられる。

3　シュティルナーの「自由」と「自己性」

これまでたどってきたシュティルナーの自由主義批判は、たしかに極端で強引なものではあるが、そこにはある一貫性が存在する。精神の支配はつねに自らを拡張しようとし、世界を精神で満たそうとするが、世界を合理化し得たように見えるまさにその時点で、新しく出現する限界が支配全体を不毛化する。「政治的自由主義」も「社会的自由主義」もそうであった。シュティルナーによれば、自由主義は「人間的自由主義」でその頂点に達するが、それは自由主義がいかなる強制からも逃れようとする結果たどりつく、このうえなく空疎なユートピアにすぎない。「人間的自由主義」は、政治権力によっても労働によっても何物にも制約されていない、完全に自由な自己を見出そうとするが、これはおそろしく不毛な企てになってしまう。「私が自由となればなるほどに、私の眼前に強制はいよいよ高く、私は自らをいよいよ無力と感じる」。それは「ひとたび鉄道を発明すれば、私はなお鳥のように空中をとべないからといって、またしても自らを弱いと感じ[11]るようなものである。自由を希求することによって、人は現実の自己の欲求を享受することから遠ざかっていく、とシュティルナーは考える。彼は後者に相当するものを「自己性(Eigenheit)」と呼び、注意ぶかくしかしはっきりと「自由(Freiheit)」から区別する。「自由と自己性のあいだには、何という相違があることか！　人はまさに多くのものから免れえるが、しかしすべてのものから免れるわけにはいかない」。「「自由はただ夢の国にのみ住まう」のだ！　これに反し、自己性は、これは、私の全存在、全実在であり、それは私自身であるのだ」。人間はつねに支配や強制などを含む社会関係のなかに置かれている。完全な自由は決して実現することはないが、自己性に従えば、事態は違った見え方をしてくる。

現実のしがらみは、刻々に私の肉体に鞭の筋あとを刻む。しかもなお、私は私に固有なるものでありつづける。ひとりの支配者にたとえ奴隷として生き身は委ねようとも、私はただ私自身のこと、私の利益のことを考えているにすぎない。なるほど彼の鞭は私の身を打ちもしよう。私はそれから自由であるわけにはいかない。しかし私がそれを耐え忍ぶのは、ただ私の利益のため、たとえば、忍従の外見によってその物を欺き安心させ、あるいは、逆らって一層の怒りを我が身に招くことのないがため、なのだ。だが私は自分自身と私の利己とをねらいとしているがゆえに、奴隷所有者を蹂躙する手近な格好の機会をつかむのだ。そのとき私は彼とその鞭打から自由になるということ、それは要するにそれに先立つ私のエゴイズムの結果であるにすぎない。[12]

自己性は現実に「私」の力が及び、享受が可能であるような範囲を超えることはないが、むしろこのような限定性こそ、シュティルナーのエゴイズムを特徴付けている。それはつねに現実の力関係によって制限付けられているのであり、フィヒテの自我のように普遍的主体を目指して発展していくような概念ではない。自己性はあくまで個人の所有物であって、「自由」の主体のようにしばしば民族や国家や人類が個人に取って代われるような性格のものではない。また、自己性は、現実の支配に抵抗することはあっても、現実そのものを乗り越え、超越しようとするような英雄的な支配欲とも関係がない。さらに、自己性は「私」の享受を誰か他者に代わってもらえないがゆえに、固有性を持つにすぎず、それゆえロマン主義的な個性崇拝ともおそらく全く関係がない。

フィヒテが「自我がすべてである」というとき、それは私の提議にぴったり一致するように思われる。しかし、自我はすべてであるのではなく、自我はすべてを破壊するのだ。そしてただ、自ら解体していく自我、決して存在するのではない自我——終りある自我のみが、現実に自我であるのだ。フィヒテは「絶対的」自我を云々するが、私は、私自身のことを、移ろいゆく（vergänglich）自我のことを語っているのだ。[13]

シュティルナーの自我はこうしてしばしば誤解されるような、いわゆるデカルト的自我、すなわち社会関係を持たず世界の外にあるような自我ではなく、それゆえシュティルナーのエゴイズムをこのような意味での哲学的な独我論と結び付けて非難するのは当たらない。[14] 人間は社会的な諸関係を免れることができないのと同様に、自己性、言い換えるならばシュティルナーの意味におけるエゴイズムの条件から、免れることができない。社会的諸関係こそエゴイズムが実現される場でもあるからである。エゴイズムが望ましいか否かを問う前に、人はエゴイズムから自由になれないことの認識が必要だと、シュティルナーは考える。なぜならエゴイズムを克服しようとするや否や、そのことによって人は別の種類のエゴイズムを受け入れてしまうからである。

聖なるものは、ただ、自分自身を自己承認しないエゴイスト・不自由なエゴイストにとってだけ存在する。この者は、つねに自己のものを探し求めながらしかも自分を最高の存在とは認めず、ただ自分にだけ仕えていながら、しかもつねに何かより高い存在に仕えていると思い込み、自分より高いものは識らないくせに、より高いものに酔っている、すなわち、かかるエゴイストは、決してエゴイストであろうとはせず、自分を堕しめ、つまりは自分のエゴイズムと闘い、しかも、ただ「高められる」ためだけに・だから自分のエゴイズムを満足させるためだけに、自分自身を堕しめるのだ。彼は、エゴイストたることを止めようとして、自分が仕え自分を犠牲にできるような高次の存在を、天に地に探し求める。けれども、この者がどれほど奮起して苦行を積もうと、彼のなすすべてはやっぱり自分自身のためであり、悪名高いエゴイズムは彼から去ることはない。この者を私が不自由なエゴイストと名付けるゆえんである。[15]

このような文脈において、エゴイズムの意味が次第に通常の用法からずれていき、あるいは多義的になっていくのがわかる。シュティルナーの言う「不自由なエゴイズム」には通常エゴイズムとは呼ばれないもの、たとえば愛国心やその他集団への忠誠を誓う心性が含まれる。人はこれらの集団的エゴイズムのなかで自分のエゴイズム（集団に属する誇りや利益）を密かに満足させることができる。しかしおそらくそれだけではなく、通常エゴイズムだとされている金儲けや所有欲、競争といったブルジョワ的価値観も含まれ得る。シュティルナーによれば、それらは自己の欲求の満足を断念させ、自己目的になるかぎり、「聖なるもの」の「とりつき」にほかならないからである。競争は自己性に反するのみならず、国家権力に依存し現実には自由でもあり得ないとされる。シュティルナーの肯定する自己性の享受という意味での「真正な」(?)エゴイズムはこれら全体に対立する。二つのエゴイズムの境界は、個人と個人を超えるもののあいだに引かれているわけでは必ずしもない。シュティルナーはたしかに個人を超える実体の道徳的価値を否認するが、同時に彼の「移ろいゆく自己」は自我の確固とした基盤を掘り崩し、自己性の享受における自己の輪郭をかぎりなく曖昧にしていく(後述)。さらにシュティルナーがエゴイズムの不可避性を言うとき、この対立する両者のエゴイズムをあらしめるような、本源的な自己保存欲のようなものが、第三の意味として想定されていると思われる。

人は奴隷状態にあって多くの自由を失っているときもなお、自己性を確保し得る、とシュティルナーは言った。しかしこの自己性もある意味で奪われ得るものである。肉体的な拷問の代わりに、精神的支配であったらどうか。「不自由なエゴイズム」の場合、自発的な献身によって、自己性は犠牲になっているのではないか。シュティルナー自身、自己性が奪われることを認めている。

> ひとつの社会、たとえば国家社会が私の自由を限定するということ、それはさして私を怒らせはしない。私は、あらゆる種類の力によって、あらゆる強者によって、まさにあらゆる隣人によって自らの自由を限定されないわけにはいかないのだし、たとえ帝国の独裁君主であろうとも、それでも私は、絶対的自由を享受するわけにはいかない。だが、自己性、これを私は私から奪わしめようとは思わない。そして、まさにこの自己性にこそ、あらゆる社会はねらいを定めているのであり、まさにこの自己性こそが社会の力のもとに屈せられるべきものとされるのだ。▼16

シュティルナーは自由ではなく自己性が侵害されるか否かによって、「社会(Gesellschaft)」と「連合

（Verein）」とを対置する。彼によれば、「社会」はもともと広間（Saal）を意味する言葉に由来し、サロン社会のように、はじめから人間を収容すべき容器が与えられている。そこでは人間個体の相互関係（Gegenseitigkeit）・交渉（Handlung）すなわち交通（Verkehr）とは関係なく社会は存続し、交通はむしろ社会にとっての障害とされる。社会というものは、「私と君とによって創られるのではなく、ひとりの第三者によって創られ」るのであり、「社会とはたんに広間における共同存在性（Gemeinschaftlichkeit）である」にすぎない。シュティルナーによれば、社会のあり方を象徴的に表現するのは刑務所である。そこでは、第三者によって囚人という共通の刻印があたえられる諸個人のあいだに、いっさいの個体的な交通が行われないために、絶えず監視がなされなければならない。刑務所を社会のメタファーとして取り上げたシュティルナーは、同様の共同性と強制の結合は他の諸領域にも見られるとして、家族・民族・国家等の集団をサンプルに挙げていく。革命家は国家と変わるところのない「聖なるもの」をつぎつぎに生み出し、法の名において大量の殺戮を行ってきたが、彼らにとって党派こそ縮小された国家にほかならず、その性格は進歩的党派であろうと全く変わらない。

では、シュティルナーはこれらの社会に対置される「連合」でどのような具体的な人間の結合を考えていたのか。このためにはまず彼の所有（Eigentum）についての見方から検討したい。「社会的自由主義」を批判するなかで、彼はそれが万民の無所有化・労働の奴隷性になるとして、個の所有の側に立った。しかしこのことは彼が通常の意味での私的所有権を擁護したことを決して意味しない。

シュティルナーの所有は何ら聖なる永続的な権利ではない。所有を決するのはただ私の力のみであり、私の力を離れるならばそれは何ら所有ではない、と彼は言う。より正確に言えば彼にとって所有とは私から独立の事物の所有ではなく、事物に対して振るわれる私の力の所有なのである。それゆえ所有は占有から離れてはあり得ず、「所有と占有（Besitz）とは同一に帰する」のである。その結果、彼はプルードンを批判しつつも、所有権を批判して占有を取るプルードンとほとんど同じことを言っていることになる。[17]

彼は社会主義者の福祉を批判するが、それは私的所有権の神聖さを侵すからではなく、ただ自己性と相容れないからである。ヴァイトリンクは社会的救済策を充実させることによって犯罪が不可能となる社会を構想したが、それに対してシュティルナーは次のように言う。「救済策あるいは治癒とは要するに刑罰の裏返しであり、救済理論とは刑罰理論と並行するものなのだ。後者が、ある行為のうちに、法に対する違背をみるとするなら、前者はそこに、人間の自己自身に対する違背、つまりは健康の衰退をみるというだけのことなのだ」[18]。自己性と両立するかぎりでは、シュティルナーはある種の福祉が可能であることをほのめかす。たとえば「身体の不自由な者や病人や老人が飢えや困窮のために」苦しんでいて、私が彼らの苦しみや死よりも彼らの「にこやかな笑顔をわれわれの周囲にもちたい」と思うならば、そうすればよい。しかしそうすることで、私は自分自身の幸福のために彼らの幸福を金で買っているのであって、施しをするのではない、とシュティルナーは言う。それは施しとちがって従属の関係を作らず、少しも彼らと私の誇りと自己性とを損なっていない。

シュティルナーのこうした言明がパウペリスムスに対する意味のある解答となっているとはもちろん思われないが、彼がパウペリスムスの本質は人間の誇りの問題であることを理解し、多くの社会主義者のようにただ財の分配で解決しようとはしないことは興味ぶかい。この点に関するかぎり彼は、奇妙なことに、貧困に主観的な問題を見出したヘーゲルにむしろ近い。ただ、シュティルナーは次のように言う。自ら奪うことに誇りを持つならば、貧困問題は存在しない、と。「奪う」の意味内容がはっきりしないのであるが。

シュティルナーは、彼の言う「連合」について、再び競争を批判する文脈のなかで次のように語っている。競争は「万人が自らの事柄を自ら自身に引き受けず、それについて相互に了解をつけあおうとしない」ことによって成り立っている。すなわち、「ひとつの町の全住民の必要物」である食料のことを、自分たちで決めずに、パン屋や肉屋や酒屋の競争に任せてしまうことである。「焼かれたパンを必要とする者たちの連合では、それは、組合の事柄でもなければ許可されたパン屋の事柄でもなく、私の事柄・君の事柄であり、つまりは連合者たちの事柄である、ということ」、それゆえ、「各人が必要とするものの調達と産出には、各人も参加すべき」なのだとされる。[19]

このようなほとんど地域の自治と参加民主主義（！）を想わせる、シュティルナーの描く具体的な「連合」のイメージは、経済的自由主義よりも、むしろ職人たちの自己組織化の運動・アソシアシオンに近く、さらにその資格を無限定に押し拡げたものと言うことができよう。

シュティルナーによれば、「社会はわれわれの自然状態」である。社会は個に先行し、それゆえ「連合」にも先行する。「人間の本源的状態は、孤立もしくは独在ではなく、社会（共同性）だ。われわれの実存は、すでにわれわれが息吹をあげるよりもまえ母親と共生するときに、きわめて親密な結合をもってはじまる」。そうであるかぎり、連合という関係はつねに社会に対する抵抗によってしかあり得ない。そして連合もまた「社会」へと逆戻りする危険をつねに持っている。連合はユートピアではなく、現実のさまざまな制約のもとにある。「だが、自由に関しては、国家も連合も、本質的な差異はない。国家が無限量の自由とは折り合えないのと同様、連合もまた、各種の自由が制限されることなくしては、成立し得ずあるいは存立し得ない。自由の限定はいかなるところでも不可避なのだ」。[20]シュティルナーは自己性のために自由を犠牲にしてよい、と言う。自由が自己性を拡張することも十分考えられるゆえに、シュティルナーのこの対比は必ずしも説得的だとは思われない。しかし、革命後の社会の完全な自由を夢見た共産主義運動の帰結を考えてみるとき、シュティルナーのこの「謙虚な」見通しは新鮮だとも言えよう。

4　エゴイズムと愛をめぐる、フォイエルバッハとシュティルナー

シュティルナーの主張するエゴイズムが、通常その言葉の意味するものから隔たっていくことは、彼のエゴイズムが必ずしも愛を排除しないことのなかにも表れている。「私もまた人間を愛するものであり、しかもただに個々人をのみならず、すべての者各々を愛するものではある。だが私は彼らを、エゴイズムの意識をもって愛するのだ。［……］私が愛するのは、私にとって、愛することが自然的であり、私にとって心楽しいがゆえなのだ」[21]。シュティルナーはこうして、愛とエゴイズムとは相矛盾せず、むしろエゴイズムに支えられていないすべての愛は従属にほかならないと考える。それは「愛すべし」という命令を伴っており、両親であれ家郷であれ祖国であれ、愛すべき対象を私のまえにつきつける。しかしこうした愛は「愛を私の力の外へ奪い去」り、本来の愛とは異なる狂信や錯乱を持ち込んでしまう。シュティルナーによればこのような非利己的な愛の頂点に立つのは人類愛であり、フォイエルバッハこそ、この人類愛を神的な力にしてしまった人物だとして批判するのである。

シュティルナーの愛についての議論はとくに性愛などについて十分なものとは言えない。また社会倫理は愛とエゴイズムに尽きるわけではない（たとえばプルードンは「正義」の中心性を主張した）が、ここでそれ自身多義的なフォイエルバッハの愛についての議論を、彼の思想の枠組みのなかで概観しておくことにしたい。

ヘーゲル左派の思想形成のなかで、フォイエルバッハの占める位置の大きさは、晩年のエンゲルスが回顧するように、きわめて顕著なものであったと言われるが、通常フォイエルバッハの功績に帰されるのは次のような諸点であろう。彼はヘーゲルの観念論の体系を批判し、精神の根底にあってそれを支える自然

の根源性を主張した、感覚論的唯物論者であること。そして彼は、キリスト教の神の本質とは、実は人間の本質、とくにその類的本質（Gattungswesen）が対象化されたものにほかならず、この本質を神という疎外されたあり方から取り戻し、神学を人間学に解消することが、哲学の実践的課題だと主張した。フォイエルバッハは人間の本質を動物のそれから区別することで、『キリスト教の本質』の議論を始めている。動物は自己の類、自己の本質を対象化するという意味での意識を持っていない。それに対し人間はその本質を対象化し、類と個との二重の生活を送る。その典型が宗教である。「動物とは区別された人間の本質は、ただ宗教の根底であるばかりではなくて、また宗教の対象でもある。しかるに宗教とは無限者の意識である」。類は無限であって、制限されているのは個体だけである。「制限された意識はなんら意識ではない」。ところが人間は、この無限の意識を直接自らの所有物とすることができなかった。「人間は自己の本質を自己の内に見出す前にまず自己の外に移す」。「人間は自己の本質を対象化し、そして次に再び自己を、このように対象化され、主体や人格へ転化された存在者の対象にする。これが宗教の秘密である。人間は自己を思惟し自己にとって対象である。しかし人間が自己にとって対象であるのは対象の対象――他の存在者の対象――としてである」。ここに、ほんらい同じであるはずの神の本質と人間性とが切り離され、人間の内部での類と個の対立にすぎないものが神と人との隔絶として表現される。「神を富ませるためには人間が貧困にならなければならず、神が全であるためには、人間は無でなければならない」▼22。それゆえ、フォイエルバッハによれば、キリスト教の教義には真実と虚偽とが入り交じっていることになる。神を主語に立てることは誤っているが、神の述語（全能、無限等）は、人間の類としての本質の正しい叙述である。必要なことはただ、このように客体化された本質を主体の側に取り戻し、神学を人間学に解消することである。

このようなあまりにあからさまな人間主義が、当時神学の支配に対して大きな打撃を与え得たとしても、今日何らかの魅力を持ち得るかは疑わしい。彼の同時代にあっても、たとえばシュティルナーが、フォイエルバッハの「類的本質」は結局のところヘーゲルの「精神」がかたちを変えただけの、神聖なるものの一種にすぎないと批判したのは当たっているように思われる。

しかし、最近のフォイエルバッハ再評価の試みが示すように、[23] フォイエルバッハの企図が、以上のような人間中心主義の宣言に尽きているようには見えない。『キリスト教の本質』はかなり複雑な構造を持った書物であり、冒頭で提示される先の主要なテーゼが読みすすめるうちに次第に重点を別のものに移行させていき、場合によっては、主要テーゼそのものを掘り崩しかねないような論旨の展開が用意されているように思われるからである。それはまず、フォイエルバッハの取り上げる神の本質自体の多義性に示される。キリスト教の神の本質は、カントの三批判を連想させるように、「悟性の本質としての神」「道徳的存在者としての神」「心情（愛）の本質としての神」の三つの側面に分けて論じられ、しかもその内容は異なるのみならず、相矛盾しているようにさえ見える。「悟性の神」にあっては、人間の類的本質の無限性が神に対象化される。類の有する悟性は決して有限ではあり得ない。これは先の神の本質の人間学的還元にもっともよく合致している。しかしフォイエルバッハはここから「悟性の神」の批判へと転じる。「形而上学的存在者としての神は自己自身のなかで満足している知性である」。「単に悟性の本質を表現するにすぎない神は、そのために宗教を満足させず、宗教の神ではない」。「悟性は心情の悩みについては何も知らない。悟性は心情とは違って、欲望や情熱や欲求をひとつももたず、そしてまさにそのために欠陥や弱点をひとつももっていない」。「純粋な悟性人はどんな有限な——すなわち限定された——対象にも情熱的に夢中になることがない[24]」。

キリスト教の神はこのような悟性の「普遍的で汎神論的な本質、宇宙に対する愛」にとどまるものではなく、人格的な神と人とが対峙する、人神論的な本質を有している。「道徳的完全性は、少なくとも道徳的意識にとっては自然に依存するのではなくてもっぱら意志に依存する」からである。

しかしこの掟（Gesetz）としての道徳的神もまた、フォイエルバッハによればキリスト教の神を語りつくすことにはならない。なぜなら掟は完全なものと不完全なものとの対立を残すからであり、その間を宥和させるために必要なのは愛という別の原理である。「掟は自己に人間を服従させ、愛は人間を自由にする」。「愛は神と人間との真の統一であり、精神と自然との真の統一である」。この神の性格を象徴的に語るのは、神のキリストへの受肉、そして受難である。「われわれが神を愛するのは、神がまずわれわれを愛したからである」。「したがって愛は神性よりも高い威力、神性よりも高い真理である。愛は神にうちかつ。愛こそは神が自分の神的尊厳性をそれにささげたものであった」▼25。

神の本質をめぐるフォイエルバッハの以上の思惟には、青年時代のヘーゲルの神の思索の反復を想わせるものがある。自己意識の無限性へとヘーゲルを超えようとしたブルーノ・バウアーとは対照的に、ヘーゲルの乗り越えてきた軌跡をある意味で逆向きにたどることで、フォイエルバッハはむしろシュライエルマッハーに近い位置にたつ。悟性から道徳へ、道徳から愛へと神の本質が移行するにつれて、人間の類的本質の無限性・完全性についてのテーゼが掘り崩されてくるように見える。たしかにこのテーゼは維持されており、愛にあっても有限なのは個体であって類は無限だとされている。しかし、悟性と愛とでは人間の本質の対象化のされ方が根本的に異なっているように思われる。悟性のばあい個体が事実上の有限性という制限を受けているに止まるのに対し、愛にあっては有限であることが積極的に評価され、それによってはじめて普遍性の形態が成り立っている。愛という類の本質は逆説的であり、キリストの受難に見られるように、より高いものがより低いものの犠牲となることでそれが実現される。愛はフォイエルバッハにとっての中心的主題ではあるが、まず彼の人間中心的・啓蒙的なテーゼにとってマージナルな主張としてあらわれ、議論が進むにつれて主要テーゼそのものを半ば無効化してしまうような、奇妙な質を持った議論の場をつくりだしているように思われる。その結果、彼は人間の類的本質が矛盾のない完全な主体であることを示すよりも、神の本質の分析をとおして見えてくる人間の本質の多義性を示し得たとも言えるであろう。

「有限であることをおそれる者は、実存することをおそれる者である」。フォイエルバッハのこのような有限性への一貫した関心は、彼が青年時代から人間の死の問題を取り上げ、そこからキリスト教の不死信仰を批判しようとしたことにも表れている。彼にとって、ヘーゲルがなおキリスト教の枠内にとらわれているのは、ヘーゲルが人間の個体の可死性という限界を、個体の死を超えて連続する精神の不死性によって救済しようとするからである。フォイエルバッハはこのような精神の不死を否定し、そこにただ生物学の知見から得られた物質的連続性のみを見る。新しい個体の生は古い個体の死に依存し、個体の死は新たな個体の生を作り出すことによって完結する。生命の始まりと終わりとはつながっていて、生は死の条件であるとともに、死もまた生の条件をなしている。シュティルナーの終わりある自我も、おそらくフォイエルバッハのこのような有限性の思索をひきついでいる。

フォイエルバッハの人間の自然性への注目は死への関心とともに旧くからあり、また後述するように『キリスト教の本質』でも自己産出する自然として描かれるが、後になって書かれた『宗教の本質』（一八四五）およびこれについての彼自身による解説である『宗教の本質にかんする講演』（一八五一）においてはるかに深められる。彼はこの『講演』のなかで、『キリスト教の本質』の立場を自己批判している。神学は人間学に還元されるだけでは足りず、人間学と自然学とに作りかえられなければならない。なぜなら人間は自分で自分を作るのではなく、人間の外部、外的自然に依存した存在であるゆえにである▼[26]。

フォイエルバッハは宗教の本質を、かつてのように人間の本質の対象化と疎外に見出すのみならず、シュライエルマッハーに従って、人間の自然に対する依存感情（Abhängigkeitsgefuhl）に見出そうとする。フォイエルバッハがここで試みようとするのは、キリスト教と対比される自然宗教を擁護することであった。自然宗教にあっては、自然は人間が支配することのできない巨大な威力であり恐怖の対象としてあらわれるが、それは奇妙な二面性を持っている。人間は自然の威力を畏怖しこれを謙虚に崇拝しようとするが、同時にそれを人間のために利用しようとする。逆に言えば、人間はしばしば自分たちが食い尽くす動植物を同時に宗教的対象として尊敬したりするような、謎めいたふるまいを見出すことができる。しかしフォイエルバッハによれば、この依存感情とエゴイズムとは対立しているように見えて、実は相互に結びつきあっているのである。そもそも生命を維持しようとするエゴイズムの衝動のない場合には、自然力に対する恐怖や畏怖も起こりようがないからである。「欲求はちょうど対象を私に服従させると同時に私を対象に服従させるという二重性、したがって欲求はちょうど非宗教的であると同時に宗教的であるという二重性をもっています」[27]。かくしてフォイエルバッハは自然宗教のなかに、自然を恐れつつこれを支配してしまおうとする、人間と自然とのあいだの人間理性の弁証法的展開を描き出している。

興味ぶかいことに、フォイエルバッハはあらゆる自然宗教の根底に見られるエゴイズムを、否定するのではなく、人間の理性にかなうものとして一般化し肯定しようとする。これは、エゴイズムと功利主義とをユダヤ教の本質とし、一神教に由来する欠陥として批判した『キリスト教の本質』の立場から隔たっている。キリスト教はエゴイズムを否定しようとするが、それは不可能な企てであり、つねに欺瞞に終わるしかない。自己を否定するように見える禁欲や苦行もまた、じつはそうすることで自然からより多くの効用を引き出そうとして行われるにすぎない。この論法は強くシュティルナーを想起させる。フォイエルバッハは、彼の承認するエゴイズムは通常の意味でのエゴイズム（ブルジョワ的な・愛の反対物の）とは区別される、メタフィジカルな意味でのエゴイズム、それなくしては類の生存が不可能になるような、自己保存欲とつながったエゴイズムだと説明する。彼によれば、このようなエゴイズムに従って生きることは「理性的本能」に従うことだと言う。これは類が自然に対してとる態度であるばかりでなく、個体がおなじ類に属する他の個体に対してとるべき態度でもある。なぜならあるべきエゴイズム・自己愛とは、私のなかにある私の類的本質を愛することだからだと、フォイエルバッハは言う。

こうして、エゴイズムと愛とをめぐるシュティルナーとフォイエルバッハの思索は交錯し、愛とエゴイズムとは反転しあって[28]、ふたりはともにそれらが両立するという結論に達したように見える。しかしフォイエルバッハにあってはシュティルナーのエゴイズムは完全に換骨奪胎され、類の本質のなかに吸収されてしまっている。フォイエルバッハは、個のエゴイズムを、類のエゴイズムの反映であるかぎりにおいて、これを「理性的本能」の名において承認する。このことでいかなる問題が解かれたことになるのだろうか。類のエゴイズムが持ち込まれることで、類と個との間の対立はあらかじめ解消されてしまう。フォイエルバッハにとって関心はもはや神と人間の間にあるのではなく、人間と自然の間にあるのだったが、自然宗教を取り上げることによって見えはじめていた人間と自然との、また啓蒙とアニミズムとの緊張関係は、次のような言明によって妥協的に橋渡しされてしまう。「この理性的本能は、たとえ人間が一度は迷ってまたはおちぶれて動物を尊敬するようになりましても、［……］あなたにとって有用であり必要であるような諸動物だけを尊敬せよと呼びかけます[29]」。

5　フォイエルバッハの差異とシュティルナーの差異

さて、このようにエゴイズムもまたある意味では愛と両立し、人間の類の行動様式であることを承認したフォイエルバッハは、政治的・社会的な規範についてはどのような態度をとったのだろうか。政治について直接語ることの少ないフォイエルバッハであったが、彼は『キリスト教の本質』に先立つ初期著作から繰り返し教会の圧政を非難し、宗教からの人間の自由のために闘ってきた。宗教と人間理性の矛盾、宗教からの理性の解放は、彼の主要な実践的課題でありつづけた。しかしこのことは彼が政治的にも自由主義を支持したことを意味しない。『宗教の本質』のなかでフォイエルバッハは次のように言う。政治的自由は宗教的隷属を排除せず、自然科学や産業の進歩も宗教的な停滞を温存している。宗教上の偏見を克服せず、かえってそれを権利として承認してしまうようであるならば、そのような政治的自由には一文《いちもん》の価値もない。「人間が政治的には自由であっても宗教的には不自由であるところでは、国家もまたなんら完全な国家ではなく」、恣意や偏見を容認するだけの自由は「従属的で無内容な」自由にすぎない。この自由は「各人が自分の責任で、愚者（Narr）であることができるという自由または権利」以外の何ものも意味しないからである。社会が政治以前の偏見にとらわれているとき、政治による不干渉や放任は決して自由を実現することにはならない。ドイツの自由主義者やヘーゲル左派の人びとが幾度となく遭遇した自由のディレンマに、フォイエルバッハも巻き込まれている。彼の自由主義批判は見方を変えれば、政治的自由主義の不徹底さを社会的自由へと拡張することで克服しようとするものに見えるかもしれない。しかし彼は次のようにも言う。「国家の目標は真の完全な人間を形成するということ以外の何事でもあることができません▼[30]」。

フォイエルバッハの社会思想上、より内容の豊かな叙述はむしろ、『キリスト教の本質』のなかのメタフィジカルな考察のなかで与えられている。その第九章で彼は「神の世界創造の原理の秘密」について語り、神の無からの世界創造という観念を批判し、世界は一者によって作られたものではなく、それ自身に根拠を持つものであることを論じる。そのさい、立論の中心となるのは、差異性（Verschiedenheit）の概念である。「世界は神ではない。世界は神とは別のものであり、神の対立物である」。なぜなら世界はさまざまの存在者の本質を構成するさまざまな種差（differentia specifica）から成り立っているが、この種差は「普通の意味では説明することも他者から引き出すこともできないものであり、自己自身によって存在し、自己の根拠を自己のなかにもっている」からである。世界の差異を神という一者から導くことはできず、「現実的な差異性はただ自分自身のなかに差異をもっている存在者から引き出されることができるだけ」[31]であって、差異性はそれだけですでに「真理性と実在性」を持っているとされる。世界は世界によってのみ自己産出され、差異は差異によってのみ作られながらまた差異を再生産する。

ところで、フォイエルバッハによれば、人間にとってとくに意味のある差異は他者の存在である。彼によれば、人間の理性はこの差異によって可能となる他者の存在なしでは考えることができない。ただ人間が人間と話をするところでだけ、対話のなかに理性が発生したのであり、古代の感性的な民族にあっては思惟することと話すこととはおなじことであった。他者、他の我の存在は、「自我性の誇りを打ち砕く最初のつまずきの石」ではあるが、この他者によって自我ははじめて世界へとひらかれる。「世界の意識はひとを謙虚にする意識」であり、「他の人間は私と世界とのあいだのきずなである」。私が世界を意識できるのも、他者の意識の媒介に依っている。「私はもっぱら他人を通して世界と和解し世界と親しくなる。他人がいなければ世界は私にとってただ死んだもの・空虚なものであるだけではなくて、意味もなく理解できないものであろう」。こうして、他者という差異を媒介にしてそれ自体差異である世界が知られるという構図が現れる。それゆえフォイエルバッハは次のように言うことができる。「差異性はちょうど統一性（Einheit）とおなじように、理性のなかに必然的に横たわっている」[32]。

フォイエルバッハはこのようにして、絶対者のいない多数性を出発点としてさまざまな人間の結合関係を考察する。「私は他人を通して私自身の判断・私自身の趣味・私自身の認識を正し、補い、ひろげる」ことにより、公平な判断にたどりつくことができる。古代の共和国に見られた市民の友情（Freundschaft）

もすばらしいものである。しかしこの友情は徳ある者のあいだでしか共有されず、不平等で限界を持っている。フォイエルバッハが差異あるもの相互の結合の原理としてとりわけ重視するのは、男女の性愛である。「愛、とりわけ性愛（Geschlechterliebe）は奇跡を働く。男と女とは相互に正しあい、また相互に補いあう。その結果、彼らはこういうふうに結合して初めて、類・完全な人間を表現するようになる。類がなければ愛は考えられない。愛とは類が性の区別の内部でもっている自己感情以外のなにものでもない」。フォイエルバッハによれば、人格の不死を信じ、天国における不死の生への準備として禁欲的な独身生活を称揚するキリスト教は、性を人間の本質から排除しようと努めてきた。「人格の不死に対する信仰の根底には、性の区別は単に個体性の外面的な吹き出物にすぎないという信仰、個体はそれ自体においては性の区別をもたない存在者・ただそれだけで完成した存在者［……］という信仰が横たわっている」[33]。

しかしフォイエルバッハによれば、この教義は誤っている。いずれの性にも所属しない者は類に所属することもできない。差異を持つことは、普遍的価値を目指すための前提である。差異は価値あるものとして、「男であること」「女であること」などの同一性の意識を作り出す。差異がなければアイデンティティはあり得ない。しかし差異を持つことは同時に限界を持つことでもある。フォイエルバッハは、自然的限界に深くとらわれた東洋の自然宗教の彼岸信仰について次のように語っている。

「信仰を認識するためには、宗教のもっとも下級かつもっとも粗野な段階にさえ注意を向けることが必要である。［……］宗教的意識がおかす最もおそろしい混迷や最も未開な逸脱［……］このことは彼岸（Jenseit）の表象についてもあてはまる。「未開人（der Wilde）」の意識は彼の国土の限界を超えていかず、彼は全く彼の国土と癒着している」。彼らが彼岸について思い描くものは、彼らのこの世の生活の限界から抜け出ておらず、それへの郷愁にすぎない。「この世の生活は彼らにとっては、あらゆる地方的制限性をもっているにもかかわらず、あらゆる絶対的価値をもっている」。

フォイエルバッハはこのような制限のなかにもなお真理は存在するとし、人間の自然性を擁護する。「たといどんなに多くのことが人間の自己活動に所属していようとも、人間を人間にしているのは自然である。［……］自然に対して深く感謝せよ！　人間は自然から分離されない。ゲルマン人の神性は自己活動なのであるが、そのゲルマン人はちょうど東洋人と同じように、自分の性格を自分の自然に負っている。インドの芸術や宗教や哲学を叱責することはインドの自然を叱責することである。［……］諸君はなぜに、インドの宗教をちょうど諸君の絶対的宗教と同じように理性的にしている連関から、インドの宗教を引き離すのか？」▼34

ここから『宗教の本質』に見られる自然性への重点の移動を見出すことは容易であろう。フォイエルバッハはこうして、ヘーゲルにおけるような諸文明を優劣関係に配置しそれを歴史として構成するような見方を乗り越え、空間的にひろがるさまざまの自然的・風土的差異（＝限界）のなかに営まれる諸々の文明の共存に、それぞれの根拠とアイデンティティをあたえようとすることができた。

さて、フォイエルバッハの差異を論じる仕方は、彼のシュティルナーとの論争のなかに異なる側面を見出すことができる。彼は『キリスト教の本質』に対する厳しい批判でもあったシュティルナーの『唯一者とその所有』に対して反批判を行っている。その内容は次の二点にまとめられる。第一はシュティルナーの「利己的な愛」に対する批判である。フォイエルバッハは、同時に自分自身を愛することなしに他者を愛することはできない、という意味で、そのかぎりすべての愛がエゴイズムを含むことを承認する。しかしそのうえでなお、利己的な愛と非利己的な愛との間には根拠のある区別ができる、とする。「それはどういう区別か？　かんたんにいえば、利己的な愛においては対象は君の娼婦であるが、非利己的な愛においては対象は君の恋人であるという区別である。私は利己的な愛においては非利己的な愛においてと同じように私を満足させるが、しかし利己的な愛においては本質を部分に従属させるのに対し、非利己的な愛においては部分・手段・器官を全体・本質に従属させる」。その結果非利己的な愛では、私は私の全体的な享受が可能になり、より低い享受をより高いそれのために犠牲にすることができるが、利己的な愛ではすべてが逆になる。

第二は、男女の性差に関わることである。フォイエルバッハによればシュテイルナーの愛は、動物ではなく人間の愛であり、人間の男性の愛であるのに、唯一者の愛はこれらの具体性を規定することができない。「君の本質または君の自我は［……］男性的な自我ではないか？［……］君の脳髄は男性的に規定された内臓ではないか？［……］感覚にしたがえ！君は徹頭徹尾男である。君が思想のなかで君の感性的男性的本質から引き離す自我は抽象の産物であり、［……］君は男（夫）として君自身を本質的必然的に他の自我または他の本質――女（妻）――に関係させる」。

シュティルナーは第一の批判に対しては明確に答えてはいないが、その代わり、フォイエルバッハが恋人と娼婦とを区別し、人間的な愛の名のもとに娼婦を人間の概念の外に排除しようとすることに異義を唱えている。排除されるのは娼婦だけではなく、人間の本質に合わないとされるものすべてであり、これら「非人間」を引き去ったとき、「人間」はあらゆる具体性を失ってしまう。「人はまさしく背理を求めたのだ。人間は非人間において実在的であり、どんな非人間も――人間である」。ここでシュティルナーのエゴイズムとは、人間の概念から排除された、たがいに通約することのできない差異の総体（キリスト教によって罪と呼ばれてきたもの）を意味することになる。逸脱はなにか特別の個性的なものである必要はない。どんな人間もある意味で非人間であるゆえに「全く普通の人間」が同時に唯一者たりうる、とシュティルナーは考える。

第二の批判に対してシュティルナーは、人間の個体間の差異は性差によって尽くされるものではないと答える。フォイエルバッハの脳髄は、たしかにドイツ人の、男性的に規定された内臓であるかもしれないが、それらの本質によって尽くされはしない。それはフォイエルバッハの「唯一無二」の内臓であってはじめてそうあり得るのだ。性差についてはシュティルナーは『唯一者とその所有』のなかですでに次のように語っていた。「ふるい人びとは、全き意味において男子であることに理想を見出した。彼らの徳とは、virtusならびにareteつまり男性らしくあることだった。では、ただ完全な「女」であろうとする女については、どう考えればいいのか？　そういうものはどんな女にもあたえられてはいないし、多くの女はそこに一つの達しえない目標をおく。だが、彼女はそれでなくても、生まれながら女性なのであり、女性であることは彼女の固有性なのであり、ゆえに彼女は「真性の女性」であることなどを要しないのだ[35]」。

シュティルナーにとっての差異は、自由主義のように共通の原理へと抽象されてしまうものでもなければ、フォイエルバッハのように、アイデンティティの根拠として称揚されるものでもない。それは称賛も否定もされず、ただそこにありつづける。唯一者はなにも根拠を持たないが、フォイエルバッハの人間のように他者を必然的に求めるわけではなく、ある意味ではそれ自身で完全である。たとえば地球が、たとえ平凡な星であってもそれじたい完全であり、地球に向かって「真の星であれ！」と呼びかけるのが無意味であるように。

唯一者相互はたがいにあまりに多くの差異を持つために、通常の意味で対立することができない。「君は唯一者として、他者と何ら共同的なるものを持たず、ゆえにまた何ら分離・敵対的なものをも持たない[36]」。シュティルナーによれば、争いはわれわれが対立することによってではなく、逆に十分対立しないことによって生じるのである。そのことにより、人は「血の絆・民族の絆・人間の絆」など共同体の地平（gemeinschaftlicher Boden）に身をゆだねてしまう。自由主義は対立を第三者にゆだねることで解消しようとするが、これも解決からは程遠い。シュティルナーの批判には、その見かけとは異なり、共存への構想が隠されている。

6　シュティルナーと自由主義と現代

シュティルナーについて言い残したことは多々あるが、このあたりでまとめに入りたい。

近代は、少なくとも一九世紀以後について言えば、組織の時代でもあった。近代にいわゆるデカルト主義的自我と個人主義の貫徹だけを見てそれを批判する（あるいは擁護する）立場は、事態の反面しか捉えていない。国家であれ階級であれ企業体であれ、集団がそれぞれの利益を持ち、その構成員にアイデンティティをあたえ、忠誠を要求すること。そして集団の利益が政治的に正しく代表されること。この「代表（表現）する――代表（表現）される」関係の真正性が近代の規範を構成してきた。最近の先進諸国の政党制の衰退に見られるように、このような関係と規範の限界が見えはじめた現在、非常に早い時期から社会主義を含む党派やその他組織の批判を行ったシュティルナーの議論を読み返すことは、それなりの意味があると思う。

シュティルナーの自我の批判力は、自我の外の世界の根拠を破壊するが、それだけではなく、自我の根拠自身も破壊し、自らを消費し尽くす。そして彼は、絶対的な自我なるものは、社会（彼の定義では国家を含む）との共犯関係によって作られた「聖なるもの」の「とりつき」にほかならないことを暴露する。これまで自由主義が個人の尊厳や自由意志、私的所有権や市場での競争といった観念や制度に依存してきたかぎり、シュティルナーは自由主義の敵ということになる。しかし、今日自由主義が未来に残し得る最良の遺産は、そのような観念や制度よりも次のような態度にこそあるのではないか、と私は考える。それは、人間の生がもろいものであり、いかなる実体的秩序によっても安住の地をあたえられるようなものではないこと、いかに社会関係のなかに根ざしているとしても、そのことによって生きる意味のすべてが汲み尽くされるわけではないこと、そして自己の生と他者の生とは不可通約的であり、いかなる権力者であっても他者の生の意味を決定できず、おそらくは自分の生の主人でさえないこと。そしてこのような条件を乗り越えようとするのではなく、直視すること。こうしたことはシュティルナーのような自由主義の批判者の側にもある部分は共有されていてもおかしくない。

もちろん政治思想としての自由主義は正当化を必要とし、また自己を実現させるための手段を必要とし、そのなかには暴力やその他の強制が含まれる。このような観念を伴った強制力は、共存のために必要であるが、場合によっては共存を破壊する。たとえばこれまで、私的所有権はしばしば他者の生存を圧迫してきたし、やや特殊なケースでは、所有的個人主義によって支えられる銃所持の正当化は相互の生存を危険にさらしている。自由主義は目的と手段とのディレンマを含み、これからも含み続けるだろう。シュティルナーの議論が何らかの解決策を提示しているわけでは全くないが、自由主義の前提を疑う自由を確保することなくしては、自由主義もまた成り立たないのではなかろうか。

中間章　一九世紀初期アナーキズム思想の可能性と現代的意義

「あなたはアナーキストなのですか?」という問いを、半ば否定的な答えを予想しつつも発してみたくなる思想家は数多い。現代に限ってみても、ミシェル・フーコー、アントニオ・ネグリ、ジャック・デリダ、ジル・ドゥルーズ、ジャック・ランシエール、ウィリアム・コノリーといった思想家がそのような問いを投げかけられてきた。これは注目に値することであり、保守化が進んだと言われる一九七〇年代以降にあっても、いわゆる「現代思想」のかなりの部分が、アナーキズムと何らかの関係があると思われる思想家たちによって占められてきたことを意味している。

一方、これらの思想家の多くは、自らアナーキストを名乗らず、先の問いには否定で答えている。こうした批判的で独創的な思想家たちは、自らの関心や立場を何らかの枠を作って閉じることを嫌う人たちであり、アナーキズムという概念もまた、これらの思想家たちにとって固定観念的な拘束と感じられてむしろ当然であろう。このとき、アナーキズムというのは、主として一九世紀後半から二〇世紀にかけて、ヨーロッパで生み出され世界に波及した思想や運動を指していると考えられる。その主要な思想家として、バクーニン、クロポトキン、大杉栄などが挙げられよう。これらの思想家たちは、たしかに今もなお何らかの魅力を発する面を持っているだろう。しかし、この延長上にそのまま現代のアナーキズムを構想することができるかというとそれは簡単ではない。なぜそれが躊躇されるのか、ということを問題としたい。

おそらく同様の関心から、アメリカのシュティルナー研究者である、ソール・ニューマンは、その著作『ポストアナーキズム』（二〇一六）のなかで、アナーキズムが過去のアナーキズム（"pastanarchism"）に止まることなく、現代の批判的思想として意義を有するためには、ポストアナーキズム（"postanarchism"）に変わらなければならない、と説く。[1] これに至るニューマンの論理は以下のようなものである。

最近の新自由主義的統治に抵抗する新しい政治の形態（たとえばオキュパイ・ウォールストリート運動などの「ポスト国家」的な運動のフォルム）を解釈する「プリズム」としてふさわしいのは、マルクス（レーニン）主義や左翼ポピュリズムではなく、アナーキズムだとニューマンは指摘する。アナーキズム以外は、国家主権をめぐる闘争から自由ではないからである。今必要なのは、国家権力の掌握を目指すのではないラディカルな政治運動である。そのような現在的な条件に合致する思想の祖先として、政治革命とは異なる社会革命を目指した、バクーニンやクロポトキンといったアナーキズム思想家をさしあたりは挙げることができる、とする。

しかし、ニューマンによれば、一九世紀と現在とでは、アナーキズム的な知の「メタナラティヴ」が異なっている。かつて一九世紀にあっては、人為的／自然的という区別が可能であり、アナーキズム諸思想は人為的とされる国家や経済制度を批判した。人為的な諸制度を取り去れば、そこに共同性（commonality）や内在的な社会性（innate sociability）が、自然発生的に現れてくるものと考えられた。これはアナーキズム思想が啓蒙の普遍的なメタナラティヴを継承しているからだとニューマンは指摘する。

ここで予想されることであるが、ニューマンはポスト構造主義のメタナラティヴ批判を新たなアナーキズム思想に持ち込もうとする。たとえばフーコー『性の歴史』での抑圧仮説批判に従い、権力に先立って解放されるべき何か普遍的な生があるという発想を退ける。ニューマンによれば、ポストアナーキズムは解放という目的（テロス）に従属することも拒否すべきであり、古典的アナーキズムのような社会革命もひとつのテロスであるために、これを目指すことはしない。目的のための手段を求めるのではなく、手段そのものに価値がある、というのが彼の立場である（目的がなければ手段を論じる意味がなくなるので、この表現は少し変だと思うが）。

ニューマンによれば、アナーキーは実現すべき目的《テロス》ではない。目的への従属を拒否するために、出発点において権力を断ち切ること（non-power）が重要であるとする。この点で彼はとくにシュティルナーを評価し、さらに思想史を遡ってエティエンヌ・ドゥ・ラ・ボエシによる「自発的服従」の批判を蘇らせようとする。逆に言うと、権力への従属が起こるのはそれに服従する者がいるからであって、服従を止めれば権力は存在しないことになる、という想定である。権力の基盤であると通常は考えられる経済などの社会関係や、意識よりも先行する身体への権力の作用をどのように考えればよいのか、という問題（パスカルを参照）は残ると思われるが、ニューマンにとってそれらの考察は結局「社会革命」の正当化につながるために認められない、ということなのであろう。

このようなニューマンの古典的アナーキズム批判と、ポスト構造主義を取り入れたポストアナーキズムの提唱は、なぜアナーキズムが今も魅力を持つ面がありながら、古典的アナーキズムをそのまま継承することに不可能性を感じるのか、という問いには、ある程度答えているように思われる。しかし、思想史としてのアナーキズムを考えるとき、以下の点ではニューマンの位置付けは正当とは言えない。

一九世紀のアナーキズム思想を、概して普遍的な人間性の概念にもとづく本質主義と解して批判するニューマンは、シュティルナーだけをそこから除外し、ポスト構造主義以後の本質主義批判を先取りしたポストアナーキズムの思想家として評価する。その評価はたとえ当たっているとしても、なぜシュティルナーだけが本質主義から脱することができたかについてニューマンは何も語っていない。一九世紀のアナーキズムの先祖とされる思想家のなかで、ニューマンはプルードンについてはヘーゲル主義的な普遍性の立場に含めている。プルードンがある意味ではヘーゲル左派の思想圏に属していた、というのは、カール・レーヴィットの有名な『ヘーゲルからニーチェへ』の思想史像を参照するなら無理な議論ではない。この思想圏では、レーヴィットが説くように、神と人間、自由と疎外といった、ニューマンが依拠する「存在論的な」レベルの議論が繰り返し行われていた。本書でも言及しているように、プルードンを特徴付けるのは、このような「存在論」に関わる領域の主題であった。『人類における秩序の創造』でのプルードンは、従来の哲学の因果関係的な世界観を意味するものを「存在論」と呼んで批判し、代わりに因果関係に依らない数列的な系列《セリー》を「メタフィジーク」（形而上学というよりも文字通り個々の自然物間のメタ的な関係の探求という意味で）と呼んで、これを評価しているのだが、彼の関心が用語は何であれ「存在論的」な次元にあり、またそれを本質主義的ではないものに作り替えようと試みたことが容易に理解される。晩年のプルードンに面会したバクーニンが、プルードンの自由への情熱に共感しながら、その度し難い形而上学的議論に辟易したというのは、比較的よく知られたエピソードである。バクーニンの判断の是非はともかくとして、バクーニンに継承されなかったプルードンの一面が存在することは明らかであり、バクーニン以後のイメージでプルードンのアナーキズムを語ることが不当であることを示していよう（バクーニンの場合は比較的容易に生の一体性に依拠する性格が強く、ニューマンの批判に合致している）。

　より具体的なレベルで、国家と社会の関係、および社会の一体性をめぐるニューマンの議論について見れば、彼が批判した古典的なアナーキズム思想について以下のことが指摘できる。まず、一八－一九世紀のアナーキズムの祖先のひとりとされるW・ゴドウィンは、ニューマンが批判するような、社会の善性と一体性を素朴に信頼したわけではないという点である。社会は自発的な協同関係として善であるのに対して、政府は悪かせいぜい必要悪にすぎない、というのは、トマス・ペインの『コモン・センス』における有名な定式であって、ゴドウィンはこれから距離を取ろうとしていた。ゴドウィンの章で言及したように、ゴドウィンが問題にしたのは、個人的判断力（private judgment）が、社会の模倣の作用によって働かなくなり、「虚構の一体性」が作り上げられることだった。政府はそれを固定するために批判されるが、問題の根源は政府よりもむしろ社会の側にあるというのがゴドウィンの見解であり、彼は社会の一体性や善性を素朴に前提していたどころか、これを主要な問題として位置付けていたわけである。

以上簡単に見渡しただけでも、一九世紀前半のアナーキズム的な思想を、一九世紀後半のバクーニンらで代表される社会運動としてのアナーキズム思想と同一視することはできないことは明らかである。今、ニューマンの言うポストアナーキズムに可能性を求めるならば、一九世紀後半以後のアナーキズムを飛び越えて、一九世紀前半の思想に見られる「アナーキズム的モーメント」に着眼することが有意義だと考えられる。

一九世紀初期の（まだアナーキズムの思想史や運動が固まるまでの）アナーキズム的諸思想（ゴドウィン、シュティルナー、プルードンら）は相互にあまり関係のない個性的な思想なのだが、ここに何らかの共通性を見出すとすると、近代の諸規範に対する内在的批判者だったという点である。たとえば所有や正義の問題への関心が挙げられる。このような関心の持ち方は、一八世紀末から一九世紀初めにかけての時代が、先立つ時代の啓蒙的合理主義や社会契約の思想を受け継ぎつつも、もはやそのままでは通用せず、また後のマルクス主義のようなそれに代わる大思想（大きな物語と言ってもよい）が未形成な時代だったことと関係がある。こうした狭間で、意外に思われるかもしれないが、一九世紀のアナーキズム的な思想は、現代の脱構築にもある程度類似した発想を生み出したと見ることができよう。

正義とは、言うまでもなくプラトンにまで遡る旧い概念である。今でこそJ・ロールズ『正義論』の強い影響のもとで正義を論じることはごく普通になっているが、ロールズがこのような探求を始めた頃は、正義を正面から問うなどということは何か時代錯誤的でさえあったことを想起したい。ロールズ以前、正義への関心はいつから失われていたのだろうか。一七世紀の社会契約説、そして一八世紀のヒュームやスミスらへと正義の理論への関心をたどることができるが、その後一九世紀になると実証主義や科学主義の時代となって、正義への関心の大きな流れは途絶えていると見るのが一般的だろう。そんななかでゴドウィンが『政治的正義』を書いて正義を議論の中心に据え、またプルードンもその最大の著作を『革命と教会における正義』と題したように、正義の議論の中心性を明確にしている。このように、あまり知られていないことだが、アナーキズムの始祖に位置付けられる諸思想は、古典的正義論の最後に位置してもいるのである。

このことから、初期のアナーキズム的諸思想が、一七–一八世紀を通して形成されてきた近代社会哲学の（あるいは最後の）継承者であったゆえに、同時に近代社会哲学の内的矛盾や限界を明らかにすることも可能だった、と考えることができる。

そのなかでとくに重要なもののひとつは、正義と所有の関係である。（私的）所有権は近代の正義論の礎石をなすものだった。ホッブズ、ロック、ルソー、カントなど社会契約の系譜につながる政治理論において、それぞれの所有論が相互に相容れない対立を見せていることからも、近代政治理論にとっての所有論の重要性を推論することができよう。

ゴドウィンの場合、正義の原理はさしあたり功利主義的に定義されるが（人類全体の幸福の最大化）、何が幸福かを判断する能力は個人のみに与えられるから、「個人的判断力」の確保が正義の骨子をなす。それを可能にするために「自由な思慮の領域（spheres of discretion）」が尊重されなければならず、所有権の問題もこの視点から論じられる。

このような個人の自由を重視する考え方は、ロックの影響を受けたものであるが、しかし所有権の扱いはロックとは明確に異なっている。ロックの場合、所有権（property）概念はすでに国家以前に自然状態において正当化される権利であり、その根拠は労働に置かれた。そして所有権は政治的自由と不可分であり、専制権力から自由を擁護するために失われてはならないものだった。労働による私的所有権の正当化は平等であるように見えるが、所有権の対象が主として土地であったことから、すでに土地が所有され尽くされたところでは労働を投下することがそもそも不可能である。すでに非国教会系の思想家リチャード・プライスらに見られるように、所有権が恣意的な使用を免れないために、合理主義の見地からこれを制約する考え方も現れるようになる。個人の自由と権利の根拠であったはずの私的所有が、逆にこれらの理念を脅かすという両義性への直面である。

ゴドウィンの場合、所有権の目的は「自由な思慮の領域（sphere of discretion）」を確保する点にある。私的所有は過剰になれば、その富裕が所有主体（富者）の道徳的判断を歪めるとともに、富から排除された多くの貧困者を生じさせる。一方貧困は貧者の個人的判断をなす能力を失わせ、他者に容易に従属する傾向を生むことになる。このような個人的判断力（private judgement）の重視は、非国教会派（dissenters）ラディカルの思想に由来するとともに、道徳的判断の能力を、具体的な貧富の状況との関わりで考える点は、いわゆる政治的人文主義（civic humanism）あるいは共和主義の思想系譜につながるものである。

シュティルナーとプルードンの所有権に対する考え方は一見全く反対のように見える。シュティルナーはエゴイズムの立場からする所有（Eigentum）の一貫した擁護者であるのに対して、プルードンは初期著作『所有とは何か』において、「所有（propriété）とは盗み」であると主張し、私的所有の否定者として注目されたからである。しかし、問題は両者の所有概念が同じではなく、主張がすれ違っている点にある。

シュティルナーの所有論の特異な点は、所有（Eigentum）をその原意に戻って、私（Ich）にとって固有の（eigen）もの、という意味に徹底して依拠していることである。この「私」は「飲んだり食べたりする」経験的で具体的な私であって、フィヒテの有名なIchのような普遍化して究極的には人類と一致する精神的なものとは全く対極に存在する。シュティルナーにとって何よりも拒否すべきなのは、このような「精神（Geist）」の支配である。すなわち経験的な現実世界の背後に回って、いわばアルキメデスの点を捉えて現実を支配しようとするのが哲学者たちの企みである。そういうものはフィヒテのようにたとえ自我と呼ばれようとも、現実の私にとっては喪失でしかない空虚なものである。

シュティルナーの所有の思想は、このような精神の支配を排除し、「私」の側にすべてを取り戻すことをねらう。彼にとっての「所有」とは、何か対象物（所有対象）として私から切り離されたものではなく、対象へと向かう「私」の力の作用そのものを意味する。そしてこの作用が「エゴイズム」として肯定される。シュティルナーによれば、「私」とはデカルト的自我のように何か閉じた絶対的なものではなく、社会関係にさらされて移ろうものだとされる。シュティルナーはしばしば独我論者として批判されるが、少なくともデカルト的な自我を想定しているわけではないことは明らかである。

シュティルナーは「社会（Gesellshaft）」を抑圧的な関係として批判する。それは容器が先にあってそのなかに人間を押し込めるようなものだからである。シュティルナーは代わりに「連合（Verein）」をエゴイスト相互の関係として肯定する。個人間の関係から独立した第三者的な規範に従うことを彼は拒否するが、エゴイストの自己享受にかなうならば、個人間の相互関係は排除されていない。これは当時盛んであった、労働者のあいだのアソシアシオン結成の運動とも、意外に近い考え方だとも言える。一方シュティルナーによれば、市場における経済的な自由競争を、利害への一種の囚われだとして退けている。シュティルナーによれば、「自由主義」こそ、精神の支配にほかならない。これはまた今日のリバタリアニズムとも対照的な点である。

このように、シュティルナーの「所有」とは、「私」の外的な物や他者との関係の直接的な享受を意味する考え方であって、通常の私的所有とはむしろ対立する反所有論と言っても過言ではない思想だということになろう。それでいて、共産主義は明確に拒否することで、シュティルナーは当時の私的所有／共有という対立項のいずれにも与《くみ》しない。この点ではプルードンの所有批判とも共通する面を持っていることになろう。


本書で取り上げている「初期アナーキズム」思想家間の相互の言及は乏しいが、例外的にシュティルナーは『唯一者とその所有』のなかでプルードンの所有批判に言及し、これを明示的に批判している。プルードンの「私的所有とは盗み」発言は、シュティルナーにとってエゴイズムへの攻撃であり、「私」の否定であると見られているわけである。この批判は当然に思われるが、先に論じた点を考慮すれば単純な対立とは言えない面も浮かび上がる。

まず、プルードンの私的所有批判は、もちろん当時のフランスでの甚だしい貧富の格差や、民衆および労働者の悲惨な状況（プルードン自身も貧困に苦しんだ）を念頭に置いたものであるが、彼の批判はただ闇雲に所有者たちから略奪するようなことを主張しているわけではない。プルードンのねらいはより知的な面にあり、『所有とは何か』では、私的所有権の正当化根拠としてこれまで用いられてきた、先占、同意、労働などの根拠がいずれも論理的に成り立たず、これらの論理を突き詰めるならば、逆に私的所有権の矛盾や不可能性を明らかにすることになる、と論じた。所有権は平等と、それゆえプルードン独自の意味で定義された「社会」（自由平等な個人間の相互的秩序）と相容れない。

こうしてプルードンは、私的所有権が正義と両立しないことを説くが、ここに私的所有とは区別される

「占有」の概念が導入される。正義と一致するのは「占有」であって私的所有ではないとプルードンは主張する。占有は絶対的な主人性を占有者に与えるものではない。

プルードンの所有権批判は強烈な印象を与えたために、共産主義と誤解されることもあったが、彼は「私のもの」と「他人のもの」の区別が必要であることを疑っているわけではない。

彼は『所有とは何か』のなかで明示的に共産主義（共有制 communauté）を退けている。共有制は共同体による拡大された私的所有にほかならず、個人間の関係の正義を満たすことのできない観念である。『一九世紀革命の一般理念』になると、プルードンは私的所有権批判を止め、むしろ当時の革命における社会主義者たちに抗して、私的所有の擁護に向かう。ここには革命の経過とともに、どのような思想を論敵とするかについての変化が生じたと考えられるが、それまでの所有権批判に見られるような、いわば「存在論的」レベルでの思想の変化があったとは考えにくい。それに対して共有制（共産主義）批判の方はその後も一貫している。[2]

シュティルナーとプルードンの所有論の比較に戻るならば、シュティルナーの意味での所有はプルードンでは所有よりもむしろ「占有」に近い。その点では両者が対立しているとは言いがたい。ただし、プルードンの「占有」は他者の存在を前提とした「社会」とともにある概念であり、正義を含意するのに対して、シュティルナーの所有は「連合」の偶然的な他者との関わり以上にはそうした関係の正義を明示するものではない点で異なっている。

この項の最後として、マルクスの所有の論じ方と、シュティルナーおよびプルードンとの関係について簡単に触れておこう。マルクスは『ドイツ・イデオロギー』の「聖マックス」の章でシュティルナーを、また『哲学の貧困』のなかでプルードンを批判している。いずれも一方的な攻撃と言えるものであり、批判の対象とするそれぞれの思想を理解したうえでの批判とは到底言えず、初期アナーキズム的思想の理解に資するものではない。しかし、シュティルナーとプルードンはそれぞれ異なる局面において、マルクスの思想形成や転換に大きな意味を与えたことは興味をそそる。

興味深いことに、マルクスは「聖マックス」ではプルードンにある程度の評価を与えつつ、彼を引き合いに出してシュティルナーを批判する一方で、『哲学の貧困』などではシュティルナーのプルードン批判を流用している。すなわち、「盗み」が成立するためにはそれに先立って「所有」の概念がなければならないのに、プルードンは所有を盗みで説明することにより、循環論法に陥っているのだと。この批判は急所を突いているように見えるかもしれないが、プルードンの『所有とは何か』を慎重に読めば、やはりすれ違いが生じていることがわかる。本書の各章で何度も触れたことだが、プルードンの「私的所有とは盗み」命題は、読者に対するレトリック的な関係を抜きに理解することはできない。プルードンは所有権が正義だとする常識を前提したうえで、同時にそれが正義と反対の「盗み」でもあることを示し、所有が両義的で矛盾した観念であることを指摘して、読者の理解を揺るがすことをねらったと言える。

マルクスはシュティルナーやプルードンの、いわゆるアナーキズム系の思想家の所有論をいわば踏み台にして、独自の私的所有批判の理論を構想していく。それは等価交換であるはずの市場から、いかにして搾取の関係とその結果としての私有財産が生み出されるのか、という探求である。一九七〇年代に盛んに行われた諸研究でよく知られているように、この一連の思考は、『経済学批判要綱』における「所有権法則の転回」の理論として精緻に展開され、『資本論』に受け継がれる。マルクスの議論が、ある意味ではプルードンの素朴な直感としての「盗み」から「所有」を導いたことに学問的で厳密な説明を与えたとも言える。

しかし、現在私的所有に関してより問題なのは、搾取の証明といったこと以上に、人間の条件に関わる存在論的な問題だと言っても過言ではない。マルクスは私的所有の由来を解明しそれを徹底批判することには成功したかもしれないが、代わりとなる社会主義および共産主義における所有のあり方のヴィジョンを提示することはなかった。その後ソ連でスターリンが行った農民に対する上からの共産主義化は、共同所有という名のすべての農民の無所有化であり、人類史上まれに見る大殺戮がそこから帰結した。

他方、自由主義側では二〇世紀の冷戦の時代に、私的所有は共産主義に対抗する価値規範としてイデオロギー化された。その後一九八〇年代末から九〇年代初期に主要な共産主義国家が崩壊して自由主義が勝利し、体制選択としての所有の問題は決着が付いたと考えられた。しかしその一方で、一九九〇年代頃から、これまでの政治的イデオロギーとは異なる問題領域で、所有に関係する新しい主題群が、倫理学や社会学などから盛んに提起されるようになった。それはたとえば、出産・中絶、あるいは臓器移植などをめぐる医療倫理や性をめぐる自己決定の領域の問題群であり、自己の身体を仲介として所有の両義性が問題とされた。そして身体に対してであれ物に対してであれ、私的所有権が成立するためには、その前提としての自己所有権(self-ownership)が想定されるが、その自己所有の根拠があらためて問われるようになった。

所有に関して、いわば本来的な経済の領域に関しても、関心の復帰が見られる。資本主義が勝利し私的所有権の正当性を疑う者がいなくなったように見えた冷戦後の世界で、新自由主義的統治が長く続いた結果、格差や貧困の問題が先進諸国においても回帰してきた。さらに、私的所有の実質が失われ、その空疎化が進んでいることも注目に値する。たとえば集合住宅の所有について見れば、個別的な所有権がさまざまに制約されるとともに投資の手段としての性格が強まり、私的所有の実質は曖昧なものになっている。新自由主義のもとで貧困を余儀なくされるようになった都市の低所得層では、家や自動車の私的所有が叶わず、友人とのシェア(共有)が流行して、そこに社会性が復活しているようなケースも多い。インターネットの世界では多くの情報が無料で入手でき、共有が進むことで無体財産権が揺るがされている。自由主義的規範の上に成り立っていたはずの資本主義の高度化は、自由主義の根幹にあった私的所有を掘り崩す皮肉な結果を生んでいる。

かつての自由主義的な私的所有と共産主義型の国家所有という対立に代わって、私的所有では説明できない新たな所有の形態が生まれつつあるように思われる。このように所有の問題はイデオロギー的対立が終焉したあとで、人間の具体的な生き方を問うさまざまな局面で浮上してきていると言うことができる。この点で「初期アナーキズム」思想が問うた、存在論レベルでの所有の問題は、今日再び検討に値すると考えられる。

初期アナーキズム思想のもうひとつの重要な領域は、政治の正当性に関するものである。アナーキズムが通常、無政府主義などと訳され、国家を否定する思想とみなされているように、アナーキズム的思想にとってこの問題が中心的なものであることは疑えない。しかし、通常理解されている意味でそうなのかについては検討が必要である。

ゴドウィン、シュティルナー、プルードンの三者について見れば、通常アナーキズムについて理解されているような、国家の即時の解体といった主張を見出すことはできない。シュティルナーは、国家が「私」の（シュティルナー的意味での）所有を脅かす場合は抵抗するかもしれないが、先に国家の否定の理念があってそれに仕えるということはしない。国家否定の目的に自分や他者を従属させることは、ニューマンが指摘するように、シュティルナーから見れば倒錯にほかならない。

ゴドウィンの『政治的正義』での政治論は、その基本枠組みにおいてはヒューム的な意味での功利主義に近く、広い意味での功利の点から、君主政、貴族政、民主政の優劣関係が比較される。民主政もまた批判されるが、政体はいずれも同じく欠点を有するとして全否定されるのでもない。ゴドウィンはどちらかといえば民主政に好意的ではあるが、他に対して民主政を絶対化するのではなく、社会改良の情熱の点から（伝統的政治学の「徳」の視点とも言える）これを相対的に他よりも優位に置いている。

ゴドウィンの契約説批判は、彼の個人的判断力論にもとづいている。個人的判断力（private judgment）はゴドウィンにとって正義と自由の基底にあるものだが、この能力は先験的ではなく、あくまで経験的に把握される。それゆえ、新しい知識の獲得によって人は絶えずこの能力を改良し正義にかなうものにしていく。ゴドウィンにとって社会契約説の難点は、歴史のある時点でなされた契約が固定され、進歩を阻む点にある。このような契約説への危惧は同時代ではアメリカのジェファソンによっても抱かれ、ジェファソンが世代ごとの契約の更新を必要と考えたことは興味深い。

プルードンの政治との関わりは時期によっても異なり、単純とは言えない。彼は二月革命当初、革命側にあり、革命期の議員に選出されるとともに、バリケードの内側で活動した。しかし彼はルイ・ブランのような革命の中心勢力とは不和となり、二月革命の失敗が明らかになるなかで書かれた『一九世紀革命の一般理念』では、アナーキズム色が強まっていく。この著作のなかでプルードンは国家の社会への「解消」を説いた。

プルードンが自らアナーキズムを説くことはむしろ少なく、初期の『所有とは何か』でアナーキズムは、一種の逆説としてわずかに言及されるのみである。また後年、彼はアナーキズムよりも「連合主義（fédéralisme）」の概念を多用し、中央集権やナショナリズムを批判して地方分権を説いた。晩年の『連合の原理』では、アナーキズムは彼自身の立場とは異なる、徹底した経済的自由主義に近い意味で用いられている。このようにプルードンの政治的立場をあらかじめ「アナーキズム」として位置付けるのは、生涯における変化を見落とすおそれがある。彼がそれぞれの文脈で何を論敵としたのかを具体的にたどる必要がある。

プルードンの政治論においてつねに論敵としてあったのは、J＝J・ルソーである。第五章でも触れるように、プルードンは「社会関係のなかにあって人間個人はどうすれば自由であり得るか」という、ルソーとほとんど同じ問いから出発しながら、ほぼ正反対の答えを見出した。すなわち、人民主権的な考え方は人民を王とするにすぎないという批判である。ここには公法的な関係と私法的な関係の対比が存在している。ルソーにあっては、私法的な相互関係は個人間の不平等を生むとともに、相互の嫉妬心にもとづく対立や党派争いのもととなるために、公法的な関係、すなわち個と全体とが中間的媒介なしに向かい合う関係が理想とされる。それに対してプルードンにおいては、あくまで社会関係は相互性を基礎として施行される。ルソーのような政治的契約の理念は相互性にもとづいているように見えながら、国家が出来上がるときには、それは個と全体との契約へと取り換えられるからである。

両者において「契約」は社会関係形成にとって不可欠であるが、その性格は対照的である。

一八四八年の二月革命およびそれ以後、革命的動乱とその奇妙な帰結を眼差しながら、プルードンは以前よりも直接に政治を論じることが多くなる。ここには二月革命に参加しながら、当時の革命を担った社会主義者たち（たとえばルイ・ブランら）への幻滅が色濃く反映されているのを見ることができる。この過程を追うことは今回は断念せざるを得ないが、ここでは後年に書かれた『連合の原理』[3]の冒頭での、政治の一般的な原理と彼が考えるものに触れておきたい。プルードンによれば、政治には「自由（liberté）」の原理と「権威（autorité）」の原理がつねに対抗している。これは政治のアプリオリの原理の対立だと説明される。しかしこの両者はたんに対立しているだけではなく、ともに相手なしでは成り立たないという意味で相互に依存しているとプルードンは指摘する。

二つの政治原理はそれぞれ二種の政治制度（レジーム）へと具体化される。権威の原理にもとづく政治制度として、まず「一人による全員（tous）の統治」である君主制または家父長制が挙げられる。プルードンは君主制と家父長制とを本来同一の考え方にもとづく制度としている。もうひとつは「全員による全員の統治」とされる「共有制（communisme）」である。これは君主制から支配者が消えたあとに残るもので、宗教教団のような場合に限って生じるまれな統治形態とされている（マルクス以後に一般化するような共産主義とは異なる）。以上の二つの権威的体制はともに、「自然」の力や事実性にもとづく支配だと指摘される。

他方、自由の原理も二つのレジームに分かれる。ひとつは「各人による全員の統治」とされる民主制で、J＝J・ルソーがそのモデルとされている。もうひとつは「各人の各人に対する統治」である「アナルシー」である。これはプルードン自身の立場といいうと必ずしもそうではなく、政府を捨象して成り立つ経済学（économie politique）の考え方だとされている。この自由の原理にもとづくレジームは「自然」ではなく人間の「理性」に根拠を置く点で権威の原理によるレジームとは対照的だとされる。

興味深いのは、この二つの原理は対立しているだけでなく、社会の発展とともに相互に交錯することが指摘されている点である。君主制は領土の拡大によって統治の機能が複雑化する必要が高まり、その結果権力の分立や立憲主義が採り入れられる。これは権威の原理への自由の原理の侵入として把握される。他方民主制もやはり社会の発展、複雑化によって、代表制が採り入れられ、また官僚機構の役割が増大する。こちらは自由の原理への権威の原理の侵入である。

プルードンによれば、このように政治において自由の原理か権威の原理のいずれかが一方的に勝利することはなく、社会発展とともに二つの原理は複雑に絡み合う。七月王政のような「リベラル」な君主制（ただしこの寡頭支配、財産所有者の支配をプルードンは評価するわけではない）が生じるとともに、大革命や二月革命で成立した民主的な政治がナポレオン帝政のような権威的レジームへと転じていくような事態である。このような対立する原理の交錯に、プルードンは「政治の矛盾（les contradictions de la politique）」を読み解いていこうとしたのである。

III

マルクス、プルードン、フランス社会主義

第四章　マルクス——国家を超える市民社会

1　問題の所在

思想史研究者の仕事にはリサイクル業者に似たところがある。現役として通用しなくなったもの、先端的な研究者によっていったん捨てられたものを、もう一度拾い上げることがその仕事となる点である。思想史の視点は、現在の時点での理論の有用性を顧慮しないわけではないものの、それだけには回収されない別の観点に立つことによって、はじめて独自の意味を獲得する、と言えよう。それが何であるかは場合によって違うし、この本章で取り上げる余裕はない。ただ、思想史とは、一度は死んだと見られ骨董品とされた対象に、ある生気を蘇らせようとする解釈の仕事だということを想起すれば足りる。

しかし、このなかでマルクスは重要な例外であり続けてきたと言うことができる。[1] その主義を信じる者たちにとっては、カール・マルクス（Karl Marx 一八一八‐八三）はずっと現役の社会科学者であり、その膨大な著作を読むことによって、この現在の社会を解き明かす鍵が見つかるのだと、長く考えられてきた。それゆえ、マルクスは思想史の対象となるほどには十分「死んで」おらず、ある立場からは、逆に思想史を構成するこちら側の原理であり続けた。マルクス主義をその信条とする政治体制の多くが二〇世紀末に崩壊して、ようやくマルクスは思想史の対象となる資格を得たといっても、それほど的外れとは言えない。

マルクス主義の凋落のあと、政治思潮の領野を見渡してみれば、もっとも目に付くのは自由主義的な立場と共和主義的な立場だと言うことができる。前者はグローバル化する世界で支配的な考え方とみなされており、それに対し後者は社会の趨勢に批判的な人びとの多くが（ある面ではマルクス主義に代わって）期待する拠り所となっている。これらはマルクス主義の凋落のずっと以前からあったし、またいずれにも属さない立場（たとえばニーチェ主義や保守主義）もあるから、大雑把な捉え方と言うしかないが、それでも一定の集約ではあり得るだろう。

このような政治思想・政治哲学での支配的パラダイムの二〇世紀における創始者たちがマルクスをどのように取り扱っていたのかは、興味深い問題である。まず、ハンナ・アレントを二〇世紀の共和主義の始祖に置くのは、その独創性を考えるとはみ出すところが大きいが、大まかな潮流の把握としては許されよう。たとえばその主著のひとつ『人間の条件』の「労働（labor）」の章が、全体としてマルクスに対する反論として書かれたように、アレントの思想形成のうえでマルクスが果たした反面としての役割はかなり大きい。『過去と未来の間』では、アレントはマルクス批判を以下の有名な三つのフレーズに絞っている。「労働が人を創った」「暴力は歴史の産婆である」「哲学を実現することとなしには哲学を止揚することはできない」。アレントによれば、マルクスはこれらのテーゼによって、政治哲学の伝統を破壊しようとしたが、これらの主張そのものが伝統的枠組みのなかで定式化されていたために、マルクスは矛盾のなかに囚えられてしまった。たとえば労働が破棄され、哲学が実現されてしまった「自由の王国」で、人はいったい何をするのか、と。▼2

アレントの問題提起の重要性は明らかであり、マルクスを政治的伝統と対照させて批判する視角はたしかに斬新ではある。しかし、マルクスをある程度まじめに読んだ者が直ちに納得できるような批判ではあり得ないことも明らかである。たとえば第二の主張とされるものについて言えば、マルクスが暴力と行為（action）とを同一視し、変革のために暴力を礼賛したというのは、少なくとも公平とは言えない見解である。『資本論』のなかの「原始的蓄積」の記述は、市場経済の合理性の背後に潜む暴力の契機を取り上げているが、それは文明と暴力の関係の再考を迫るものであった。また第三の主張への批判については、マルクスの初期の問題提起のみが相手にされていて、その行き詰まりを脱出するために別の水準の思考へと移行した経過が問題にされていない。このようにアレントのマルクス批判は、いわばすれ違いになっていて、マルクスの核心に迫っているとは言いがたい。

一方、自由主義者であるハイエクは、その生涯を社会主義の断罪に捧げたと言ってよいほどで、そのマルクスに対する批判は、アレント以上に明瞭であるように見える。たしかにハイエクはすでに、『隷従への道』のなかで、コミュニズムとファシズムの類似性について言及し、さらにファシズムはコミュニズムを模倣したのにすぎないのであり、悪において独創的なのはコミュニズムの方だとまで言っている。しかし、マルクスとレーニンのあいだをつなぐハイフンが信じられなくなってから久しい今では、レーニン以後の二〇世紀のコミュニズムに対する批判をそのままマルクスへの批判とするわけにはいかない。

では、ハイエクはマルクスの何を批判したと言えるのか。これは一見するほど単純ではない問題になってくる。彼の社会主義批判は『科学による反革命』においてまとまったかたちで展開されているが、ここで主として批判の標的にされるのはマルクスではなく、むしろサン＝シモンや、通常社会主義者には含まれないオーギュスト・コントである。この書物では、自然科学的な客観性の社会への誤った適用、全体としての社会をひとつの「超人格」として想定する擬人法（anthropomorphism）、そして技術者による合目的な社会設計に見られる集団主義などが、「科学主義」の問題点として批判されている。

このような科学主義の「反革命」を大規模に実行に移したのは、ハイエクによれば、サン＝シモンとその影響を受けた数多くの人びとにほかならない。マルクスもまた、その影響下の思想家のなかに列挙されてはいる。しかしその影響関係も、フォイエルバッハやL・V・シュタインを通じた間接的なものとされているし、そもそも部分的にサン＝シモン主義者であったとして派生的に批判されているにすぎない。[3] 実際、マルクスの発想は社会設計的な啓蒙への批判から出てきているわけであり、マルクス自身の未来構想は極端に断片的なかたちで残されているにすぎない。またマルクスやとりわけエンゲルスに、社会発展の法則性など、科学主義へと傾斜する一面があったことは否定できないとしても、マルクス主義の内部から科学主義を批判する潮流は、ルカーチの『歴史と階級意識』を嚆矢として、早くから存在した。ホルクハイマーやメルロ＝ポンティなど、「西欧マルクス主義」の一派に、ハイエクの客観主義批判にある程度似た議論を見出すことができるのも偶然ではないし、「物象化」をめぐる議論からわかるように、マルクス自身がそのような可能性を開いていたのである。したがって、やはりマルクスの理論の核心をサン＝シモンの科学主義に置くことはできない。

今ではマルクスを批判することは学問的にも政治的にも容易であり、われわれがもはやマルクスと共通の未来を持つことができない以上、われわれはマルクス批判者であるほかはない。しかし、以上の点から窺えるのは、それにもかかわらずマルクスを批判し尽くすことは容易ではない、ということである。このように言うのは、それでもなおマルクスを延命させたいからではない。マルクス主義政治体制の死とともに、マルクスも批判し尽くされ、安らかな眠りにつくことができるならば、その方がよいであろう。しかし、問題は、マルクス批判の隙間からこぼれ落ちてしまうものがあるという事実であり、そしておそらくこの間隙には、資本主義のもとでの政治の可能性と限界を考えるうえで、不可避の思想的な諸条件が横たわっているように予感されるのである。

共和主義の復権を説く立場や、また東欧革命に端を発した新版の市民社会論などが、政治的なものの意義を説くうえで一定の成果をあげた。しかし、経済のグローバル化のなかで、資本主義の制限のない拡大にどのように対処すればよいのか、そうした議論は十分な指針を与えてはくれない。また他方で自由主義は、自らの約束する自由の理念を、現実の資本主義がいったいどこまで実現しているのか、誠実に答えているとは言えない。こうした政治と経済の絡み合う領域での問題の起源は、一八世紀から一九世紀に遡る。それらは一八世紀には商業、コマースとして語られたが、なお公共哲学のもとにあり、大筋としては政治学の拡張によって、公的利益による私的利益の馴致の問題として語ることができた。それが一九世紀になると政治および政治学の地位そのものが危なくなるような変動にさらされることになる。そのような人類史上の転換に関係してマルクスを取り上げることは、この人物に別の思想史的意味を見出す試みであると言えよう。

資本主義に包囲され、政治が産業との関係抜きには考えられにくくなった世界。そのような世界は一九世紀にはじまり、今もなお続いている。マルクスが考えたそのような世界を突破する試みは、今では失敗が明らかとなったが、途上で数多くの考察を残している。マルクスは資本主義の条件のもとで、政治がどのような諸力によって構成され、またどのような帰結をもたらすかについて、本格的に思考した最初の人物のひとりであるということ。本章の以降の記述はこのような想定に導かれる。

2　マルクス市民社会論の再検討

市民社会論を最初に扱うのは、まずは「市民社会（bürgerliche Gesellschaft）」と呼ばれるものが青年時代のマルクスにとって理念であり続けたことによる。そこには政治的理念の実現を国家に集約するヘーゲルの思考に対する根本的な違和感が存在していた。この異議申立ての意味そのものは今も失われていない。そしてマルクスのその後の思想上の変化や「切断」（アルチュセル）にもかかわらず、「市民社会の解剖学」と自称した『資本論』をはじめ、後期著作にも「市民社会」概念は一定の変容を伴って出現している。

周知のようにマルクスは当初法学を学び、現実に直面した社会問題を、ヘーゲルの講義『法の哲学』の批判的検討によって、乗り越えようとしていた。その成果である『ヘーゲル国法論批判』で用いられる「市民社会」概念は、一方で伝統的な政治学での用語法との連続性を持っており、マルクス自身、「旧い市民社会」と新しいそれとを対比しているように、解釈学的とも言える自意識によってそれを把握していた。しかし、このような国制の枠組みのなかで論じられる（狭義の）政治は、鋭利な小品『ユダヤ人問題によせて』を最後に消息を絶ってしまう。このことが政治学の視点からマルクスの政治理論全体を把握することを困難にしてきた。しかし、マルクスの政治思想を論じる意義のひとつは、まさにこのようなディシプリンの横断、学問の境界の破壊にあると私は考える。『資本論』が「経済学」を制度として受け入れた書物ではなく、「経済学批判」として、学の成立する前提を疑問に付していたように、「政治」の成立する前提そのものについての思考の変遷を浮かび上がらせる必要がある。そのうえで、いわゆる切断の前後をとおして生き延びた概念である「市民社会」に着目するのは好都合である。

しかし、同時にこの概念がマルクスの数多い論争的な概念のなかでも極め付けに問題的であり、今もそうであることに触れないわけにはいかない。ここでは二つの問題だけに予備的に触れておきたい。第一は、「市民社会」概念を積極的に用いるのは、マルクス主義の系譜のなかで、どちらかといえば異端的なマルクス主義者であり、彼らによって現代にまでもたらされた、という点である。レーニンに忠実でありつつも、ロシア革命との条件の違いに配慮した、イタリアのグラムシがその代表例である。また日本においても後進国性のゆえに上部構造（政治的・社会的民主化）の問題を重視した講座派の遺産を批判的に継承した学派によって、「資本主義」に解消されることのない「失われた範疇」（平田清明）としての、「市民社会」概念が再発見されることになった。それらの、現在なお参照されるべき業績について、今回は検討する余地がない。

もうひとつは、一九九〇年代から世界的に広まった「新しい市民社会論」のなかで、ヘーゲルおよびマルクスの市民社会論にあてがわれた処遇についてである。これらの新しい市民社会論に共通するのは、ハーバーマスが bürgerliche Gesellschaft に代えて Zivilgesellschaft という新語を用いたことにも表現されるように、「ヘーゲル＝マルクス」的市民社会論からの脱却を図り、代わりにモンテスキューやトクヴィルの系譜を取り上げたことである。後者のように、中間集団の自律性や、市場経済に還元されることのない政治的性格に着目することは、もちろん意義のあることである。それに対して旧来の市民社会論と等置される「ヘーゲル＝マルクス」的市民社会論とは、ヘーゲルの「欲求の体系（System der Bedürfnis）」に由来するもので、結局「ブルジョワ社会」と同じものであるとされる。しかしこれこそ「異端の」マルクス主義者たちが批判してきた正統派の解釈であった。このように最近の議論にあっても、マルクスの市民社会概念は十分な検討を経ないまま実質的には忘却されているのが現状である。

このような「市民社会」を論じるうえでの難点は、当時のマルクスにとってもまた別の仕方で存在したはずである。そのことが『ヘーゲル国法論批判』におけるマルクスの叙述を著しく複雑で混乱したものにしている。来るべき理念は市民社会の側にあるはずであるのに、マルクスはヘーゲル『法の哲学』の市民社会の章（これはマルクス主義者を含め、後世多くの人びとによって称賛されてきた）には触れず、国家の章から批判に入っている。問題は市民社会が国家へと媒介されるヘーゲル的な仕方に見出される。市民社会の問題は国家との関係抜きには捉えることができず、この点でマルクスはヘーゲルの論理構造に内在している。

そしてそのなかからヘーゲルの論理の奇怪さが取り出され、国家と市民社会の内容が、論理形式の問題にからめて摘出される、という難解な手続きを経ている。

そもそも、国家からの市民社会の分離・自律という契機は、今日では民主主義ないし自由主義的立場（両者のあいだに少なからぬ差異がある——たとえば民主的結社を考えるかあるいは市場を中心とするか——ことはたしかであるが）に親近的であると考えられる。しかし、マンフレート・リーデルの研究などによってよく知られているように、国家と市民社会の概念的分離を最初に遂行したのは、民主主義的であるとも自由主義的であるとも言いがたいヘーゲルであった。市民である「われわれ」が集まって、そのまま国家を構成すると考えるならば、国家と市民社会のあいだに差異を認める必要は存在しない。ロックやルソー、あるいはカントにおいても、国家は市民（有資格者）による人的結合団体として把握された。リーデルが指摘するように、アリストテレスに由来する市民社会＝国家の同一性のモデルは社会契約説や近代革命の断絶を生き延び、一九世紀初頭に至っている。

それに対し、ヘーゲルによって国家と分離された市民社会は、公的で普遍的な契機を喪失し、人倫を失ったエゴイズムの領域、「欲求の体系」とならざるを得ない。しかしマルクスは、ヘーゲルによる分離そのものには一定の評価を与えている。ヘーゲルは公的生活と私的生活のあいだの分裂を見出した点において、優れているのである。シトワイヤンとブルジョワへと人間が引き裂かれる事態（『ユダヤ人問題によせて』）は、近代社会における人間の条件であり、先進社会の現実であるのだが、その「疎外」は英仏の思想やフランス革命においても隠蔽されたのに、ヘーゲルによって解明されたからである。

マルクスの批判は、ヘーゲルがいったん分離した市民社会と国家とを再度媒介しようとする局面に集中される。ヘーゲルの市民社会は、今日その「欲求の体系」のエゴイズム、脱政治性によって批判されているが、実際にはコルポラツィオン、ポリツァイなどによって国家の公共性へと上昇する通路を幾筋も有する、複雑な領域である。マルクスによる批判は、このような媒介を無効とすることで、国家と市民社会とを引き裂き、国家への包摂をそれなりに正当に批判すると同時に、市民社会をいっそう欲求の体系へと純化させかねない効果を持っていた。それは市民社会に依拠することが行き詰まりにしかならないという理論的難点を予感させるものであっただろう。

それは国家の側について言えば、従来の政治理論における民主政をもはや維持することはできない、ということでもあった。ヘーゲルとは違って民主政論者であった青年マルクスは、ヘーゲルの分離を受け入れた以上、英仏の民主政をヘーゲルよりは進歩的だとするのは一面の真理であるとしても、そこに止まることはできない。その結果、英仏の民主政は、私事におけるエゴイズムといくらでも両立する幻想的共同性としての民主政、「政治的国家」のレベルでの民主政にすぎないと批判される。

「民主政は君主政の真理であり、君主政は民主政の真理ではない」。「民主政はあらゆる体制の謎の解かれたものである」[4]。このような「スピノザ的命題」[5]が成り立つ根拠は、マルクスにとっては次のような点にあると見られる。「民主政」は「君主政」「貴族政」などと並ぶひとつの国制でありながら、それに止まらず、それらの国制すべてを成り立たせるような質料的原理でもある。すなわち、国王が国王であり得るのは、それが下から支えられているからである。「民主政」概念は旧い「政治的国家（politischer Staat）」レベルのそれと、「普遍と特殊、質料と形相とが一致する」新しいレベルのそれとを橋渡しする、ひとつの蝶番の役割を与えられている。「真の民主政においては政治的国家は消滅する」。「真の民主政」という表現は、今ではあまりにナイーヴに聞こえるが、それは「民主政」が本来の政体を論じる枠組みからはみ出していくことを意味してもいた。

このような民主政の捉え方は、政治的国家、すなわち国制レベルの問いの発展的解消（止揚）を要求するものであったから、当然国家と市民社会の関係の根本的な変革を伴うものであった。政治的国家に対して、質料と形相とが一致する場所は市民社会以外に求められ得ない。ここで市民社会の把握は二義的となる。それはヘーゲルの「欲求の体系」のように一方では国家との分離によって規定されたものであるが、他方では潜在的には国家との分離そのものを克服する可能性を持つ領域としても捉えられているからである。

『ユダヤ人問題によせて』に至ってマルクスは、「現実的な個体的人間が抽象的な公民を自己の内へ取り戻し」人間がその「社会的な力（die gesellschaftliche Kraft）をもはや政治的な力の姿において自己から分離することがない」とき、「政治的解放」の限界が突破される、と結論付けた。[6]しかし、この美しいが、それ自体抽象的と言うほかない表現には、市民社会の「現実的」なあり方に迫るために、ヘーゲル的な国制論の枠組みからの離脱を必要とするに至ったことが示されている。『経済学・哲学草稿』でいったん市民社会の言葉が消え、市民社会の語なしにその貧困や疎外の修羅場が描写されたあと、エンゲルスとの共著の草稿『ドイツ・イデオロギー』で再び市民社会概念が登場する。市民社会概念は、廣松渉やアルチュセルによって指摘された切断の時期を経て、どのように生き延び、また作り替えられたのか。ここには、驚くべき変化が、そしてヘーゲルのそれとは明らかに異なる市民社会概念が登場することになるのである。

『ドイツ・イデオロギー』で「市民社会」は新たに次のように定義される。「従来のあらゆる歴史的諸段階に［その都度］現前した、生産諸力によって制約され（bedingt）そして生産諸力を制約しかえす（wiederum bedingend）ところの交通形態（Verkehrsform）、それが市民社会である[7]」。「市民社会は、生産諸力の一定の発展段階の内部での諸個人の物質的交通の全体を包括する。それは一つの段階の商工業生活の全体を包括するのであって、そのかぎりで、国家や国民（Nation）を越え出る。尤も、他面では、市民社会は、これはこれでまた、外へ向かっては国民体（Nationalität）として、おのれを認めさせるようにし、内に向かっては国家として自らを編成せざるをえないのであるけれども[8]」。

「歴史全体の真のかまど（der wahre Herd aller Geschichte）」とされる市民社会にはヘーゲルの市民社会論を継承する契機と、全く新しい契機とが共存している。マルクスがヘーゲルの市民社会論を批判しつつも、なおヘーゲルを出発点としていた理由のひとつとして、英仏の諸思想におけるような所有者（有資格者）の制限を超えて、無所有者、貧民までをも包括した内容を持っていたことが挙げられよう。ヘーゲルがそのような扱いをなし得たのは、すでにリーデルらによって指摘されたように、市民社会のメタ理論の次元でひとつの大きな転倒をなしとげたからである。すなわち、アリストテレスのように、市民社会（＝ポリス、国家）を生産から免れた領域に求めるのではなく、逆にまさに生産によって相互に依存しあう領域を市民社会と呼んだことである。その背景には実践（プラクシス）に対する制作（ポイエーシス）の地位の向上、教養が余暇ではなく、労働を通じての外化へと結びつけられるようになったことが特筆される。そういう意味ではマルクスの市民社会論はヘーゲルのそれを継承しており、ヘーゲルなくしてマルクスはあり得ない。

マルクスの独創性はその先にある。ここで市民社会は端的に交通（Verkehr）と同一視されている。そしてこの決定的な交通概念には、言語やモノの流通のほか、戦争、略奪、征服などの暴力が含まれ、そして歴史を遡るほどに暴力がむしろ普通であったとされる。そのような暴力を含む交通のなかで、「中世のガラス絵」のようにさまざまの産業が消えていったが、しかし同時に征服者たちが、被征服者たちの文明（たとえば貨幣＝紙でできた資産）を受け入れることで自らを文明化することもしばしば行われたのである。▼9

ここで市民社会とは、もはやポリスのアウタルケイアを維持するような力ではなく、逆にポリスの「間」に作用し、それを解体へと引き裂きもするような世界史の力である。ヘーゲルは、市民社会に国家の安定を掘り崩す「環境」（人倫の喪失、貧民問題）としての厄介な性質を認めていたものの、しかしなお、市民社会は国家によってはじめて可能になるとされ、国家によって飼い馴らされるべき秩序として存在した。マルクスによってそのような限界が突破される。市民社会は暴力から隔てられた言論の領域ではなく、平和と暴力とを分かつ線は、ポリス（国家＝市民社会）の内と外を区別する線ではあり得ない。このことは暴力の礼賛を意味するわけではなく、むしろポリス（政治社会）の言論の領域も暴力に依存しており、また暴力のなかから文明化の傾向が現れてきたことを示すものである。ここにポリスを中心にした政治学からの、完全な離脱が達成されたと言えよう。

このような「市民社会」観が、通常マルクスについて言われる「ブルジョワ社会」、公的／私的の二元論によるブルジョワ社会の範疇に収まるものではないことは明らかである。ここでは、国家と市民社会の二元論に立つヘーゲル的な構図はもはや維持されていない。ここで問われているのは、そもそもこの二元論的構図を作り出す創造的な力が何であるかであり、この力が市民社会と名付けられているのである。市民社会は所産的自然（natura naturata）であると同時に、能産的自然（natura naturans）でもある、と言えよう。

しかし、マルクスは、このような展望の先に直接、政治の可能性を見出したのでは必ずしもなく、別の屈折を余儀なくされるのである。

3　資本主義システムのもとでの国家と革命

『ドイツ・イデオロギー』で得られた世界像、歴史像は、著名な政治的文書『共産党宣言』に反響している。ところで『共産党宣言』は、ソ連と東欧における共産主義政治体制の崩壊のあと、奇妙な運命をたどっている。共産主義革命の説得力がほぼ完全に失われたまさにそのときになって、グローバリゼイションを予言した先駆的な著作として評価し直されているのである。そして、その理由がないとは言えない。「今日まであらゆる社会の歴史は、階級闘争の歴史である」という、有名な一文で始まる『共産党宣言』

は、しかし、今日の支配階級であるブルジョワジーの「革命性」に高い評価を与えるという、奇妙な一面を持っている。なぜブルジョワジーは革命的であるのか。

「ブルジョワ階級は、生産用具を、したがって生産関係を、したがって全社会関係を、絶えず革命していなければ生存しえない。これに反して、古い生産様式を変化させずに保持することが、それ以前のすべての産業階級の第一の生存条件であった。——永遠の不安定と運動は、以前のあらゆる時代とちがうブルジョワ時代の特色である」。ブルジョワジーは伝統的社会関係の破壊者であり、あらゆる神聖な伝統からその後光を容赦なく剝奪する。そして「どんな未開な民族をも、文明のなかへ引き入れ」、「ブルジョワジー階級は、かれら自身の姿に型どって世界を創造する」[10]。このような事態は、これまでの人類史のもとでの支配階級にはあり得なかった。人類史が「階級闘争の歴史」だとされるとき、見失われてはならないのは、ブルジョワ的支配の持つ、この決定的な差異である。

プロレタリアートの仕事は、これを先に進めることにより、ブルジョワジーの支配を崩壊に追い込むことである。この、未曾有の爆発的な生産力を生み出す社会の巨大な変動において、ブルジョワジーとプロレタリアートはむしろ依存しあっており、継起的にその役割を果たすものと考えられている。プロレタリアートは文明に敵対する野蛮どころか、文明化の力そのものと考えられる。たしかにこの文書では階級闘争が強調されているが、産業化された社会でそれを可能にしているのは、徹底したモダニズム（"All that is solid melt into air."）の契機である。ここには『ドイツ・イデオロギー』で描かれた「歴史全体の真のかまど」としての市民社会の力動が精彩のある筆で描写される。

一九世紀に登場する多くの社会主義思想が、資本の支配から生活世界を防衛し、ブルジョワジーの個人主義とエゴイズムに対して、社会的な相互扶助や、兄弟愛（fraternité）を持って臨もうとしたのは十分理解できる。共産主義もまた、元来は共同体（communauté）そのものを意味していた。それらは今日のいわゆるコミュニテリアン系の諸思想と、大雑把に言ってある程度の共通性を有している。『共産党宣言』はこれらの先行する社会主義を、「反動的社会主義」の名のもとに一蹴する。「批判的」だとして一応は評価されるサン＝シモンやフーリエの体系さえも、階級対立を調停しようとすることで結局は保守的立場に陥るとされる。これはもちろんフランス社会主義にとって公平とは言えない解釈であるが、ここでマルクス／エンゲルスの共産主義を突出させているのは、ブルジョワジーの支配のモダニズムを引き継ぎ、それをさらに急速に前進させることで革命に至ると考える点である。

生産や交易がそのままで社会変革的な力を持つと考えられている場合には、政治そのものに大きな意味が与えられずに済むであろう。しかし、マルクス、エンゲルスのこのような期待は、その後の一八四八年に始まる諸革命の相次ぐ挫折によって、長く続くことができなかった。この時期に書かれたマルクスの政治的著作には、『共産党宣言』で得られた社会観からの政治の展開と見られるもののほかに、不可避の屈折もまた見られるようになる。

『フランスにおける階級闘争』では、革命はもはや一国単位での民主主義の勝利や国制の転覆だとは考えられていない。景気の循環そして信用の高低が、直接に革命の成否を規定するという議論が展開される。政治はヨーロッパの規模に拡大した市場の動きと不可分であり、一国のなかで完結するものではもはやない。「労働者は、フランス国家の壁のうちで、プロレタリア革命を完遂しえると考えていた」が、それは誤りであった。なぜなら、「フランスの生産関係は、世界市場におけるフランスの地位と世界市場の法則によって制約されており」、とりわけ「世界市場の専制君主であるイギリス」に打撃を与えられるような「全ヨーロッパ的な革命戦争」が不可欠であるとされる。▼11「新しいフランスの革命は、ただちに民族的な地盤を捨てて、ヨーロッパ的な地盤をたたかいとらざるをえない。そうした地盤のうえにのみ一九世紀の社会革命はなしとげることができる」。「六月反乱者の血にひたされてはじめて、三色旗はヨーロッパ革命の旗、赤旗となった」[12]。

マルクスは、パリの労働者による六月反乱の意義を、二月革命から区別する。二月革命がなお伝統的な共和主義の影響のもとにあり、一国の国制転覆としての革命の枠内に止まっていたのに対し、失敗に終わった六月反乱こそが、ブルジョワ革命とは異なる労働者革命の出発点とされる。「全ヨーロッパ的な革命戦争」という展望は、途方もなくユートピア的に感じられる。しかし、二月革命が実際にフランスを起点として全ヨーロッパ規模に革命を波及させたことを考えるならば、当時はそれほどの誇張ではなかったかもしれない。マルクスの歴史叙述の問題点は、もう少し別のところに発見できるように思われる。

ドイツや東欧は言うまでもなく、フランスにおいてさえ産業化はまだ途上にあり、職人と農民が革命の過程においても大きな役割を果たしていた。マルクスはしばしば経済的進歩と逆行するこれらの人びとに対して、冷たい処遇を与えている。とりわけ『ルイ・ボナパルトのブリュメール一八日』では、農民はルイ・ナポレオンを支える反動的勢力であるとして否定的に扱われる。しかし他方で、フランスのみならず、いまだブルジョワジーが支配を握っていない地域にあっても、革命的であるべきブルジョワジーは決して政治において革命的ではあり得ず、プロレタリアートの闘争は孤立し、そして敗北した。進歩に関して、経済と政治のあいだの乖離が露呈されたことになる。

いわゆる「フランス三部作」に典型的に見られるように、成熟期のマルクスにあって、「政治」の重要性が消滅したわけではない。それは以前のように国制の枠組みで論じることができなくなった代わりに、別の仕方で再構成されることになる。すなわち、世界市場システムのなかで、国境を越えて規定されるさまざまな項が関係する、いっそう複雑な関係として把握される。これは伝統的な政治学の枠組み、あるいはフランス革命を指導した「古代的な」理念（ローマの衣装）の共和主義では決してあり得なかった発想である。

そして皮肉なことに、マルクスが新たな仕方で政治への着眼を見出したのは、このような後退の局面であり、革命がルイ・ナポレオンの独裁、帝政へと転落していく過程を描く『ブリュメール一八日』においてであった。政治は経済への深い依存を免れないが、それでいてなお、とりわけ後退と反動化の局面で、政治は経済から逸脱し、独自の不吉な動きを現しはじめるのである。

それは、これもまた最近盛んに論じられているように、想定される歴史の進歩のなかで場所を与えられることのない人びと、旧来の支配階級のみならず、革命権力によっても抑圧されるであろう人びと、すなわち今日で言うサバルタン（subaltern）の発見でもあった。しかし、彼らはたしかに姿を現しているものの、マルクスによってネガティヴにのみ扱われる存在であったことも否定できない。それゆえ、マルクス死後のエンゲルスの序文のように、マルクスの歴史叙述から、「原則」すなわち経済法則に支えられた歴史の進歩の方を救済することはなお可能であった。そのことはマルクス自身の政治についての不確定な見解とも対応している。マルクスは、共和主義の古代的レトリックをアナクロニズムだとして揶揄しながらも、労働者による革命の指針として、しばしばフランス革命を引き合いに出し、政治におけるフランス革命の反復に固執した。プロレタリア革命はブルジョワ革命を反復する。「進歩」は反復を含み、反復によって正当化される。それはジャコバン独裁に幻滅したフランス社会主義の少なからぬ人びとの政治観と対照的であった。

しかし、『ブリュメール一八日』の叙述を、他の仕方で読む可能性は開かれている。忠実なマルクス主義者であったグラムシが、このような原則からの偏差をイタリアでの革命のヴィジョンのために創造的に生かそうと試みたのに対して、最近のポスト・マルクス主義以降の傾向は、これをマルクスのなかに仕組まれたマルクス批判の契機として解釈することであると言えよう。その結果、マルクスのなかの「政治」は、そこから脱構築がはじまるであろうような、特異な地点としての意味を持つことになった。マルクスにおける「政治」の契機は、こうして教義体系としてのマルクス主義を理論的な解体へと導くきっかけとなったと同時に、「マルクス主義以後」の世界のなかで、ヘゲモニーやサバルタンの問題領域を通じて、なおマルクスをこの世界に結びつける機縁ともなったのである。

4　一九世紀と二〇世紀

これまでマルクスの思想形成のなかに政治的なものがどのような位置をあてがわれたかを概観した。マルクスその人（原典）の思想に立ち返ることは、何らかの意味を持っているのだろうか。マルクス主義を支えとする政治体制は二〇世紀初頭にはじめて出現し、またその世紀の終わりとともに多くが終焉した。かつて「本当のマルクス」を探求する試みは、硬直化した「現存社会主義」を批判するための不可欠な通路であった。しかし、いまや「現存社会主義」の多くは現存せず、直接の意義は失われた。

そのような直接の有用性の終わりは、冒頭で述べたように、本来の思想史的な問いの出発点でもある。最後にその問いだけを記しておきたい。たとえばそれは、次のような仕方で提起することができるだろう。一九世紀にはまだ競合する数多くの社会主義流派のひとつにすぎなかったマルクス主義が、なぜ二〇世紀には世界を二分する体制の原理となり得たのか。マルクス主義は二〇世紀にもっともよく適合する社会主義の一形態であったとともに、二〇世紀の特有な政治のあり方を決めるうえで決定的なファクターとなった。そうなり得たのは、マルクス主義がその他の社会主義といかなる点で異なっていたからなのか。

それと同時に、マルクス主義がその一九世紀的な形態から二〇世紀のそれへと移行したさいに、なぜこれほどの根本的な変化を被ったのかも、重要な問題である。ソ連をはじめ二〇世紀の共産主義における、強制労働や粛清、官僚支配といったものは、マルクスの知らないことであっただけでなく、それらの根本にあった国有化や計画経済そのものが二〇世紀的な現象なのである。マルクス主義は、一九世紀から二〇世紀へと架け渡されたひとつの橋であり、世界を作り替えるとともに、自らも深刻な変化を被った。

このように二〇世紀の全体主義への関与を含め、数々の惨劇を引き起こし、ついにこの世紀の終わりに政治の表舞台から退いたマルクス主義は、いまもなお解かれるべき思想史上の謎を残している。それは政策的なレベルとは異なり、長い時間のなかで思考されるべき問いであろう。社会主義という名で呼ばれるかどうかは別にして、人間の共同性に注目し、それを何らかのかたちで組織しようとする営みは、人間の個体性に注目する企てと二者択一ではあり得ず、表裏一体のものとして存在し続けるであろうからである。

第五章　プルードンⅠ——ジャコバン主義批判

1　はじめに

「反政治的」な思想家プルードン？

ピエール＝ジョゼフ・プルードンがヨーロッパ一九世紀の政治思想史の文脈で取り上げられる可能性が果たしてあるのだろうか。これは決して自明なことではないし、実際これまで政治思想史上、プルードンに定まった評価が与えられてきたとは言えない。よく知られているように、プルードンは一般に、アナーキズムと呼ばれる思想系譜の始祖のひとりとされている。そのようにプルードンを位置付けてよいかどうかも必ずしも自明とは言えないが、ともかく政治に否定的な立場を取った者を政治思想史のなかで取り上げることには、逆説的な契機が含まれることはたしかであろう。

あえてこの人物を取り上げる理由のひとつは、政治思想史や政治哲学を構成するものとしての〈政治的なもの〉とは何かについての問題をあらためて検討したいということにある。フランス革命とその後の動乱を受けた一九世紀という時代が、〈政治的なもの〉の自明性を揺るがす面を持っていたことはさまざまに指摘することができる。たとえば貧困をはじめとする「社会問題（social question）」が政治領域に出現したこと、産業革命の本格的な展開の結果としてこれまでにない社会的分業体制の成長、国民国家の定着のもとでのナショナリズムの本格化、などである。

本章では最初に、一八四八年のフランス二月革命を契機として、社会主義者のあいだで「政治」の問題がどのように論じられたかに簡単に触れたうえで、カール・マルクスの有名な「フランス三部作」における政治叙述と、そしてプルードンの代表著作の一つである『一九世紀革命の一般理念』とを比較して検討する、という手順を採ることにしたい。これら社会主義者の政治論では、いずれも以前の世紀の革命（それは一八世紀末のフランス大革命ということになるが）を引き継ぎつつもそれとは異なるものとして「一九世紀的な」革命理念の必要を世に問うていることから、一九世紀における〈政治的なもの〉の変容を論じるうえで、ふさわしい対象だと考えることができる。そのなかでプルードンは、とくにジャン＝ジャック・ルソーの政治思想を自らの革命理念と対置しているのだが、きわめて興味深いことに、プルードンはルソーとほぼ同じ問いを立てながら、ルソーとは逆の結論へと導かれているのである。共和主義と人民主権の「旧い」革命理念から、プルードンにおけるいわゆる「アナーキズム」理念への転換は、彼の「反政治的」性格によって、ある意味で革命らしくない逆説的な性格を帯びるものとなっている。

一八四八年のフランスに始まった革命は、当初の意図とは異なる皮肉な結末を迎えていた。この革命では、フランス革命の人民主権の「政治」理念に加えて、民主主義に社会問題を解決するものとしての「社会」的な理念が付与されたが、そうした期待は概して失望に終わり、政治は独裁者に委ねられるなどして迷走した。〈政治的なもの〉と〈社会的なもの〉とを、どのように関係付けるか、という問題に、この革命は有効な答えを見出すことができなかった。

翻って現在を見れば、一九八〇年代以来、「政治的なものの復権」ということが多く語られてきた。この傾向は、一八四八年の時点とは逆に、政治勢力としてのマルクス主義や諸社会主義の失墜とともに、それに代わる実践的な理念として期待された。その内容は論者（たとえばH・アレント、C・シュミット、S・ウォーリンなど）によって、公共性、討論、決断など、さまざまであったのだが、いずれも経済活動が必然性に支配されているのに対して、〈政治的なもの〉に何らかの意味での「自由」を見出そうとする試みと言える。

しかしそれにもかかわらず、われわれの時代は、ある意味で一八四八年の革命をめぐる状況を反復しているようなところがある。共産主義崩壊とともに世界を支配してきた（新）自由主義は、二〇〇八年の世界経済危機のような不安を生み出し、こうした状況への対応として、「社会」の救済者としての「政治」への期待が高まった。しかし、その結果わかったことは、むしろ政治による経済の制御や、〈社会的なもの〉をめぐる問題（貧困、格差）の解決能力には限界があるということではなかったか。人びとの民主主義への期待には次第に失望感が取って代わっていき、政党や議会政治への不信が深まって、その結果一方では独裁的な政治家が待望され、他方では民衆運動と直接行動に突破口を求めようとする傾向が強まっている。グローバル経済に対する民主主義の無力と、民主主義のポピュリズム的非合理性への懸念が多く語られるようになった。〈政治的なもの〉への期待は、多くの点で意図せざる皮肉な結果をもたらし、行き詰まってもいるのである。

「革命」と「アナーキズム」

本題に入る前に、繰り返し出てくる「革命」という政治変動と、そして「アナーキズム」という概念についてごく簡単に検討してみたいと思う。

現代の先進諸国の人びとにとって、「革命」とは、歴史のはるか彼方の出来事であり、現実性の薄い観念であるだろう。しかし、現在でも新興諸国において、革命やクーデタなどの政治変動はしばしば見られ、暴力が伴う場合は問題視されることもあるが、東欧革命や「アラブの春」のように、ラディカルな民主主義として称揚されることもある。良くも悪くも、こうした政治変動は、先進諸国側の常識や予測を超えて、思わぬ方向に展開していくことが多い。一九世紀中頃のフランスもまた、産業化の途上にあり、それに応じて新しい社会に適合した政治のあり方が模索されたが、議会制から直接民主政、そして独裁まで、政治は非常に流動的であり、幾度かの革命を経験した。

一方「アナーキズム」は、現存の政治秩序に何らかの断絶を要求する点で「革命」と結びつきながら、手段としての政治的革命に多くは否定的であるため、「アナーキズム」にとっての革命とは何であり得るのかが問題となる。先にも言及したように、通例プルードンは「アナーキズム」の思想家として知られ、その思想系譜の形成に寄与した人物とされているが、プルードン自身は孤立した性格の強い思想家であり、死後影響を与えたことはあったとしても、後の「アナーキズム」系列につながる思想家たち（バクーニン以降）とは異なり、自らをその思想系譜に位置付けるというようなことをしているわけではない。そもそもプルードンがアナルシスト（＝アナーキスト）あるいはアナルシスム（＝アナーキズム）の語を用いることは比較的少なく、そのさいにもアイロニーが含まれていることが少なくない。一九世紀後半以後に成立したアナーキズム観をプルードンに読み込むことにおいては慎重でなければならない。

社会主義という概念もまた、一九世紀に生じたものである。なぜ一九世紀か、ということに、一八世紀と一九世紀のあいだの思想や社会の非連続が示されている。アナーキズムは、社会主義にいくらかの遅れを取りつつ、官僚制や中央集権を嫌い自由を重視する社会主義の一派であると認知されるようになる。[▼1] しかし、アナーキズムが社会主義に包摂される必然的な根拠があるかどうか疑わしい。今日では、アナルコ・キャピタリズム（無政府資本主義）や、リバタリアニズムなど、明らかに社会主義とは相容れない主張を持った流派もまた、アナーキズムに近接した思想として把握され直されている。「アナーキズム」的なものの座標を定め直すためにも、二月革命を契機とした「アナーキズム」的立場の成立について再検討することには意義があると考えられる。

2　社会主義者たちの二月革命観

二月革命の意義

よく知られているように、一八四八年二月にフランスで生じた革命状況は、ヨーロッパ全域へと拡大し、一九世紀を特徴付ける大きな社会変動となった。オルレアン朝の「七月王政」への不満から生まれたこの革命は、一七八九年に始まったフランス大革命の反復という性格を持ちながら、そこに「社会的共和国」という新しい要素を加え、民主主義と社会主義の結合をもたらすものとして、当時の進歩的な立場から支持された。しかし、革命は当事者のねらいどおりには進行せず、労働者階層の不満から生じた六月蜂起に対する弾圧を機に、革命権力は社会的な改革を放棄し、カヴェニャック将軍に独裁を委ねることで何とか共和政を維持したものの、それもルイ・ナポレオンによって取って代わられ、結局のところ共和政は短命に終わって帝政がその後を引き継ぐことになる。

いったい二月革命とは何だったのか。それは、計画的に構想されたのではない、自然発生的な性格の強い革命であった。武力衝突はいくつかあったが、最初の権力獲得はあっけないものであり、流血事件は、むしろ革命が失敗して解体していく過程で激しくなっていく。また強固な革命権力が構成されたわけでもなく、諸勢力間の内紛で自壊していった革命であり、総じて革命らしくない革命であったと言える。

しかしその失敗にもかかわらず、この革命は社会主義思想史、共和主義政治史、労働運動史などにおいて、大きな位置を占める事件となった。それは栄光に満ちたフランス革命の共和政の復活であり、民衆蜂起の伝統の継承であり、男子普通選挙権の獲得であり、またフランスにおける革命の伝統の全ヨーロッパへの拡大であった。そしてフランス革命の共和主義に、社会主義的内容が付け加えられ、「社会的共和国」の理念が追求された。革命に参与した主要な社会主義者であるルイ・ブランの定式によれば、「政治革命は手段、社会革命が目的」であった。労働権の保障、労働者の結社（アソシアシオン）運動の国家による支持、国立作業場の設置、累進課税の導入などが、この「社会的」な内容を実質化する政策とされた。そしてこの革命には、共和主義をはじめ、社会主義、ナショナリズム、カトリック反動、独裁などの一九世紀の主要なイデオロギーの結節点としての位置が認められる。東方への波及においては、民主主義思想と結び付いて、とくに帝国下での民族独立運動を刺激することになった。[2]

このフランスに発した革命をドイツ人の視点から観察したマルクスは、後に「フランス三部作」と呼ばれることになる、同時代的な歴史記述を残している。彼はそこに、革命の先進地フランスでの経験としてこれを重視するとともに、フランス社会主義の限界も見出して批判している。これらは国家や政治について体系的な著作を残さなかったマルクスの「政治思想」を知るうえでの重要な手がかりとなる。一方、フランスのプルードンもまた、二月革命以降の政治変動についての多数の著作を著し、これを内在的に批判している。[3]マルクスが『哲学の貧困』[4]などでプルードンを批判したことが後に有名になったために、プルードンはマルクスの批判の対象としてのフランス社会主義一般を代表しているような印象を与えることが多いが、これは誤解を招くものであり、プルードンの立場は、二月革命を主導したフランス社会主義の主流派の思想とは大きく異なっている。本章では、マルクスの二月革命観にプルードンのそれを対比し、二月革命批判を通して、それぞれどのような異なる道が開かれていったかを探究することにしたい。

一九世紀社会主義者たちの「政治」観

それに先立って、マルクス、プルードン、フランス社会主義の主流に共通して見られる、一九世紀社会主義者たちの政治観を、一八世紀末フランス革命の共和主義との対比において簡単に把握しておきたい。彼らの全てにとって、フランス革命は大きな指針であったのだが、それゆえにフランス革命に対する差異として、自らの立場を示す必要があったとも言えるのである。

一九世紀の社会主義者たちに共通する政治観、革命観は、「政治革命は手段、社会革命が目的」であるとしたルイ・ブランに特徴的に示されているように、フランス革命型の共和主義革命、すなわち政治革命が、それ単独ではもはや正当とはされなくなった点に表れている。

まず革命の担い手について言えば、かつての政治革命の主体であったブルジョワジーに対して、一九世紀の革命の主体が労働者階級でもあることは共通して主張されているのだが、「ブルジョワジー」「労働者階級」の定義は明確とは言えないものであった。当時フランス、とくにパリでは、大工場はいまだに成立しておらず、少人数のアトリエ（作業場）で働く職人的性格を残した労働者が主流であり、労働の領域と消費生活の領域とはまだ融合したままだった。労働者と、商店主や親方のような小市民とは、連続した存在だった。そうした背景から、ブルジョワジーと労働者階級の、革命における対立のほかに、両者の協力関係が模索されることも必要だったのである。労働者階級も、フランス革命の反復としてのブルジョワジーの革命的想像力になお依存していたのであり、マルクスもプルードンも革命と反革命のあいだで揺れるブルジョワジーの両義性に触れないわけにはいかなかった。

次に、革命が何を目的とするかに関する一九世紀的特徴を挙げることができる。一九世紀に入ってからの産業化の展開によって、歴史を動かしているのが政治であるよりもむしろ経済であるという認識（代表的には、マルクス・エンゲルスの『共産党宣言』に描写されている）が浸透し、また同時にこの産業化が新たな貧困や失業などの「社会問題」を生み出しており、社会問題の解決こそが革命の急務だとされるようになる。こうして「社会革命」のウエイトが大きくなったのだが、政治革命と社会革命とをどのように関係付けるかという点において、社会主義者の考え方は一致せず、二月革命の失敗の原因のひとつはおそらくこの点にあると思われる。

この当時、フランスの社会主義者の多くによって支持されたのが結社（アソシアシオン）運動である。フランス革命の思想において、中間集団は個人と共和国のあいだにある反革命的な介在物にすぎなかったが、対照的に一九世紀の社会主義者にとっては、中間集団であるアソシアシオンは、労働者の社会結合と生活の基盤として重視される。フーリエ派、サン＝シモン派なども、このアソシアシオン運動において合流していた。一方、革命に反対する保守の側や、後のナポレオン帝政側もまた、何らかのアソシアシオン的な契機を社会統合のために必要と考える傾向を有していた。アソシアシオンは、イデオロギーの左右を横断して、この時期の政治の重要なトピックのひとつとなっていく。▼5

3　マルクスにおける「革命」と「共和主義」

マルクスの「フランス三部作」

まずマルクスの二月革命観について検討したい。先にも触れたように、『資本論』に対応するような体系的な国家論あるいは政治理論を欠くマルクスにおいて、この「フランス三部作」は、その欠落を埋めるものとされてきたが、興味深いのは、それらがマルクス主義正統派のいわゆる「唯物史観の公式」を実証するどころか、逆にそれでは説明できないような解釈を多く含んでいたことである。すなわち、「公式」にあるような、「経済（土台）が政治・国家（上部構造）を規定する」といった明解な関係が、このフランスの政治史叙述には存在せず、むしろ経済的階級とその政治的表現とのあいだの関係の崩壊が描かれていることである。一九八〇年代に、当時のソ連をはじめとする社会主義国の不毛な政治状況が問題にされるなかで、政治に関する創造的な洞察として、これらの記述は注目されることになった。[6]

マルクスの観点からすれば、一九世紀フランスのブルジョワジーは、労働者階級の協力によってはじめて、王制的・教会的支配制度を打破し、共和政を復活させることができたが、労働者階級の不満が爆発した六月蜂起の鎮圧とともに、ブルジョワジーは「社会的共和国」の内実を放棄して、カヴェニヤック将軍の独裁に自らを委ね、そしてついには共和政自体を放棄して、ルイ・ナポレオンの帝政のもとに移行した。ブルジョワジーにとっては、何より安全と秩序が重要だったからである。ブルジョワジーは労働者階級なしに革命を成し得なかったが、同時に労働者階級とともに革命を遂行することができなかった。[7] ブルジョワジーにとっての固有の政治体制が、そもそも共和政であるのかどうかも、この叙述からすれば疑わしくなると言えよう。（エンゲルスらの）公式的な見解においては、「ボナパルティズム」は、ブルジョワジーからプロレタリアートへの社会勢力の移行期に、国家が外見上の調整者としてある程度の自律性を有して出現する「例外国家」という位置付けになっていた。[8] それがマルクスの政治叙述のなかでは、むしろ例外こそ一般的である、という逆転を持ち込まれかねないのであって、そういう自明性を掘り崩す点でマルクスの政治叙述は精彩を放っていたと言うことができよう。

政治言説としての「共和主義」と現実のあいだ

これは政治言説としての共和主義と現実の過程とのあいだの矛盾でもある。マルクスにとって、一九世紀革命を一八世紀のそれから区別するもうひとつ重要な点は、イデオロギー的言説と「現実」との関係付けに関することである。よく知られているように、マルクスは『ルイ・ボナパルトのブリュメール一八日』（一八五二）の冒頭に▼9、革命言説の反復的性格についての興味深い叙述を置いている。彼によれば、革命は新しいものを目指しながら、過去の旧い言説に頼り、「世界的な死者の呼び出し」を行うと言う。なぜなら、人間は歴史を作るが、それは過去から引き継がれた状況のなかでしか可能ではないからである。フランスでは大革命の時期にあって、指導者たちは「古代ローマの衣装に身を包み、ローマの決まり文句を使って」舞台に現れた。そして一八四八年の革命は、一七八九年以降の革命が「悲劇」であるのに対して、その二度目の反復、「笑劇（Farce）」にすぎない。この「反復の反復」としての二月革命において、ルイ・ブランは喜劇化されたロベスピエール、ということになる。

　しかし、マルクスによれば、こうした革命が作りだした世界は、古代のそれとは縁がなく、封建制の一掃であり、ブルジョワ的生産力が解放される社会だった。近代社会は出来上がってみると醒《さ》めた利害しか存在しないが、その忘却された起源には、こうしたヒロイズムや自己犠牲に満ちた革命が必要だったのである。マルクスにとって英雄主義と結びついた共和主義言説は、たしかに幻想であり自己欺瞞であるとされるのだが、しかし同時にブルジョワ社会が成立するための「必要な幻想」でもあるという奇妙な現実性を有しているとも言える。おそらくそれゆえに、起源は再び反復されなければならず、これが一八四八年の一七八九年に対する「パロディ」的な関係ということになる。

『フランスにおける階級闘争』（一八五〇）や『ブリュメール一八日』の本文で詳しく述べられているように、一七八九年以後の革命においては、ブルジョワジーは時間を経過するごとに急進化し、その極限に達して崩壊したのに対して、一八四八年に始まる革命は逆に、つぎつぎにより保守的な勢力に権力を譲り渡してルイ・ナポレオンの帝政に終わる。この対照的な関係が「二度目は笑劇」の理由のひとつでもあるのだが、しかしこれも興味深いことに、マルクスは一九世紀革命の失敗のなかから、逆に一八世紀革命に対する一九世紀革命の優位を引き出してみせるのである。

マルクスによって「社会革命」だと定義される一九世紀革命は、「その詩を過去から汲みとることはできず、未来から汲みとるほかはない」[10]。共和主義的言説と結び付いていた、古代回帰の自己欺瞞は、もう不要だとされる。共和主義のイデオロギーは、その「兄弟愛（友愛）（fraternité; Brüderlichkeit）」の理想によって階級間の闘争ではなく、その融和を説くが、それは現実を覆い隠すものである。二月革命の過程は、そういったイデオロギーの不可能性を実証した。マルクスの二月革命観は、フランス革命の共和主義の反復や古代共和主義の再反復の「亡霊（Gespenst）」のなかに生きているフランス社会主義者のイデオロギーに対する辛辣な批評であるとともに、それでいてイデオロギーとは別に、フランスの労働者階級が成し遂げたことに高い評価を与えるものでもある。フランスの労働者たちは、後退によって出発点を作り出した[11]。

共和主義的イデオロギーが現実を説明するものではない、というマルクスの立場は、『階級闘争』での二月革命発生の説明の仕方に特徴的に表現されている。彼が最初に革命の背景として描くのは、イギリスを中心とする資本主義の展開と景気循環である。革命が生じるかどうかの条件は、一九世紀ではもはや一国内的な政治状況では説明することができず、世界経済の周期的な恐慌と革命の発生とが連動している[12]。

こうした視点からすれば、古代の反復としての共和主義の理念は、一種の幻想にすぎず、それを信奉するブルジョワジー自身の行動と一致していない。それゆえ革命の失敗は当然だとも言える。しかし、ブルジョワジーの裏切りと革命勢力の分裂という惨憺たる敗北のなかから、それに代わってはじめて一九世紀革命を担うにふさわしい労働者階級が誕生する、というのがマルクスの筋書きである。しかし、マルクスは本当にフランス革命の反復という「神話」から自らを解放し得たのだろうか。

パリ・コミューンとマルクス主義

この二月革命の出来事から約二〇年後に、パリ・コミューン（一八七一）によって、マルクスはフランスの革命運動に再会することになる。それまで彼のフランスにおける労働運動への期待は一時醒めていたのだが、この事件によってそれは大きく変化し、彼の『フランスの内乱』（一八七一）は、フランスの革命運動への称賛で溢れているように見える。マルクスがこの書物で、パリ・コミューンを「本質的に労働者階級の政府であり」「労働の経済的解放をなしとげるために、ついに発見された政治形態」[13]として特徴付けたことはよく知られている。もしそうであるとすれば、コミューンはブルジョワ革命の出来合いの模倣ではない政治形態、ということを意味するはずである。

マルクスはまず、パリ・コミューンが何でないか、について強調している。それは「コミューン＝自治体」であるからといって、自治体や地方分権を意味するものではなく、中世ヨーロッパへの回帰ではあり得ない。彼によればそれは「モンテスキューやジロンド党員が夢想したような」[14]フランス国家を小国家の連邦に分解するような試みではないのである。コミューンとは帝政の反対物であり、「社会的な共和制の積極的な形態」[15]であると特徴付けられる。コミューンは、寄生体である国家に吸収されていた力を社会の身体に返還した、とも言われる。命令委任（mandat impératif）への議員の拘束、代表者の労働者並賃金、いつでも解任可能であることなどが、この政治形態の新しさとして列挙される。

パリ・コミューンはマルクスにとっていわば突然の出来事であり、このコミューンで活動したのは、マルクスの思想とは関係の乏しいブランキ主義者やプルードン主義者たちであったことはよく知られている。マルクスのコミューンへの称賛は内在的な根拠を十分に持っているかどうかは疑わしいものである。むしろそこには、二月革命以来問題的な概念であり続けた共和主義理念の反復が見出されるように思われる。

マルクスは共和政言説と現実過程のあいだの落差に一九世紀革命の特徴を見出したが、共和政の内容に関する問題に必ずしも敏感であったようには思われない。それはたとえば、「社会的」と「共和国」のあいだ、「社会主義」と「民主主義」のあいだ、言い換えれば、〈社会的なもの〉と〈政治的なもの〉の境界に挟まれるものが何であるかを明らかにするのではなく、むしろそれを覆い隠してしまっている。おそらくその異質な領域のあいだのずれ、言い換えればルイ・ブランの標語における社会革命（目的）と政治革命（手段）のあいだのずれこそが、二月革命が成功しなかった原因と深く関係しているものであり、そして今なお十分に解かれていない問題なのである。

パリ・コミューンの命令委任も、直接立法の思想も、すでに二月革命のさいに存在した考え方である。だが二月革命は崩壊し、パリ・コミューンもまた長く続くことはできなかった。それに対して、マルクスのパリ・コミューン論はいわば独り歩きして、マルクス主義の歴史のなかで独自の展開を遂げることになる。一九世紀末の労働運動の拡大は、普通選挙や議会政を通しての労働者の地位改善の希望を与えたが、レーニンはマルクス主義のなかにも浸透しつつあったこのような「改良主義」的傾向を打破しようとした。レーニンは、現実に存在する政府を利用するのではなく、これを粉砕し全く新しい政府を形成したモデルとして、マルクスのパリ・コミューン論を引き合いに出した（『国家と革命』一九一七）。このさいに、実際的には分権的であったコミューンは、明示的に中央集権的であると解釈替えされ、レーニンの「プロレタリア独裁」の政治観へとつながっていく。

マルクスの政治観がそのままロシアのボリシェヴィキによって適用されたというわけではない。そうするには、マルクス自身の政治についての考え方には、あまりに多くの曖昧さが存在した。しかし、そのような傾向を生み出す原因がマルクス自身にも存在したことは否定できない。それは彼とフランス社会主義者とのあいだにあった距離に由来するものである。

4　プルードンにおける「革命」と「自由の原理」

プルードンのアナーキズム

プルードンは、その著書『一九世紀革命の一般理念』（一八五一、以下『一般理念』）の冒頭で、かつては革命的であったブルジョワジーに対して呼びかけ、そして「反動が革命を規定する」[16]とのテーゼから彼自身の革命論を説き起こす。ここには、革命が革命主体だけで立ちあがるものではなく、歴史的な関係の所産であるという認識、またブルジョワジーに対してレトリック的な応答関係を求めている点に、彼の革命観の特徴の一端を見出すことができよう。

この書物は、プルードンと二月革命の主要な社会主義者であるルイ・ブランやピエール・ルルーらとの論争の所産であり、二月革命の失敗の原因探求を通して、自らの「政治」思想をはじめてまとまった形で提示した著作である。その内容は、ルソーの社会契約論や、その系譜を継ぐとされる一七九三年の憲法とロベスピエールの政治思想、そしてその二月革命への影響としての「直接立法（législation directe）」などの考え方を、いずれも「権威の原理」として捉えて批判し、権力の社会への解消（liquidation sociale）を主張したものである。ここにはプルードンが通例、「アナーキスト（アナルシスト）」として見られる場合の基本的な考え方が出揃っていると考えられる。ただし、プルードンの場合、諸著作のあいだで見解の相違と見られるものが多く、かつこの著作は、（いわばマルクスとエンゲルスにとっての『共産党宣言』に対応するかのように）マニフェスト的性格の強い著作であるために、かなり断定的な表現が使われていることが特徴的である。そのため、この著作の立場をプルードンの思想全体の表現として捉えることには慎重であるべきだが、本章では紙幅の限定と論点の明確化のために、さしあたりこれを「プルードンのアナーキズム」として特徴付けることにしたい。

最初に注意しておく必要があるのは、プルードンが「経済的無秩序（アナルシー）」と呼ぶものを、否定的なものとして捉えていることである。これを政治的アナルシーと混同してはならない。プルードンによれば、フランス革命は人びとの経済活動の自由を保障したが、そのことによって経済は無秩序となり、貧困問題（misère）が一般化することになった。革命以前の封建的な諸規制に戻ることはあり得ず、なすべきことは「経済的力の組織化（organisation des forces économiques）」である。

それでは経済的力の組織化とは何であるのか。プルードンは市場における経済的競争そのものは排除せず、むしろ競争によって秩序が支えられると考える。したがって彼にとって経済の組織化とは公正で自由な競争が行われることであるのだが、それは二月革命の社会主義者たちの方向（たとえばルイ・ブランによる「労働の組織化」）とは異なるものだった。プルードンはしばしば、国家と個人のあいだに存在する中間集団としての「アソシアシオン」の擁護者として取り上げられることがあるが、言うまでもなくそのようなアソシアシオンの発想自体は、プルードンに先立って当時フランスの多くの社会主義者たち（フーリエ派やサン＝シモン派をはじめ）によって、労働者の結社形成の運動として展開されていた、いわば流行の思想であった。プルードンのこの著作の顕著な点は、むしろこのような「アソシアシオン運動」の倫理的意義に疑問を呈した点にある。彼によれば、アソシアシオンは「集合力（force collective）」にはなり得ない。

当時社会主義者のあいだで流行した「兄弟愛（友愛、fraternité）」の観念の至高性は、たとえば、イエス・キリストによって表現される「兄弟愛」を中心とし、その両側にそれぞれ天使で表現される「自由」と「平等」を配置するルイ・ブランの有名な図像[18]によって示されている。プルードンはマルクスとは全く異なる視点から、この理念を批判的に検討する。プルードンにとって、労働の組織化の意義を示すものとしての「集合力」とは、アダム・スミスが教示するように、友愛のような精神的な動機付けから生じるものではなく、あくまで分業の「結果」として生じるものとされる。集合力は、意図しない結果であって、それゆえ個々の労働者に共通の目標を強制するようなことはない。一方、兄弟愛を主張する社会主義者たちは、集団目標への献身（dévouement）を要求することによって、個人の自由や独立の余地を与えない。彼らは宗教と変わらぬことをしているのである。[19]

プルードンの人民主権批判

ルイ・ブラン、ピエール・ルルーら社会主義者やルドリュ・ロランのような共和主義者たち、そしてドイツのフランクフルト国民議会でのM・リティングハウゼンや、その影響を受けたフランスのフーリエ主義者V・コンシデランらが掲げるのは、「直接立法（législation directe）」「（人民による）直接統治（gouvernement direct）」「単純な政府（gouvernement simplifié）」といった標語に代表される直接民主主義的な政治である。[20]

しかし、プルードンは、このような革命的なものも含めて、政治はいずれも「権威の原理（principe d'autorité）」に支配されているとして批判する。彼によれば、政府（統治）という観念の起源は、まず家族から始まっている。保守主義者ボナルドが言うように、国家の統治は、家内部での父の子に対する支配のアナロジーによって成り立っている。そのような家族のアナロジーは、保守主義のみならず、エティエンヌ・カベのような「兄弟愛的社会主義者」にも踏襲されている。[21]

なかでもプルードンが詳細な検討を加えているのは、J＝J・ルソーの政治思想である。プルードンによれば（ルソー自身の言明にもかかわらず）、一般意志は多数意志以外の何ものにもなり得ない。ルソーにおける社会契約とは個人の権利の譲渡あるいは疎外（aliénation）にほかならない。

プルードンがルソーに不満を持つ重要な点のひとつは、ルソーが政治的契約、政治的関係しか見ないということである。ルソーは商品の交換、労働のあり方、価値と価格、経済的権利（droit économique）といった事柄について何も語らない[22]。ここには一八世紀の共和主義者と一九世紀の社会主義者とのあいだの、きわめて対照的な関心の相違が表現されている。ルソーの共和主義思想そのものは、プルードンによれば、大革命のとりわけ一七九三年憲法（ジャコバン主義）を経て、二月革命のルイ・ブランらの政治構想にも引き継がれることになった。しかし、このようなルソーの思想は、経済関係をどのように扱えばよいかについて何も語らないため、ルソーに依拠した「人民（peuple）」の政治的意志は恣意的でしかあり得ず、「直接統治」「直接立法」と言ってみても、結局は社会を混乱させるにすぎないのである。代表制もまた、いくつかの恣意的な意志のなかから人びとは選択するしかないという点で、これと変わらない。それに対して権力分立については、プルードンは自由と両立するとして、比較的高い評価をしている。

フランスの一八世紀と一九世紀に政治的人民主権が陥った崩壊過程をたどりながら、プルードンは古典的な政体循環論を想起させるような仕方で、極端な民主政は極端な独裁や帝政を導くとして批判する。そして政治的方法によっては、何をしてもこのような地獄の円環（cercle infernal）を抜け出すことはできない、とされる[23]。

政治的な関係に欠けているのは、プルードンによれば、個人間の正義（justice）の観念である。彼はアリストテレス以来の伝統に従い、正義を交換的正義（justice commutative）と配分的正義（justice distributive）とに分ける[24]。彼の経済的権利の理論において必要なのは、交換的正義だけである。政府によってなされる配分的正義は、結局恣意的な分配を行うしかなく、交換的正義を成り立たなくさせるだけなのである。

こうした政府の経済政策上の無力に対して、何か「人民」の意志を上位においても、それは全く無意味である。プルードンはルソーの契約説で想定されているような、集合的存在（être collectif）としての「人民」の観念自体を否認する。ルソー自身が純粋な民主政は不可能であるとしている箇所を引きながら、とくにフランスのような貧富の差（それは運（fortune）の差でもある）が著しく、平等が欠けている社会では、普遍的な人民の意志など成り立たないことを説いている。

経済的秩序と自由

プルードンが「権威の原理」としての政治の否認の代わりに必要とするのは、経済の組織化であり、彼はそのための「社会契約」を提起する。プルードンの「社会契約」とは、ルソーの用語を借用しながら、それとは全く内容を異にするものである。それは政治的な関係を含まず、公平で平等な個人間の民事的な関係の積み重なりとして理解されるものである。それは交換的正義を充足し、相互性（réciprocité）を可能にする「自由の原理」に属する。

プルードンは、政治的秩序を社会的秩序へと代替し、前者を後者のなかに解消しようとしたサン＝シモンの本来の考え方に高い評価を与える一方で、B・P・アンファンタンらサン＝シモン主義者たちの経済的組織化の方法であるアソシアシオン形式を、この著作では評価しない。先にも触れたように、それは共同体へ人間を解消しようとする疑似宗教的な方法であり、自由で多様性を有する諸個人間にふさわしい秩序ではないと考えられるからである。「集合力」がこのような条件のもとで発揮されるための経済的組織化は、別の方法でなされなければならない。この著作でのプルードンによるもっとも顕著な代案は、「人民銀行」の創設である。これは無利子で生産者に貸し付けを行う金融機関である。

プルードンは、経済的集中をすべて退けたというわけではない。無償の金融機関である人民銀行を設置することで、信用の集中というかたちで経済を組織化し、それによって、逆に生産の集中を回避し、生産者の自由と独立を維持しようとするねらいがあったと考えられる。そしてまた、生産者と消費者との相互的な契約という仕方で、アダム・スミスが批判するような生産者による利益独占を避けながら経済を組織化するプランも示されている。

以上紹介してきたプルードンの『一九世紀革命の一般理念』における構想は、プルードンの他の時期の著作と必ずしも整合的でない点を多く含んでいる。アソシアシオンについて、この著作では否定的に扱われたが、その後鉄道事業などによる経済の国家独占が進むにつれて、それに対抗するものとして、プルードンは諸個人のアソシアシオンによる結合を再評価するようになる。プルードンのアソシアシオンに対する評価は一定していないが、これは恣意的というわけではなく、自由が維持されるかどうかという観点から、コンテクストに応じて評価を変えていると見ることができる。二月革命期においては、アソシアシオン運動は、個人の自由を擁護することになるより、むしろルイ・ブランにおけるように国家主導の社会主義のなかに組み込まれることになると、彼は考えたのである。

『所有とは何か』(一八四〇)、『経済的諸矛盾の体系』(一八四六)などで展開された私的所有権に対する批判(より正確には、その両義性への認識)は、この著作では後退している。これら初期著作で展開された私的所有権の哲学的レベルでの批判は、共産主義(共有制)への対抗という文脈では控えられ、むしろ私的所有が自由のために必要だという主張が表に出ることになる。

また、私人間の契約として「社会契約」を把握したのに対して、後の『連合の原理』(一八六三)では公的な諸団体間の契約も含まれることになる。[25]『一般理念』では、二月革命以降の革命政治の失敗とルイ・ブランのような「人民主権」型の政治思想との対決というコンテクストの強い影響のために、政治そのものに対する否定的な態度がやや図式的に表現されているのに対して、後のプルードンの諸著作には、政治への関心が次第に高まってくるのを見ることができる(『戦争と平和』一八六一など)。それは人民主権原理に加え、ナショナリズムが新たに政治の正当化のために持ち出されてくる状況に対応するものであった。

プルードンは状況や文脈の変化に応じて、関心の対象や主張の具体的内容を変化させているが、そのなかで持続する彼のもっとも根本的な関心は何であったのか。それを特定することはむずかしいが、あえて言うなら、人間の有限性に関する認識がそれに当たるのではないかと考えられる。『経済的諸矛盾の体系』の序文に置かれた、謎めいた神の仮定（l'hypothèse d'un Dieu）と「神を想定すること、それは神を否定することだ」[26]という言明は、プルードンの根本的な関心を端的に表現しているように思われる。人間性（humanité）は、神の観念を発明することによって生じるのだが、人間は有限な存在であり、神となることはできない。プルードンはルートヴィヒ・フォイエルバッハをはじめドイツのヘーゲル左派による、神の本質の人間の本質への還元に近いところに導かれながらも、人間性を神化して崇拝する神人同型説的な想定を退ける。神の無限性と対立しそれに反抗し続けることが、人間の人間たるゆえんだということになる。

人間は類としても個としても、無限で制約のない「主人」ではあり得ないという、プルードンに特徴的な契機は、初期著作の存在論的な私的所有権批判や、そして『一般理念』におけるルソーを継承した社会主義者たちの意味での「人民」の絶対性に対する批判にも、等しく見出すことができる。

絶対的で垂直的な関係が次第に崩れ、相対的で相互的な関係へと置き換わっていくことが、プルードンにとって「進歩（progrès）」と名付けられる過程であった。彼によれば、これは民衆の直感（instinct）と一致するのだが、あくまで「傾向」であり漸進的にしか進みようがない。「人民の意志」なるものに依拠して進歩を一気に達成しようとすれば、逆に絶対的なもの（疑似的な「神」）を作り出さざるを得ず、これは進歩の傾向を押し止める。民衆の直感はそれを理解しているから、政治革命を拒否するのだと、『一般理念』のプルードンは指摘している。[27]

こうしてプルードンの説く、漸進的な「革命らしくない革命」が、何ゆえになお一九世紀「革命」の名のもとに主張されたのかが理解できよう。それは一八世紀以来の革命の失敗を踏まえたうえでの、「革命」

の考え方の次元における「革命」であったのである。プルードンは、「個人が社会のなかにありながら、それでいて自由であり得る関係とは何か」という、ルソー的問いを考え続けた人物であり、問いの共通性と答えの対照性とが、一八世紀と一九世紀とのあいだの隔たりと、政治や社会についての思想の転換を表現しているとも言えるのであろう。

5　アナーキズム思想の位置と現代

プルードンの経済や政治についての考え方は、当時の他の社会主義者たちには見出しにくいものである。ルイ・ブランにとって人民主権にもとづく政治革命を否定するプルードンは反革命論者に映ったし、またマルクスから見れば、無償の信用供与および商品交換による公正な価値の実現といったプルードンの主張は、資本についての無知以外の何ものでもあり得なかった。プルードンのような考え方が二〇世紀の社会主義の主流になり得なかったのには理由がある。またそれは、政治権力を崩壊させて一挙に人類の共同社会を実現しようとするようなタイプの、二〇世紀型のアナーキズムとも異なるものだった。

しかし資本主義世界システムの長い歴史のなかで、資本主義自体が変化してきた。資本主義が世界を包み込み、その外部に理想社会を建設する可能性が閉ざされた（共産主義体制の崩壊）あと、逆に資本主義の内部に公正や正義を求めることが、資本主義が生き延びるうえでも必要であり現実的でもあるという考え方が、少なくとも一部では広まってきた。地域通貨や信用論の領域で、こうしたプルードンの考え方に近いものが再生しているように思われる。

一方、経済的秩序を自由のための必須の条件と考え、恣意的な政治権力の行使に反対するプルードンの立場は、むしろ現在で言えば、フリードリヒ・ハイエクやオルドー学派などと親近的であるようにも見える。そうであるなら、プルードンでしばしば代表されてきたアナーキズム思想を、社会主義や左翼思想の一種とする常識は、当然再検討を迫られることになろう。アナーキズムの思想は、プルードンに限らず、左右のイデオロギーの対立軸をしばしば横断し、その自明性を問題化する。

ただし、プルードンが彼の時代の経済的秩序をそのまま肯定することからは程遠い位置にあったことが確認されなければならない。彼は、産業化のなかで大衆的な貧困が亢進し、個人的な問題には帰され得ない精神的な荒廃が生じる「社会問題」の発生という事態を捉え、それを哲学的・思想的に究明しようとしたもっとも早期の思想家のひとりであった。彼の主著のひとつ『経済的諸矛盾の体系』の副題「貧困の哲学」が示すように、「貧困」は「哲学」を持つのであり、分業、機械、競争、租税、信用、所有権、人口、神と人間（これらはいずれも同書の章のタイトル）といった、いわば裏返しにされた実践哲学のような広がりのなかに貧困問題が位置付けられている。それゆえ彼は他の多くの社会主義者や社会政策家のように、対症療法的にこれらの問題に関わるというのではなく、問題領域として〈社会的なもの〉を実定化しようとはしなかった。

しかしその一方で、プルードンは〈社会的なもの〉あるいは社会問題の解決を、個人の自発性や主体性だけに求めることもしなかった。彼にとって人間の自由とは対等で相互的な社会関係のなかに置かれることではじめて可能になるのであり、制約がなければ「主人」的な支配へと落ち込んでいくものとして把握されたからである。これは現代のリバタリアニズム的な思想とのあいだの隔たりを示すものである。プルードンはアメリカのアナーキストたちにも影響を与えたが、プルードン自身はアメリカの可能性について冷淡だったようである。空間が広大すぎるアメリカでは、個人間の相互的制約が成り立ちにくいこともその一因であっただろう。

もちろんプルードンの『一般理念』での立場に問題が残ることも明らかである。いったい誰が経済秩序を正義にかなったものに作り替えることができるのか、ここにいったん拒否された〈政治的なもの〉の問題がまた戻ってくることは否定できない。この点のプルードンの考察が、『一般理念』で十分になされているとは思えない。これらの問題を検討するためには、彼の後期思想に分け入っていく必要があるが、それはまた別の機会に試みることにしたい。

＊本章を執筆するに当たり、二〇一三年一〇月に行われた社会思想史学会での伊多波宗周氏（神戸夙川学院大学）の研究発表と討論に刺激された。

第六章　プルードンⅡ――産業化と自由、そして連帯

1　はじめに――産業社会のなかでの自由

自由とは何か、自由主義とは何か、というような一般的な議論をする意欲も能力もさしあたり私にはない。本章ではプルードンら一九世紀のフランス社会主義と自由の関係に限定して論じることにしたい。一九八〇年代の後半の社会主義体制の崩壊以来、しばしば自由主義の歴史的な勝利が主張され、また逆にそうした勝利の言説は不毛であるという反駁がなされてきた。そして自由主義的な政治体制を採る先進諸国の内部でも、政府と市場との関係をめぐる経済的自由主義の領域で、また自由主義はその道徳的な正当化を共同体なしに行い得るか否かをめぐっていわゆる共同体論（コミュニテリアニズム）とのあいだで、論争を繰り返してきた。マルクス主義などのオールタナティヴの退潮のなかにあって、自由主義論は政治思想そのほか法哲学・社会哲学などの領域で他を圧する活況を呈してきた。当否は別として、このことは確かである。自由主義的な世界の内外に、民族や宗教の対立、発展の格差、そして環境問題といった、自由主義によって容易に解決が見出されるとは思えない問題が、蓄積されているとしても。理論は実践に決して

一致することはないし、一致することが必ずしも望ましいわけでもないから、この事態は非難に値するとは言えないかもしれないし、少なくとも私には非難する資格はない。言いたいことは自由と自由主義に関する議論、とくにその論じ方が、時代の制約を受けてきた、ということである。

社会諸学が、神学やある種の哲学のように永遠に存在する対象を扱うのでない以上、このことはある意味で当然であろう。自由や自由主義の語られる文脈は多様であり、実際これまで多様に論じられてきた。たとえば、かつて戦後の政治思想史学での扱われ方は、権威的国家に対する抵抗の根拠としての自由という論じ方であっただろう。それと今日の自由主義の論じ方（たとえば自生的秩序論であれ、功利主義や共同体論との対抗における権利論であれ）のあいだに何らかの共通点を見つけることができるだろうか。時代の課題が変わるとともに自由の論じ方が変わるのは当然だとしても、忘れられてはならないことは、自由や自由主義のような政治思想の基本的な概念は、その生成に関して、複雑な地層をはらんでいる、ということである。一七世紀後半の、ジョン・ロックによって定式化された宗教的・政治的自由の主張は、後の自由主義者たちの教義に取り入れられるが、それは市場を中心とした経済的自由主義の教説とは必ずしも結びつくものではない。同様のことは一九世紀の社会改良主義的な自由主義の分派についても言えるだろう。このような地層の複雑で非連続的な累積を明らかにすることなく、しばしば見られるように、時代の課題に応じてこれらの知的資源のいずれかをただ引用するだけであるならば、それはきわめて恣意的な「自由」ないし「自由主義」の概念の流通を許してしまうことになる。狭義の歴史研究のみならず、現代の議論においても、自由主義の歴史性を隠蔽しない仕方でそれを論じることが必要であろう。

自由と自由主義をめぐる、歴史性をおびた数多い問題のなかで、本章が照準を合わせようとするのは、「産業化の時代における自由」というテーマである。この主題を取り上げるのは、これが一見ありふれているように見えながら、実は少なくとも政治思想史学の内部では、このところ十分に議論されたことのない特異なテーマのように思われるからである。それは歴史上、一九世紀の西欧ではじめて政治の問題領域に現れた。そういう意味で明確な歴史性と歴史の制約を帯びた議論の立て方であるとともに、政治と経済との関係がかつてなく密になっている今日、避けては通ることのできない問題群をはらんでいる。それにもかかわらず、政治思想史の問題として忘却されてきたのはなぜなのか。それはおそらく、一九世紀以降の自由主義的な知と社会的現実とのあいだにはらまれる「ずれ」に関わっている。

一九世紀は「ブルジョワの世紀」と呼ばれ、しばしば「古典的自由主義」の時代であるように表現される。たしかに「世界の工場」イギリスを中心国として、自由主義的な政治体制と自由貿易を基調とする経済が、いまだかつてなく世界を覆った。二〇世紀を特徴付ける、戦争と動員、組織とイデオロギー、強まる国家の介入といった反自由主義的なファクターと比較してみれば、一九世紀に自由主義の黄金時代を見るのは当然であるかもしれない。しかし、理念と実際とのギャップはここで問わないとしても、その理念ないし思想の面で、一九世紀にその名誉にふさわしいものを挙げることができるかというと、これは意外にも困難であるように思われる。このことは次の事実に照らすといっそう明らかであろう。最近のいわゆる「新自由主義」に属する流派のなかで、とりわけ「古典的自由主義」への復帰を主張するハイエクおよび彼に影響を受けた人びとの、自由主義の再解釈について見れば明らかなように、彼らが「古典的自由主義」のモデルとするのは、スミスやヒュームなど、一八世紀のスコットランドの啓蒙思想なのである。それに対して従来自由主義の代表者とされてきたベンサムのような功利主義、自由主義理論に分配の平等を持ち込むJ・S・ミル、こうした一九世紀に大きな影響を与えた人びとは、むしろ古典的自由主義からの逸脱であるとされることになった。▼[1] このことは国家の介入や社会改良主義の是非というような当面の論争点を超えて、決定的に重要であると思われる。というのはハイエクらが「真」と「偽」の自由主義を分ける分水嶺には、彼らが言うような単なるイギリスとヨーロッパ大陸の政治文化の違いということではなく、ベンサムやミルについての批判に見られたように、一九世紀という時代の歴史性が横たわっているように思われるからである。それは具体的には、産業化の本格的な開始ということにほかならない。ハイエクがその社会主義批判の原型にしたのは、マルクスよりもむしろサン＝シモンの「産業主義」という知の形態であったこともこのことを物語っているだろう。[2] 産業化は進化の思想とともに、貧困問題や階級対立などの危機をもたらし、それに伴い個人の自由や国民統合などの論じ方に大きな影響を与えないわけにはいかなかった。一九世紀の偉大な自由主義者、J・S・ミルが彼の時代に見出したのは、自由主義の勝利というよりはむしろその危機であったが、そこには産業化の結果もたらされた、大衆消費や社会の組織化、世論の支配力などといった生活世界の大変動が記録されている。[3]

言うまでもないことであるが、おそらく次のことは重要である。市民革命は、基本的には産業化をいまだ経験せず、人口の過半が農業に従事し、手工業の熟練職人および商人たちの活動によって織りなされる時代を背景に行われた、ということ。自由主義の成立は、市民革命に先立たれるのであり、急進派や保守派に対抗して、自由が特定の党派によって主張される政治のイデオロギーとなるという、ポスト革命的状況に対応している。産業革命は生活世界を一変させたが、それにもかかわらずこの時代は新しい政治体制を作り出したとは言えない。自由主義者は彼らに先立つ時代の思想や制度、たとえばロックの宗教的・政治的自由の思想やアダム・スミスを先駆者とする経済的自由の政策を援用することができただろう。しかしそれらと産業化が開始される社会的現実とのあいだには、当然のことながら「ずれ」が作り出される。たとえばフランスにおいて、産業化や社会主義をめぐる諸思想は、サン＝シモンからコント、あるいはフーリエ、プルードンなどに至るまで、フランス革命によって作られた公式の自由主義的な諸制度と、それと一致しない社会的現実とのあいだに、新しい応答関係を付けようとする試みであると解釈することができよう。このことは彼らの多くが革命を含む既存の「政治」そのものの有効性に懐疑的であり、知のあり方自体を刷新しようとする意志を持っていたことと関連する。「産業化の政治」はこれまでにない問題を提示するにもかかわらず、政治学や政治思想はこのような時代の新しい表舞台から次第に撤退していくように見える。政治思想に関して、この時代のもっとも鋭い知性の持ち主であったと思われるトクヴィルにおいてさえ、産業化については、過度の平等化とそれに伴う「穏やかな専制」の危険という、そのひとつの帰結がペシミスティックに問題にされるに止まり、産業化の複雑な動態について関心が寄せられているわけではないのである。代わって登場するのは「社会的なもの」の領域を主題化する諸潮流である。「社会」問題・「社会」主義・「社会」学といった「社会」の名を冠した主題や思想やディシプリンの同時的な出現は何を意味するのだろうか。富と貧困、生産力と人口、家族と道徳の変容といった産業化に関わる政治の問題が、実質的にはこれらの学問によって問われ、答えられていた可能性が高い。

言うまでもなく、これらの問題の一部は、従来社会主義とりわけマルクス主義的な文脈で説かれてきた問題と重なっている。現代のマルクス主義の政治的敗北によって、彼らの対処してきた産業化のもたらす問題そのものが忘れられてよいことにはならないだろう。しかもそれだけではない。これらの問題は、「正統派の」マルクス主義者が考えていたように、階級闘争によって解決されるような性質の問題ばかりではなかったし、また一方では自由主義者によって解決が提示されたような問題でもなかった。マルクス主義が産業化のもたらす社会の全領域の問題に答える代わりに、それらを階級関係へと性急に還元しようとしたのに対して、しばしば混乱しているが豊かな叙述が初期社会主義のなかには見られる。男と女の関係について、家族について、人間相互の連帯と神について、人間と自然との関係について、等々。このような初期社会主義の関心の持つ複雑性と多様性にわれわれは驚かされる。それらはしばしば単なる奇想に見えるけれども、注意深く読めばそれらが人間の差異や自由といった社会哲学的な事柄へのまじめな関心と結びついていることがわかる。マルクス主義、とりわけ「現存社会主義」体制の公式の言説とそれに対する自由主義側の常套的な批判に長いあいだ慣らされてきたわれわれは、自由や差異といった価値はもっぱら自由主義の側に属し、社会主義はこれらを否定しあるいは変造して意味をなさなくしたと考えがちである。しかしこのような自由主義者の二元論的な対比とは異なる立場の自由の論じ方があり得たことを、初期社会主義は示してくれるかもしれない。

こうした問題領域のごく一端を明らかにするために、本章では次のような仕方で叙述を進めることにしたい。まず第三共和制の時代に、この体制の知的権威を支えた重要人物であり、社会学の巨匠ともなったエミール・デュルケームが、初期社会主義思想を回顧して、ここに何を発見し、何を継承しようとしたかを検証する。そこには、社会主義に関する、今日では失われた意外なイメージが見出されるだろう。続いて、これを導きの糸として、二月革命以前の時代にもどり、社会主義者の自由主義に対する批判的関係を、三人の視点から描くことにしたい。まず、二月革命の理論的な指導者としてのルイ・ブラン。彼の自由主義批判は明快で徹底しており、社会主義者たちの標準的な自由主義批判の言説を見ることができる。そこから若干時代を遡り、フーリエに至る。フーリエの共同体の構想が、彼の自由および自由主義についてのあまり知られていない見方と深い関係にあることを紹介する。そして、最後にプルードンを取り上げる。彼の理論的な師とも言えるフーリエに対する継承と批判の重なり合う両面を、彼の思想にとって決定的な意味を持つ自由についての考え方との関連のなかで検討する。

以下の試みは、自由についての見方を切り口にして、さしあたり思想家の点と点とをつなぐだけの作業であり、面としての拡がりを作るための、ほんの小さな準備にすぎないことをことわっておかねばならない。

2　産業化と社会主義

エミール・デュルケームは彼が一八九五年から九六年にかけて行った講義をもとにした著書『社会主義、その定義・その開始、サン＝シモン主義の教義』のなかで、社会主義についての今日から見ればかなり特異な定義を提示している。彼によれば、社会主義の根幹は、労働者階級の物質的な利益の改善、平等への欲求、あるいは彼らのブルジョワジーに対する階級闘争や革命、これらのいずれとも必然的な関係を持つものではない。驚くべきことにこれらは、社会主義の本質にとっては第二次的な性質であるにすぎない。それでは社会主義とは何であるのか。

われわれはこれらすべての［社会主義の］理論に共通する諸特徴を述べている次のような定義を採用することができる。すなわち、現に拡散的である経済的な諸機能の一切、またはそのうちの若干のものを、社会の指導的で意識的な中枢部に結びつけることを要求するすべての学説を、社会主義的と呼ぶ。▼4

この定義だけであれば、社会主義は計画経済的なものに等置されたにすぎないように見える。しかし彼はこの直後に、このことが社会に対する国家の作用の強化に帰結するのではないことを強調する。それどころか、社会主義のなかのアナルシーを目指す体系でさえ、先の定義に完全に一致すると言うのである。この一見して矛盾したデュルケームの社会主義観は何を意味するのか。じつは、産業社会のただなかにおいてこそ、自由が見出されるという彼の発想は、この定義に深く関わっているように思われるのである。これを明らかにするためには、この書物でなされている「社会主義」と「共産主義」の区別および対比に注目することが必要である。デュルケームによれば、この二つの思想体系は類似したものと考えられがちであるが、それは根本的に誤っており、むしろ両者は反対の性格を有する。共産主義は古くからある思想であり、プラトンの昔にまで遡ることができる。それは時代に関係なく、特異なパーソナリティが生み出す奇想であり、それゆえトマス・モアや『太陽の都』のカンパネッラなどのユートピア思想の形態をとって、長い時間的な間隔をおいて歴史のなかに脈絡なく孤立的に現れる。[5] それはデュルケームの定義する共産主義が本質的に歴史性を持たない現象であることを示している。

それに対して社会主義はどうか。もしそれが共産主義と類似の思想であるならば、「社会主義はもはや多かれ少なかれ若返った古い着想としかみなされえず、過去の共産主義的ユートピアだと判断される」しかないだろう。しかし社会主義は共産主義と異なっているのみならず、その反対物でさえある。それは新しい思想や運動であり、フランス革命後の一九世紀になって突如として一斉に現れたものである。デュルケームは共産主義の場合とは逆に、一九世紀という時代の歴史性を説き明かす鍵のひとつを社会主義のなかに見ようとしているのである。このことは何よりも国家と産業の関係についての考え方が根源的なレベルで変化したことに求められる。

デュルケームによれば、共産主義は国家と経済とを根本的に分離しようとする。たとえばプラトンは商工業階級を国家の統治する機能から排除した。そうするのは共産主義は富そのものを敵視する傾向を持つからである。「個人的エゴイズムを刺激し、市民たちを仲違いさせ、国家を滅ぼす国内闘争を爆発させる」のは、富であって、それゆえ富は公的生活の外に置かれなければならない。共産主義は利己心の根絶など抽象的な道徳を説くことに終始し、その結果「現実界の外に身を置いてのどかな田園詩を作る」しかないユートピア主義に陥ることになるだろう。[6]

社会主義の富に対する態度はそれとは全く異なるものである。社会主義は一見共産主義に似て、経済を規制しようとするが、それは富を敵視するからではない。社会主義にとって問題であるのは、富一般ではなく経済的大企業の私物化などの社会化されない富に限られる。共産主義が「国家を産業から排除することによって国家を道徳化」しようとするのに対して、社会主義では「規制は国家に産業を結びつけることによって産業を道徳化する」ことをねらっているからである。それゆえ「国家と産業とはいかに接近しても決して完全すぎることはあり得ない」というのが社会主義の立場ということになる。「社会主義は、何よりもまず、社会有機体の全体のなかで産業装置を現在とは異なった位置におき、何が何だかわからぬまま無意識のうちに動いていた暗闇のなかから産業を引っ張りだし、明るいところに呼び出して、意識の規制のもとにおくことになるように、社会全体を再編成しようとする熱望である」[7]。

国家は産業のあり方につねに関心を払うが、このことは国家が専制的になることを意味しない。むしろその反対である。共産主義ではモアの『ユートピア』で描かれているように、消費生活が共同に行われるのに対して、生産は私的なものに止まっている。一方、社会主義では、商工業は社会的に組織されなければならないが、消費は私的なものであり得、個人は正当に獲得したものについては使用し所有する権利が当然に認められる。デュルケームは興味深いことに、この二つの社会的編成の相違を、生物学上のポリプの群体の組織と、高等動物の組織の相違に類比している。前者はすべての細胞が同型をしていて、各細胞のそれぞれが自分で餌をあさるが、それはすべて共同の胃袋に吸収されてしまう。それに対して、後者では各器官がそれぞれ分化し、自律性を持つとともに、それらはあらかじめ定められた規則に従い、神経組織がそれらのつながりと調和を確保している[8]。こうして共産主義と社会主義は進化論的な発展段階の異なるステージに置かれるとともに、デュルケームの初期の大著『社会分業論』でなされた有名な社会組織の対比である、「機械的連帯（la solidarité mécanique）」と「有機的連帯（la solidarité organique）」がそれぞれに重ねられているのを見出すのは困難ではないであろう。その帰結は重要である。社会進化に伴う関係の複雑化は、構成員相互の依存を密にするが、それは全体への従属を強めるよりはむしろ、差異化され、取り替えの利かなくなった各構成員が、独立と自由を主張するのに有利な条件を作り出している。それゆえ共産主義が構成員のあいだの差異を容認せず、それを秩序の崩壊要因と見るのに対して、社会主義にとっては差異は当然であり望ましいことである。

もちろん現実の共産主義と社会主義がこのようにきれいに対比できるわけではなく、両者はしばしば混合した形態で出現する。そのことがこの両者を混同させる原因となっているが、繰り返すように二つの性格はむしろ反対と言ってよいものである。デュルケームによれば、歴史的には一八世紀の混合形態では共産主義の色彩が強いのに対して、一九世紀では社会主義による共産主義の吸収が始まっている。そしてこの二つの時代のあいだに横たわっている事件は言うまでもなくフランス革命である。

> 悲惨さを少なくすることは経済生活を組織することでなく、共産主義は一切の財産を除去するまでに慈愛を推し進めることだけしかしないのである。共産主義は惨めな人たちに対する憐れみと、富の光景がこれら惨めな人たちの心のうちによびおこしうる反社会的な羨望と憎悪への懸念との、二重の感情から生じている。共産主義は、最も高尚な形態をとる場合には、愛と同情の運動となって現れる。▼9

彼によれば、このような意味で、モレリやマブリらのいわゆる「一八世紀の社会主義」(リシュタンベルジュ)もまた共産主義の一種だったのである。この文脈で興味深いのは、ルソーの位置付けである。ルソーの共和主義もまた、その道徳的性格のゆえに社会主義の発想とは相容れない思想であり、これら一八世紀「共産主義」の弱められた穏やかな形態にすぎない。社会主義が本格的に登場するのはフランス革命後であり、この政治的革命なしには社会主義が発展する土壌はあり得なかった。ではなぜそうであるのか。

産業化のためには旧い政治体制を破壊することは必要で、フランス革命は社会主義の出現を阻む諸勢力を駆逐したのだ、とデュルケームは答える。しかし、このことはフランス革命の精神と社会主義とが何らかの連続性を持って捉えられていることを意味しない。サン＝シモンと同じく、デュルケームにあっても、この政治的革命の持つ意義は、破壊に求められている。フランス革命そのものは、産業に対する政治と道徳の優位ゆえに、ルソー的あるいは共産主義的な発想の枠内に止まっている。フランス革命流の共和主義はその構成の単純さのゆえに、構成員に均質な公民の道徳を押し付けざるを得ない。それは共産主義に類似する性質である。ここに共和主義者であったデュルケームのフランス革命に対する批判を見ることは不可能ではないであろう。それに対して社会主義の考え方はフランス革命とは異質のものであり、分業と差異とを媒介して、新しい仕方で自由と秩序とを結合する。それは一九世紀に特有の考え方であることをデュルケームは強調するのである。

もちろんデュルケームは手放しで産業社会を称賛したわけではなく、そこにアノミーをはじめとする病理を見ていたことを忘れてはならない。彼が社会主義一般に対しても、サン＝シモンに関しても批判を留保しているのも、このことと関わっていよう。しかし彼が、社会主義をサン＝シモンを規準にして産業化の時代の新しい知として把握し直したことは、フランス社会主義の特徴をよく捉えるとともに、これを知的な伝統とするうえで大きな意味があったと思われる。以下、デュルケームの描写した社会主義の特徴を手がかりに、初期社会主義のテクストに沿って見ていくことにする。

3　社会主義の自由競争批判　ルイ・ブランの場合

二月革命で活躍することになる社会主義者ルイ・ブランは、彼の広く読まれた綱領的文書である『労働の組織化』のなかで、経済的自由主義を批判している。ブランによれば、諸悪の原因は、無制限の競争にあり、これが文明や進歩の所産のすべてを滅ぼしかねないような猛威をふるっているのである。フーリエやプルードンの、より複雑な自由主義との関わりを検討する前提として、この明快であるがいくらか単純な自由競争否定論を検討しておきたい。

ルイ・ブランは冒頭で、印象的な筆致で文明の光と闇とを描き分ける。「堂々とした表通りと泥だらけの路地、きらめくブティックと陽の当たらない仕事場、ひとが歌う劇場と、薄汚い小部屋で泣く人、[……]凱旋門と死体公示所▼[10]」。

大都市とはこのようなコントラストにほかならない。それは一九世紀の大都市の繁栄が、「国王から死刑執行人に至る」位階制に依拠しているからである。極端な富裕に極端な貧困が、隣り合わせに存在しているのである。

繁栄のかげで民衆をこのような一般的な窮乏化に追いやっているのは何か。ルイ・ブランはこれらのすべての闇の出所を無制限の競争（la concurrence illimitée）に求める。しかも競争は貧乏人を作り出すだけではない。長期的には豊かなブルジョワジーをも破滅へと運命づける。安価（le bon marché）を追求するなかで社会は内乱の様相を呈し、勝ち残るのはごく少数者にすぎず、大多数のブルジョワジーは敗れるであろう。安価を求める競争は、寡占を、そして独占をもたらすのであり、実は独占にとって都合のよい論理なのである。競争のもとで人びとに許されるのは、「他者を滅ぼすために自分をも滅ぼす（se ruiner pour ruiner aut-rui）」ことだけである。それは専制の原理（le principe de tyrannie）でありまた人殺しの体制（un régime homicide）でもある。これらの断定は、一方では競争の国際的な展開において、他方では無制限な競争がもたらす家族の崩壊について、それぞれさらに論証される。

競争によってブルジョワジーまでが危機にさらされるのは、それがイギリスを主導国とした国際的な規模で生じているからである。フランスとイギリスとは、競争を原理とする経済に立つかぎり、生存するためにそれぞれの勢力圏を拡張しようと争うライヴァルであり続けるよりほかはない。競争は国民のエゴイズム（l'égoïsme national）を必然的に引き起こし、この二国のあいだに安定した平和はあり得ない。[11] 問題はこの二国の経済体制が、異なるのではなく、むしろ同一であることに存在する。一七八九年の革命以来、フランスはイギリスと同様の経済体制、すなわち制限のない競争を採用することになった。しかし経済の実質は両国で異なっており、イギリスが工業国であるのに対して、フランスは本質的に農業国である。争いを避けるためにはこうした差異を認める分業を確立するしかなく、競争体制のもとでフランスが工業化の道に進めば、死に至る戦争は避けられない。[12]

ルイ・ブランが、競争による工業化の達成を危惧するのは、イギリスとの関係の悪化のほかに、イギリスの労働者階級の窮乏化という問題があった。この前例をフランスで繰り返してはならない。彼の見るところ、競争経済の害悪の最たるものは、労働者階級にとってその生存の基盤であり、道徳の源泉でもある「家族」を崩壊させることにあった。イギリスでは競争のゆえに、婦人や子どもの安価な労働力が容赦なく動員され、酷使されている。その結果当然生じる家族の危機は、極端な不幸（l'extrême misère）と言うべきである。フランスでも産業化が進むにつれて、子捨てが増加している。産業は教育に対して憎むべき勝利をかち獲ったのである。それへの対応として養育院（hospice）が増やされているが、それは本末転倒であって、子捨ての原因そのものを廃絶しなければならない。[13] こうしたことに国民経済学（l'économie politique）は無力であり、さらにサン＝シモン主義者やシャルル・フーリエもまた改革の原理を提示しえていない。前者は家族財産の世襲の原理を否定し産業に奉仕させようとして、家族の崩壊を帰結したし、後者は社会の組織化を個人の気紛れにゆだね、改革のためのしっかりした権力（pouvoir）の概念を見失ったからである。[14]

総じて制限なき競争の原理は、貧しい人びとの物質的な生活の条件を奪うだけでなく、彼らの身体（corps）を損ない、心（cœur）を堕落させ、そのうえ知性（intelligence）をも窒息させる、三重の人殺し（triple homicide）にほかならない。ルイ・ブランはこれらの現状を承けて、改革が不可避であることを説く。それは政治の改革と社会の改革という、二重の改革（la double réforme）によって遂行されねばならない。

政治の改革は権力に関わるものであって、ここで権力とは組織された力を意味し、これなくしては社会改革を実現することができない。ルイ・ブランは政治権力を奪取することに専念する立場と、政治権力抜きに社会改革が可能であるとする立場をともに批判する。「社会改革が目的であるとすれば、政治の改革は手段である」からであり、政治改革を社会改革に結び付けられるような仕方で遂行することが必要となる。[15] 彼の言う「目的」としての社会改革とは具体的には「共同のアトリエ（les ateliers sociaux）」を設けることである。このアトリエは、当初は諸機能の重要性についての序列などにしたがい、政府によって規制される。しかし次第に政府の手を離れ、労働者が自発的に規制するアソシアシオンの連合体になっていく。さしあたりは、社会にこの共同のアトリエと個人のアトリエとが併存することになるが、この状態は長く続くことはない。共同のアトリエの方が、経営や収入にすぐれるために、個人経営のもとにある労働者も共同のアトリエへと移動することになるだろう。

以上、二月革命を指導することにもなるルイ・ブランの理念を、経済的自由主義に対する批判を軸として見てきた。ここで本章の課題との関わりでその特徴をまとめてみたい。まず、ルイ・ブランは文明の進歩を信じており、それと同時にもたらされる闇の部分に着目するにもかかわらず、もはや文明以前への回帰などが問題にされることはあり得ない。それは文明の恩恵が制限なき競争、すなわち経済的自由主義によってもっぱら掠奪されると考えるからであって、それゆえ経済的自由主義の全面的否定としての政治と労働の組織化が対置される。後で見るプルードンが、私的所有権に批判を集中し、競争には肯定的な態度をとるような両義性を示すのとは異なっている。競争の悪はまず職人や労働者など貧しい階層の人びとを苦しめるが、それは将来的にはブルジョワジーをも自滅させるという見通しのゆえに、社会全体の利益という観点から社会の組織化が必然視される。それゆえ階級闘争的な見方は第二義的であり、関心はむしろ家族の解体を防止するなどの道徳的側面に集められる。産業の改革は、「深い道徳上の改革」でなければならないのである。[16] 当時の多くの社会主義者同様、窮乏の意味は物質的のみならず、社会の結合力としての道徳的な紐帯の危機におよんでいる。したがって社会改革が目的となり、政治的な革命に優位することになるが、しかし後者についてはジャコバン主義以上の新しい理念は示されていない。プルードンによれば、二月革命は理念なくして起こってしまった革命であった。それはフランス革命におけるジャコバン主義が流用され、その限界と誤りが繰り返されたことによる。ここに政治的なものと社会的なものの関係をめぐる、社会主義思想のディレンマがあったと言えよう。

4　フーリエと自由のユートピア

シャルル・フーリエの社会主義思想は、サン＝シモンのそれとともに、一九世紀の職人や労働者のアソシアシオン形成その他の運動にきわめて大きな影響を与えたが、フーリエはある意味でサン＝シモンと反対であるように見える。フーリエは当時まだ地域的自律性の強かったブザンソンの商人の家に生まれ、父親に従い、家業を継いで、首都パリや織物業の大中心地リヨン、そしてフランス以外にもヨーロッパ各地を渡り歩き、終生商業にたずさわった。しかし彼は自らの商人としての人生を幸福に感じることはなく、商業に対する嫌悪感を抱き続けた。彼がその生涯のかなり遅い時期になって説きはじめた社会主義的な共同体、ファランジュの構想には、彼の商業に対する根本的な疑問や批判が反映されている。[17]

フーリエの文明批判は、すぐあとで見るように、きわめて徹底したものである。商業は富裕で怠惰な人びとと、飢えに苦しむ人びとの対立を作り出すばかりでなく、人に嘘をつくことを教え、道徳に決定的な悪影響を与える。こうした文明観はファランジュの共同体が「家族および農業におけるアソシアシオン」を目指していることと相俟って、サン＝シモンの産業主義的な構想とは対照的に、フーリエがデュルケームの言う「共産主義」のような退行的なユートピアを描こうとしている印象を与えてもおかしくない。[18] しかしこうしたイメージはフーリエの独創性を捉え損なう。彼はきわめて独自な仕方で近代社会を特徴付ける自由と差異とを、産業社会のなかで生かし得るような秩序を構想したのである。

フーリエの自由観に切り込むもっとも有効な通路は、彼の情念（passion）についての考え方であろう。情念や欲望に関するポリティックスは周知のように、近代と近代批判をめぐる議論のひとつの軸になってきた。「富」と「徳」、「古代近代論争」、等々。フーリエは情念を大胆に肯定し、思想の伝統を根底的に批判する。彼は以下のように論じる。[19] ヨーロッパの伝統的思想は、プラトンそしてとりわけストア派以来、欲望を嫌悪し、徳によって欲望を抑制することに自由が可能になる条件を見出してきた。哲学のみではなく、政治学の伝統にも同様のことがあてはまる。スパルタの単純で質朴な風俗の肯定、あるいはローマの理想とする共和主義の徳など。一八世紀になってもモンテスキューの共和制論や、文明批判を背景にするルソーの政治理論は、このような系譜の上にあり、自由の達成を欲望の抑制としての徳に結び付けてきた。それに対して近代のラシーヌやモリエールらの諸作品、そしてデカルトの哲学は、人間の情念に新しい光をあてた。これらを先駆者として、一八世紀は理性に対する情念の反抗の時代となる。経済学の成立もまた、欲望が秩序を作るとする点で、ギリシア・ローマの古典のドグマへの挑戦と見られるべきものである。こうしてフーリエは、欲望と情念の肯定については先駆者たちに負う部分があることを承認するが、しかし彼の情念論は、彼自身自負するように、一八世紀のものとは根本的に異なっている。マルキ・ドゥ・サドの過激な情念論と比べても、やはりそうなのである。[20]

　フーリエは欲望を肯定するが、文明社会を是認しない。彼は徹底した文明の批判者であるが、情念を抑制する古代の禁欲的なユートピアをそれ以上に嫌悪する。フーリエによれば、近代社会の欠陥は、欲望が野放しにされているからではなく、逆にそれがあまりにも限定された仕方でしか充足されていないことに求められなければならない。文明は富を生み出すが、つねに貧困をも生み出さざるを得ないように、その豊かさは決して十分とは言えない。文明社会はそれ自身のよって立つ原理のゆえに、貧しすぎるのである。では、どうしてそうなってしまうのか。それは文明が労働力をうまく利用することができず、一方で労働しなくても済む富裕者、他方で仕事を失った群衆や、パリの「聖月曜日」を決め込む怠惰な労働者などの寄生者を生み出す。この貧困と怠惰について、フランス革命の政治理論も、自由主義の経済学も全く無力である。そればかりではない。文明を特徴付けるのは、細分化された生産と、それらを取り仕切る商業との関係である。小規模な生産はさまざまな無駄と不能率を生み出すとともに、それらのあいだを行き来する商人たちが、寄生的な利得をあげ、産業全体が商人たちに従属する体制が出来上がっている。こうして貧しさに脅かされる労働は、苦役にならざるを得ない。[21]このようにフーリエが批判するのは、商業であって産業化それ自体ではない。彼は商業に依存することのない生産者の組織であるアソシアシオンを形成することで、産業を救い出そうとし、そして万人の欲望の拡大に対応する生産力を生み出し、しかも労働そのものが欲望の享受であるような社会組織が可能だと信じたのである。

しかし、フーリエにとって文明社会における欲望の禁圧の最も忌まわしいものは、性的欲望の領域に現れる。彼によれば、結婚と一夫一婦制の結婚生活こそ、この社会の最大の抑圧にほかならない。結婚は性的欲望を充足させるように見えるが、自由恋愛を抑圧することによって、性的な情念の可能性を致命的に制限してしまった。しかもそれは、成年の男女間の異性愛のみを許される正常な性愛とし、レズビアン的な愛などの、ほかでもあり得るような人間の性的欲望の可能性を禁圧している。家族は男性にとっても欲望充足の障害となり得るが、抑圧は圧倒的に女性に対して向けられる。フーリエによれば、将来家庭の主婦となることがふさわしいような未婚の娘は、全体のせいぜい四分の一しかいない。それ以外の女たちにとっては、家事は抑圧でしかないのである。女性は家事に適するというルソーの教義などは端的に言って虚偽である。また家族は抑圧と同時に浪費を作り出す。家事という労働は共同体によって集約されるならば、多くの女性がそれから解放され、その余力をアソシアシオンが用いることによってさまざまな生産が可能になるだろう。こうして家族の意義を否定するフーリエは、自由恋愛による情念の最大化を称賛し提唱する。▼[22]

以上のようなフーリエのあからさまな欲望の肯定には、理論的前提が存在する。悪徳は本能から生じるのではなく、制度によって禁圧された情念が、歪められて現れることにもとづく。女の悪徳とされるものは社会的に作られた性格であり、また商業の無秩序（les désordres commerciaux）をもたらすのも、個人の情念に責任があるのではない。「諸個人の情念をけっして非難してはいけない。文明のみを責めるべきである。文明は諸情念に対して、それらが満たされるために悪徳の道しか開かない。そして人間は富なしでは幸福ではあり得ないが、その富へ至るために悪徳を実践することを、文明は人間に強制するのである」▼[23]。文明社会はそれゆえ過渡的な性格を持つ。それは一方で欲望を肯定しておきながら、他方で禁欲的な生産の倫理に依存している。一夫一婦制の家族は、性的欲望を刺激しながら、同時に性を隠し、それ以外の形態の性欲を禁圧し、そのことによって家族を道徳化する。その狭間で人間の情念や欲望は、歪められ、虚偽のものにならざるを得ない。文明の欲望を肯定するか、それとも過去の社会の徳を理想化してそれを批判するか、というような狭い二者択一から自由にならなければならないことを、フーリエは示唆する。フーリエが選択するのは、一八世紀の欲望肯定論のような、情念を情念でもって規制し、均衡させ無害化させるような方策ではなく、端的に情念を最大化させることのできる社会なのである。

このような「文明」の位置付けは、実はフーリエにあっては、それを単なる過渡的な一段階とする、社会とそして地球に関わる巨大な歴史叙述のなかで、はじめてその意味が明らかにされるものである。それらは彼の著書『四運動の理論』のなかで、ファンタスティックでいくらか奇怪でありさえする叙述のなかで展開される。この空想が彼の同時代の知識人たちによって嘲笑されたように、そしてフーリエ自身どこまでまじめに書いたか疑われるような荒唐無稽さを含む作品であったとしても、ここに彼の文明についてのメタフォリカルなメッセージを読み取ることは不可能ではない。それゆえ、この空想的な物語について、本章の課題と関わる限りで、簡単な見通しを与えておきたい。

フーリエによれば社会は、動物やそれ以外の有機物や無生物とともに、四つの運動のなかの一環を担うものとされる。それらはいずれも生成から消滅に至る「運動」のなかで捉えられなければならない。社会の運動は地球の文字どおりグローバルな運動と対応しており、生成から消滅まで、四つの段階と三二の時期に区分される。現在のところ社会は最初の上昇の段階にあるが、まだ幸福には至っていない。それゆえ社会は進歩しつつあるが、同時にその段階の未熟さのゆえに混乱や悲惨をよぎなくされ、場合によっては退行も見られる複雑な様相を呈している。幸福に行きつく（それは地球史にあっては北極に冠ができることで象徴されるという）までの、それゆえいまだ不幸のなかにある社会の歴史は、七つの時期に区分され、それぞれ次のように名付けられている。①混成セクト（sectes confuses）、②未開（sauvagerie）、③家父長制（patriarchat)、④野蛮（barbarie）、⑤文明（civilisation）、⑥保障（garantisme）、⑦粗成セクト（sectes ébauchées）。

比較的幸福な状態で創造された人類は（「混成セクト」にはタヒチやブーガンヴィルなどの旅行記にもとづく知見が生かされているが、人類の黄金時代という理想化ではない）しかし、未開から家父長制を経て野蛮に至るまで、不幸の増大する道をたどる。「未開」では遊牧民のホルドが、「家父長制」では農耕生活とそのうえに立つ古代国家が、そして「野蛮」では絶対王政のような権力が、それぞれ想定されている。以上のような時代区分をする重要な規準になるのは、興味深いことに女性に対する男性の関わり方である。最良の国民とは、必ずや最高の自由を女に与えている国民である。人類史上最悪の時代とされる「野蛮」では女の絶対的隷従がその時代を特徴付ける。では「文明」ではどうか。この時代の特徴は、「排他的な結婚、および妻の市民的自由」である。しかし先に述べたように、近代の家族は、人間とりわけ女性の欲望を充足させるものではなく、フーリエはむしろ女性の地位低下を文明のなかに見ている。したがって、ここで言われる「自由」には決定的な限定がつきまとっている。同様のことは経済活動についても言うことができる。「野蛮」の時代の経済原理が、国家による租税の最大化であるのに対して、「文明」では自由競争（La Libre Concurrence）と商人の独立制が挙げられている。しかし、このような経済的自由もまた人間を幸福にはしない。そのような商業の放縦の体系（le système de licence commerciale）は、商人による買い占め、独占、投機売買、破産、その他のありとあらゆる悪徳と混乱によって、少数者の支配を必然化する。[24] 自由競争は、「商業封建制（la féodalité commerciale）」を、そしてついには自由の反対物である専制を、結局はもたらすであろうことが語られる。[25]「文明」における自由は、「野蛮」よりはいいかもしれないが、それが進めば進むほど幸福から遠ざかっていく。これらが不幸であるのは、これらの段階がいずれも個人と社会の対立を内に含んでいるからである。しかし人類は次の時代に移行することができる。文明は人類の進歩の長い過程のなかの、過渡的な一段階にすぎないのであるから。

フーリエによれば、文明から次の段階、すなわち「保障（garantisme）」という意外な名で呼ばれる時代への移行は、予想されるほどには困難ではない。それには革命など必要とせず、自発的なアソシアシオンの形成によって、突然になされるのである。「保障」もまた過渡的な時代であって、完成されたものではないが、しかし文明とは異なって、ここから想定される人類の幸福の絶頂の時代に至るには、もはや質的な断絶を必要としないように見える。それゆえ自由と自由主義についてのフーリエの見方の決定的な重要性もまた、この段階に存在している。その理論的検討に入る前に、この人類の黄金時代への曙光が差し込む「保障」の時代への移行を具体化すると考えられる、彼の共同体「ファランジュ」の構想について、フーリエの記していることを簡単にスケッチしてみたい。

ファランジュは人間の諸情念を抑圧することなく、それらを最大化することが可能になるような共同体である。出発点となるのは個人の自我や主体ではなく、諸情念とその運動、そしてそれらの相互関係である。人間は情念によって形づくられるものであるから。彼によれば人間の基本的な情念には次のような種類があるという。①物質的満足を求める欲望。これは「文明」においては、富裕者たちのみが享受することのできる奢侈であるが、万人が労働し高い生産力を誇るファランジュでは、すべての人によって享受される。ここでは、聴くこと・観ること・食べることなど、あらゆる感覚の満足が追求される。美的な公共建築、音楽会、演劇などの芸術活動に加えて、とりわけ重視されるのが美食であり、美食術（Gastronomie）を競うコンテストがたびたび開催される。②社会性を求める情念。対他関係に関わる情念は、基本的に四種類に分類される。ⓐ友情、ⓑ恋愛、ⓒ野心、ⓓ家族。これらは年齢によって分配される。友情は子どもたちのあいだに、恋愛は若者の、野心は成人のあいだに見られる基本的な情念であるというように。そしてフーリエはいったん否定した家族を、血縁者間の愛の問題として、老人のその子どもたちに対する関係のなかに、再び見出すのである。[26]

フーリエの情念論で特徴的なことは、通常反社会的であるとされるような情念をも、ファランジュの構成原理に積極的に取り込んでいることであろう。美食術の競争など、各「系列」間で行われる競争は情念を活性化させ、戦争にそれらを向ける代わりに平和的秩序を強化することが仕組まれている。「自由競争」に破滅を見るフーリエが、代わりに推奨するのは、この「社会的競争（la Concurrence sociétaire）」である。[27]

差異と統一性とは矛盾しない。「神は画一性（uniformité）を嫌う」。同一性と差異との結合は、ファランジュでは「集団（groupe）」と「系列（série）」の巧妙な組み合わせによって実現される。共同体の各々の作業を遂行する「系列」は、それぞれの「集団」から選ばれた相異なる人びとによって構成される。その差異はきわめて細やかに、たとえば栽培する梨の種類に応じて、という具合に異なる「系列」が編成される。そしてフーリエが望むのは完全な平等ではない。たとえば各人の報酬は、仕事、資本、才能にしたがい、それぞれ五対四対三の割合で分配される。

以上のように描かれるフーリエの社会は、自由主義からすれば、ある意味で自由が「過剰」であると同時に、他面では共同体によって個人の自由が制約されているようにも見えよう。結局その過剰と過少の両方によって、フーリエは自由主義の反対物を作り上げたのだろうか。彼の望むものは、個人の自律ではなく、しばしばそれによって抑圧されているような欲望や情念の解放である。このような欲望の肯定と最大化が、二〇世紀の「性の解放」などをはじめとする諸解放論の先駆けとなったことがしばしばフーリエ研究者によっても指摘される。それらを肯定的に見るにせよ否定的に見るにせよ、フーリエのねらいはあらゆる権威や秩序を無にするような、カオスや祝祭の空間を社会理論に持ち込むことにあったのか。そうかもしれない。しかしおそらくそれだけではない、と私は考える。

フーリエにあって興味深いのは、情念の最大の充足が、制度からの解放を意味せず、逆に実に細密に考えられた制度のなかではじめてそれが達成されるという点である。自由は制度を必要とし、調和を満たす秩序は自由の敵ではなく味方である。このことをフーリエは自由主義者以上に認識し、この論法を用いて自由主義を批判する。

それゆえ、フーリエは次のように言う。「真の自由主義（le vrai libéralisme）とは社会的保証（le Garantisme social）のことである[28]」と。ここで「保証」とは、先に紹介した歴史的段階に加えて、より具体的に社会的「保険（assurance）」の意味が与えられている。諸個人の利益を傷つけることなしに、自由主義の経済政策がもたらす産業の破局を防止すること、これが保険の目的である。それゆえ保険は、文明によって失われた個人と社会の利益の調和を復元し、そのあいだのきずなを結ぶ、「複雑な籤《くじ》（la loterie composée）」であるとされる。このように保険とは、アソシアシオンに準じるもの（demi-association）であり、「保証」の時代の過渡期性が示されている。

では、誰が秩序を「保証する」のか。時の政治権力なのか、それとも究極の秩序の保証者が存在するのか。この問題をめぐるフーリエの議論は、必ずしも明確なものではないが、それはおそらく彼にとって、実践的な問題であるとともに[29]、コスモロジカルな次元で答えられるべき問いでもあった。フーリエは、先の地球史的な構想のなかで、神と人間の関係、そして神の摂理の問題へと至る。彼は、地球は神によって創造されたとする有神論的前提をとるが、創造は神の一回かぎりの行為によって完結するのではなく、地球史のなかで繰り返し行われる、とする。地球は、いったん創造されたあとには、あたかも生命体のように自分で自分自身を創造することが想定される[30]。しかし、この創造と進歩の過程は、変更不可能な鉄の法則といったものに支配されるのではなく、先に見たように、人間の側の自発的な意志によって、新しい段階の創造が突然に開始される。秩序の創造には人間が関与し、また関与することによって加速される。

フーリエにとっての自由の問題は、このように究極的には秩序の創造における神と自然とそして人間の協力関係に関わっている。彼は、その最大の主著にあとから付した序論『自由意志について（Du Libre Arbitre)』で、こうした問題を哲学的に扱っている。フーリエによれば、自由意志とは善と悪とを自ら分別する人間の能力である。自由意志はそれ自体では非常に望ましい能力であるが、しかし同時に彼の時代の失敗のうち、その最たるものは自由意志に関するものであり、自由意志はしばしばその適用を誤ることによって、専制の悪にも奉仕してきた、とフーリエは指摘する。[31] たとえば「文明」にあっては、自由意志は消極的（négative）かつ単純な（simple）様式でしか把握されない。その結果、自由は文字どおり恣意と同じことになる。自由の生み出す文明の混乱は自然の秩序と相容れず、自由の追求は人びとを幸福から遠ざける。しかし人間は自由意志を捨てることができない。そうすれば人類の大半が従属的になる「未開」へと逆戻りしてしまうだろう。必要なのは、自由意志の積極的かつ複雑な（positif et composé）概念である。[32] 世界のすべてを神に帰するか、それとも人間の理性に根拠を求めるかをめぐって、人びとは分裂し、神学と哲学の争いが続けられてきた。しかし神であれ理性であれ、もっぱらこのような単純な原理に自由や必然を関わらせることが専制を生む。複雑な時代にあっては、単純な自由の観念を持つことが、自由の敵である専制と結びつくのである。その点では聖職者の支配もロベスピエールの独裁も変わるところがない。両者をバランスさせ、均衡を見出し、神と人間との協調を作り出すことが、「保障」としての真の自由主義に至るための要件である。このような複雑な自由の立場に立てば、人間の自由と自然の法とは矛盾することはなく、後者を積極的に受け入れることで人間の幸福は増大する。自然と神とが人間の自由の保証者になる。フーリエによれば、本来神は専制の敵であり、あるべき新秩序では、神の法が人間の理性に対してイニシアティヴを持つであろう。[33]

フーリエの思想は同時代の人びとに反感とともに強烈な共感に迎えられたが、それは彼が、文明社会のもたらすさまざまな不幸に鋭い感受性を持ち続けたことに原因すると思われる。そしてフーリエの奇想に魅せられたもっとも独創的な思想家のなかに、当時印刷工としてフーリエの原稿を読んだプルードンがいた。

5　プルードン——体系と自由

フランスの初期社会主義思想上、重要な位置を占めるピエール＝ジョゼフ・プルードンは、私的所有権（propriété）は「盗み（vol）」であるとする過激な批判で有名になった。『私的所有権とは何か、第一のメモワール』で論じられた批判の内容は、ここでは詳細は省略するが、プルードンの私的所有権を扱う構えは、それを文字どおり盗みであるとして、単純に否定し去ることからは程遠かったと思われる。プルードンのねらいは、私的所有権がひとつの社会的矛盾の表現であることを示そうとするものであった。それは「正義」の観念なしには成り立たないものであるのに、同時に人類の共存を不可能にする「人殺し」の原理である。「正義」は自由と平等とを要請するが、私的所有権はこれらを否定する。どうしてそうなるのか。それは私的所有権が、物に対する絶対的な使用・収益・処分の権利として、所有者の意志（volonté）の専制に従うからである。プルードンによれば、自由は私的所有権（propriété）に見られる意志の絶対性と恣意性、その結果生じる主人性から区別されなければならず、同時に平等は共同所有（communauté）の画一性とはむしろ対立する原理でなければならない。共同所有は私的所有権の反対物に見えるが、実は両者はある意味で類似している。なぜなら共同所有は共同体ないし国家という「人格」の意志による、拡大された私的所有の体制にほかならないのであるから。こうしてプルードンは、共産主義は自由にも平等にも原理的に反するものとして、これを退けている。このように、プルードンの所有批判は、意志の専制に対する批判という意味で、本来の私的所有権のみならず、宗教的・政治的な支配の批判に転用されることができた。たとえば、ジャコバン独裁に代表されるような民主政は、王の意志による支配である君主制を、否定するどころか、肝心な点で引き継いでいる。それは、王の意志に代えて人民の意志を王座に就け、「人民‐王（le peuple-roi）」を捏造する試みにすぎない[34]。

正義はしたがって、意志に根拠を置くのではない何らかのものから発するのでなければならない。意志にしか根拠を置くことができない、というのは結局何も根拠がないことと同じであるから。恣意性を免れた正義の法とは何であるのか。またそれが発見されたとして、誰が現実にその正義の秩序を作ることができるのか。

『私的所有権とは何か、第一のメモワール』に続く、『第二』『第三（所有者たちへの警告）』のメモワールは、このような問題に対するプルードンの思索の深まりと困惑とを同時に示している。『第二のメモワール』は第一のそれと同じく、革命家ブランキの兄である法律家に対する論争的な手紙という体裁で書かれているが、ここで最初に提起される課題は次のようなものである。

慈善（charité）や献身（dévouement）に依存することのない、平等の法（la loi d'égalité）を発見すること。そしてそれはたんなる道徳的な義務ではなく「正義」のうえに確立されるべきこと[35]。ここでプルードンは、再び二正面作戦を行っている。一方で彼は、経済的自由主義者たちのレッセ・フェールのユートピアを批判する。商業の自由（la liberté du commerce）の名で実際に行われていることには、略奪行為が含まれている。自由貿易は従属を作り出す。東洋を文明化しようとする企ては、侵略の正当化にすぎず、そこには民族のエゴイズム（les égoïsmes nationaux）が見られるだけである[36]。それではこのようなエゴイズムの反対にあるような愛（amour）や慈善（charité）はどうか。プルードンによれば、愛や慈善は正義とは本来的に異なるものである。すでに『第一のメモワール』で詳しく論じられたように、それは家族などにあっては必要な社会的本能ではあるが、公的世界に持ち込まれるとき、むしろそれらは自由を奪い、従属関係を作り出す。

共有制はその代表であり、人類のきわめて初期の段階にはあり得るとしても、その後は正義の侵害となる。愛を結合原理とする家族は、正義の原理を欠くゆえに、厳密な意味では「社会（société）」に含まれることができない[37]。

このように経済的自由主義にも、またその直接的な否定である愛や慈善にも期待できないとするとき、プルードンに固有の「正義」に関わる問題圏が開かれてくる。彼が眼前に見ているのは、宥和することのできない二つの勢力、富裕な所有者と貧しい非所有者の対立である。フランス革命もまた、このような対立によって起こり、そして結局それを解決することができなかった。たしかに革命政府は貴族や聖職者たちの財産を没収し、平等を実現しようとした。しかしその結果生じたのは、新しい不平等であり、また革命で迫害された者たちの憎悪であり、その報復をわれわれは受けているのである。プルードンはここに立法による政治的解決の困難さを見出す。私的所有権とそれに関わる立法の歴史、これはフランス革命が最初に直面した難題ではない。彼の想像力は古代まで遡り、立法者と正義の歴史に同時代の課題が重なって見える。

スパルタのリュクルゴスが行った立法の試み。スパルタのデカダンスに直面したリュクルゴスは、その原因を奢侈（luxe）や享楽への愛、そして財産の不平等（l'inégalité des fortunes）に求め、これらは自由な国家（l'État libre）と相容れないと考えた。それゆえリュクルゴスは奢侈を嫌い、それを取り締まることでスパルタ国民の習俗（mœur）を維持しようとした。しかしプルードンによれば、リュクルゴスは所有権（propriété）と富（richesse）とを取り違えていた。問題であるのは所有権であって富ではなく、これらの腐敗の原因である所有権に手をつけることなくして解決はあり得ない。スパルタの習俗はリュクルゴスの改革にもかかわらず腐敗していったのであり、奢侈の否定によってその衰退を防ぐことはできない[38]。所有権をめぐる富者と貧者の対立に正面から挑んだのは、むしろアテナイのソロンであった。ソロンが平等のためにとった手段は、貧者の負債（dettes）を帳消しにすることであった。しかしこの手段は対立する勢力のあいだに、正義にもとづく平和を樹立することができず、富者と貧者とのあいだに戦争状態を持ち込むことになる。同じことはフランス革命でも繰り返されたのだった。負債の解消、そして富者の財産没収（confiscation）は、憎悪を生み、市民のあいだの内乱（la guerre entre les citoyens）の状態を昂進させる。[39]

これらの失敗例に対して、あのローマはいかなる立法によって、安定と繁栄を保持し得たのか。プルードンによれば、ローマの市民の所有権は、その原初的な形態にあっては、私的ではなく、公共的性格をはらんでいた。私的で公共に依存しない所有権に対して、それとは区別される占有（possession）の形態の存在は、公共領域（le domaine public）の残存の表現であり、これが共和国を解体から護っていた。それゆえローマの共和制はその強制力によって、他の国民においては見られない程度の自由と平等に近い条件を、所有者たちに認めさせることができた。このようにプルードンはローマのばあいについては立法者による強制に一定の意義を認めている。[40]また彼はローマ帝国の崩壊の原因をめぐる、ボシュエやモンテスキューの所説を検討するが、これらには真の原因が究明されていない、とする。プルードンによれば、没落は絶対的な私的所有権の成立に求められなければならない。強大な私的所有はより弱小な所有を併合し、ついにはただひとりの私的所有権、すなわち皇帝の専制を生み出すのである。[41]

こうしてプルードンは悪の原因としての私的所有権を究明するが、もちろん所有権の性格は歴史的に変化する。彼によれば、フランス革命は私的所有権の性格を変えた。それは実体的な権利（le droit réel）の代わりに人格にもとづく権利（le droit personnel）を置いた。しかしそれにもかかわらず、無所有者には権利が与えられなかった。[42]フランス革命は、このような長い反乱の最後をなすものである。封建制は都市自治体（les communes）と王権（l'autorité royale）との同盟によって滅びた。その革命によってできあがったブルジョワジーの寡頭支配は、何によって終わるのだろうか。それはプロレタリアートと新しい主権的権力の同盟によるものなのか。またしても「人民‐王」が作り出されるのか。プルードンが恐れているのは、新しい専制支配の出現である。

「私的所有者の体制は何と悲しい条件であることか。正義を侵害することなしには慈善を実行することができないのだから[43]」。それゆえあり得べき正義の要件は次のようでなければならない。没収をも暴力をも用いない仕方で、膨大な私的所有を消滅させること。それはもはやフランス革命のように共和国の立法者の手によって、あるいは共同所有（communauté）にゆだねられることによって実現することはできない。

興味深いことには、プルードン自身、その最初期の作品『日曜日の祝祭について』のなかでは、ヘブライの民の預言者にして立法者、モーセの偉業を称え、その立法の内容に、正義すなわち自由と平等の実現を見出していたのであった[44]。立法者への期待の衰退は、プルードンをどこに導くのだろうか。彼の考える新しい可能性は自由主義批判のさなかに、これと隣り合って提出されている。プルードンは「交換」に平等をもたらす可能性があることを示唆する。交換は個人の自然の能力に由来する不平等を中和（neutraliser）し、私的所有権の結果生じる不正義に慈善や愛に依ることなくして対抗し得る。こうしてプルードンは経済学（l'économie politique）を敵視するのではなく、そこに「人類の友愛（la fraternité humaine）の秘密」さえあると言うのである[45]。

同様のことは、彼がフーリエ主義者の中心人物、V・コンシデランに宛てた『第三のメモワール、所有者たちへの警告』のなかで、詳しく展開される。プルードンがフーリエの基本的な発想のいくつかに異議を唱えようとするとき、引き合いに出すのはアダム・スミスなのである。彼がスミスから読み取るのは、自由主義的政策そのものではなく（これに対してはプルードンは批判的だと見られる）[46]、分業や交換が平等と社会的連帯にもたらす思想的意味においてである。プルードンによれば、スミスは深い哲学者なのであるが、そのことはあまりに理解されていない。なかでも重要なのは、次のような指摘である。「いわゆる自然の不平等とされるものは、社会的不平等の原因ではなく、その口実にすぎない」[47]ということ。スミスはサン＝シモンやフーリエのように、能力・熟練・才能などについて列挙し、序列付けたりはしない。なぜならスミスは、能力の相違は分業によって社会的に作り出されるものであり、分業による職業の特化は自然的な能力の不平等を中和化することを知っていたからである。生まれつきの優越者と劣位者の関係は、産業化された社会では、交換をとおしてひとつの機能と別の機能との関係に変わり、平等者のあいだに差異にもとづく連帯が可能となる。[48]

それに対してフーリエは不平等と差異とを混同し、差異を見出すべきところで不平等を正当化してしまった。フーリエや、そしてサン＝シモンが好んで用いる「才能（talent）」や「天才（génie）」等の言葉はマジックにすぎない。[49]社会関係をはなれて、そうしたものはあり得ない。問題は交換にではなく、労働の組織化の欠陥に求められなければならない。フーリエの推奨するファランジュのなかでの集団間の対立や競争は、結局のところ利害の多様性を生み出すことはない。またフーリエはしばしばニュートンを称賛するものの、フーリエ主義のもとで捉えられる科学は閉鎖的で、絶えず変化する科学の実際のあり方とは相容れないのであり、「私は信じる（Je crois.）」ということに行きついてしまう。[50]総じてフーリエの誤りは次の点にある。ファランジュのような、世界から「孤立した事象（un fait isolé）」をプロトタイプとして、世界の方をその型に合わせて作ろう（se mouler）と夢想すること。[51]社会は日々変化し、そして漸進的にしか変わり得ないのは明らかである。ここにも立法者モデルによって社会を変革することへの幻滅が示されている。

フーリエにアダム・スミスを対決させるプルードンのねらいは、レッセ・フェールを支持することではもちろんなく、逆にスミスの発想を借りて、労働をそれ自身によって組織化するのを助けることにあった。この試みはプルードンにとっては、知識のあり方の批判と切り離せないものであった。あとで見るように、彼によれば知識なくして社会の秩序はあり得ないし、労働もまた知識のひとつの形態にほかならないのであるから。所有権の批判から、あるべき体系の構成への、彼の関心の移行のなかで書かれた大著『人類における秩序の創造』は、プルードンの数多い著書のなかでも独特の位置を占める著作である。ここには彼がフーリエから受け継いだ、神学および哲学に対する批判が、来るべき知の構想とともに展開されている。この著作はその抽象性の高さのゆえに原理論的な役割を果たすようにも見えるが、同時に失敗作であるとする見方もある。この書物を詳しく検討する余裕はないので、本章の主題に関係が深いかぎりで、労働の組織化と自由の関係をめぐる彼の構想の発展を取り出してみたい。

冒頭でプルードンは次のように言う。秩序（ordre）はかならず分割（division）・区別（distinction）・差異（différence）を前提している。創造（création）とは差異を作り出すことであり、そうした意味での創造は神による創造に止まらず、自然界においても社会においても、今もなお日々行われている。[52] この秩序の創造は、実体的な存在論的秩序ではなく、「系列（SÉRIE）」という名で呼ばれる、差異のあいだの形式的な関係づけによって成り、また認識される。しかしこれを認識するに至るには、人間の精神が神学や哲学によって支配される時代を超えることが要件となる。

宗教はこのような世界認識のもっとも初期の段階を表現する。それは若い社会の生き生きした想像力が作り出した幻想であり、それなくしては人類は出生後まもなく死に絶えたであろう。しかし、宗教はいったん成立すると、人間の精神の発展を封じ込め、進歩の敵に化する。宗教は直観的な認識に止まり、思考の系列の複雑化を可能にするような反省の契機を欠いているからである。「太陽のもとに新しいものはない」のは、宗教の本質に由来している。「人間は宗教なしで生きるよう運命づけられている」。[53] 社会の内部に育ってきた知的進歩がこのような外皮を不要にするであろう。

宗教に代わって現れる知の形態は哲学であり、哲学が進歩を可能にする。宗教に進歩の要素が見られる場合にも、それは宗教の内部に含まれた哲学の力によるものである。プルードンがここで哲学と呼ぶものは、「因果関係についての学」を意味し、三段論法（syllogisme）によってその確かさが証明されるような知の形態である。哲学は宗教の「創造者」に代えて「原因」を置く。秩序の成因はいずれも「作られるもの」に対する「作るもの」の優位、そしてその権威に求められる。その意味では哲学も宗教と変わりがないのである。[54] プルードンの進歩の思想が、ありふれた進歩主義から切れる点のひとつはおそらくここにある。「作るもの」の権威は、哲学者たちによって、容易に政治的秩序の正当化に転用される。彼によれば、そもそも権威とは立法する権威であった。あらゆる法（loi）は権威（Autorité）から生じる。[55] ドゥ・メーストルは、フランス革命を書かれた法のみが権威を持つとして批判するが、書かれた法はモーセの昔から存在するのであって、この批判は正しくない。むしろ問題は、このような「哲学による政治」という思考様式が、たとえば保守的なボシュエにあっても、また革命的なJ＝J・ルソーにあっても、広く共有されている点にある。とりわけルソーは、このような「観念のマニア（idéomanie）」の病《やまい》の代表格と言わねばならない。[56] それは厳密な因果関係を積み上げながら、まさにそのゆえに原因の最初に恣意的な意志を置かねばならないのである。

プルードンにとって宗教と哲学に代わって世界の秩序を説明すべき知識の体系は、科学（science）であるのだが、その意味するところは通常とは異なり、ここではじめて「系列」が認識の対象および方法として出現する。彼によれば、「科学の対象は系列になった（SÉRIÉ）ものであり、すなわち差異をもった（différencié）もの」でなければならない。[57] 宗教は絶対的な一者で世界を説明しようとするゆえに、反‐系列的（anti-sérielle）である。世界は無数の相異なる系列から成るが、自然はこの還元不可能な無限の驚くべき多様性でもって特徴付けられる。こうしてプルードンの科学のイメージは著しく博物学的な色彩を帯びる。ここにはリンネやキュヴィエらの動植物の分類学をはじめとして生物学の発想が豊富に取り込まれている。[58]

自然は絶対者なしで自らの力能によって自己を産出する。それゆえ自然は、「産出する自然（natures naturantes）」であると同時に「産出された自然（natures naturées）」でもあるという二重の性格を持つ。プルードンはこのようなスピノザ的な対概念を用いて説明する。「産出する自然」が神的な創造の力であるのに対し、「産出された自然」は多様性を有し、系列に関わっている。しかし、人間が知ることのできる自然は「産出された自然」に限られる。それゆえ、人間は与えられた多様な自然を多様なままに観察することができるのみである。神の視点からは普遍科学（une science universelle）があり得るかもしれないが、人間はそういう視点を持ち得ない。[59] 各々の系列は独立しており、それぞれの系列について方法も対象もさまざまに異なる各個別科学が成り立つ。ひとつの系列を他の系列に還元することはできない。ただ、ある系列についての系列（メタ系列ということになろう）を作ることで抽象化の論理を発展させることは可能であり、彼はこれを複合系列（séries composées）と呼ぶ。

差異を持った系列によって秩序付けられている点では、人間の社会も自然界と基本的には変わるところがない。人間界でこの差異の体系にもっとも近いのは言語であり、言語とは自然の系列の反映にほかならない、とプルードンは言う。そもそも彼がリンネなどの動植物の分類学に興味を持ったのは、人間の社会の複雑な分業の体系をそれらのメタファーで読もうとしたからであろう。社会を創造するのは人間の労働（travail）であり、労働はそれ自体知的な営みなのである。それは行為する知性であって、知性と物質との統合であり、自然の系列のうえに人為の系列を重ね合わせる。[60] 労働は創造を繰り返し再現し、行為の相において捉えられた系列である。しかし同時にそれは人間のみの主体性によるものではなく、自然との共働によるものであることが強調されている。

労働を特徴付けるのは、第一にその多様性と専門化である。再びアダム・スミスを援用して、プルードンはその恩恵とともに、分業がその単調な作業によって労働者の生きた力を枯渇させ、道徳的にも悪影響を及ぼすことがあることについても指摘する。それゆえ労働の組織化が第二の法にならなければならない。それは労働の細分化ではなく、先端における枝分かれ（dédoublement）を要する。あるべき分業は、分割すると同時に集合させる、相反する二つの合力によって行われる必要がある。[61] この二つの力のバランスが保てないとき、自由は失われる。労働者は自らの行為に責任を負うことによって自由を得る。共産主義はこのような個的自由の契機を欠いている。フーリエもまた人間が公的生活のみで生きるわけではないこと、私的生活が必要なことを忘れている。産業化された社会では、自由は複雑な社会関係とともにこそ存在することができる。私的所有および共有制の社会は、たがいに反対物に見えるが、単純なモードに属するという点では共通しているのである。[62]

このようにプルードンは経済学を、彼の社会発展論のなかに組み込んでいく。彼は続く大著『経済的諸矛盾の体系、あるいは貧困の哲学』の最初の章で、経済学（l'économie politique）と社会主義（le socialisme）との関係についてあらためて論じている。社会主義者が経済学を必要とするのはもちろん自明なことではなく、むしろこれまで両者は対極にあり、反目しあってきたように見える。プルードンによれば、経済学は「人類のさまざまな慣習、伝統、習慣的行為（pratiques）、しきたり、などの自然史（l'histoire naturelle）」であり、[63] それゆえすでに出来上がっている秩序を保守することに関心を持つ。それに対して社会主義は、未来に焦点を合わせるために、その理想の立場から経済学が不平等を正当化するなどの誤った前提に立っていることを批判する。[64] プルードンはこの両者が時間軸に沿った社会認識のあり得べき二つの見方であることを承認しつつも、相容れない対立ではない、と言う。なぜなら視点は異なっても、社会主義と経済学とは共通の目的、すなわち労働の組織化（l'organisation du travail）を目指しているからである。[65]

プルードンによる社会主義と経済学の統一の試みには、経済学とくにアダム・スミスの社会理論の道徳的含意についての独特の解釈があった。市場とアソシアシオンに代表されるような組織との関係がこれで和解されるかどうかには疑問が残るとしても。しかしそれは、産業社会のリアリティの承認と、共産主義およびそれに類似する共同体的なユートピア思想の失効を告げている、と言うことができよう。もちろん、このように言うからといって、プルードンは労働の組織化と社会の発展について、つねに楽観的であったわけではない。『人類における秩序の創造』において組織化の失敗の可能性が述べられているし、また彼の主著の表題が示すように、彼の体系は「諸矛盾の体系」であって、「系列」の自己産出と複雑化による社会発展は、つぎつぎに新しい社会問題を生み出すものとされる。ここで取り上げてみたかったことは、そのような矛盾や危機にもかかわらず、産業社会がそれ独自の論理で秩序を形成する力を持つ、とプルードンが考えたことである。このことはたしかに、フランスの特殊な事情との関連抜きには説明がつきにくいことでもあろう。一九世紀前半のフランスでは、とくに大都市における産業化が、比較的穏やかな速度で進行した。その結果、伝統的な規範意識や連帯のあり方と接点を持つ熟練職人たちに活躍の場を与え、革命を含む一九世紀の政治にもそれが大きく影響した。しかしこのようなパターンは世界的な産業革命の進行のなかでは主要なものにはなり得なかった。産業化のなかに自由の体系を見ようとしたプルードンの試みは、そういう意味では歴史の失われた部分に属する。しかし、次のようにも考えることができる。一八世紀にイギリスで始まった産業化は、世界全体をその過程に巻き込み、産業化を不可避にした。それは高い生産力と消費の水準を可能にしたが、同時に、労働者の大量の創出と規律化、富国強兵と人口政策など、自由に対する深刻な挑戦を伴ってもいた。自由を抑圧して結局失敗した「現存社会主義」の体制もまた、産業化を急ぐひとつの戦略であったと考えるのが今では説得力がある。このような過程は現在も継続しており、開発独裁などはその延長線で考えられよう。産業化と自由との両立があるとすれば、それにはどのような条件が必要なのか、その問いはプルードンとともに、われわれの問いでもある。

6　政治的なものと社会的なもの

これまで見てきた初期社会主義者たちの構想は、各々の個性に応じて多様であるが、それにもかかわらず、ここに共有された問題群が存在することを認めるのは困難ではない。レッセ・フェールにもとづく自由主義の経済政策は、破局をもたらすだろう。その問題の根源を、競争に見るか、商業の悪徳に求めるか、あるいは私的所有権に見出すかは、さまざまであるとしても。次にこれら文明のもたらす社会問題を解決する方法として、従来の政治的な手段に訴えることの不十分さが論じられる。それとともに、欲望の制限、単純な習俗で成り立つ社会への回帰といった、一八世紀にはまだ見られた考え方が批判される。このような伝統的な「徳」への志向は、フランス革命ではなお力を持ち得たが、革命がその準備をはからずもすることになった産業化の展開のなかでは、もはや過去のものになっていく。フランス革命の「自由・平等・友愛」は繰り返し新しい解釈があたえられていくが、「自由」の問題もそのひとつであった。社会主義者たちにとっても自由の問題は決して周辺的ではあり得なかった。ただ変化したのは自由の論じ方である。未開のユートピア論やあるいは社会契約説などで想定される自然状態における自由の代わりに、社会関係のなかでの自由が論じられる。産業社会は分業による複雑な差異をもとに構成されており、これらの差異を抑圧するのでなく、生かすことによってのみ自由は可能となる。ユートピア思想の系譜のなかで読まれることの多いフーリエにおいても、前世紀のユートピア思想との相違は明らかであろう。彼によれば、来るべき社会は産業化を進めることによって「文明」の混乱を乗り越え、その先に達成される普遍的調和のなかに描かれる。たしかに産業化しつつある社会は、大衆貧困問題（paupérisme）、そして家族や道徳の崩壊など、秩序全体の解体に至るような困難な問題を抱えている。この危機を訴えることが、社会主義の発端でもあった。しかしこのような混乱やデカダンスが生じるのは、この社会の発展が十分ではなく、とりわけその複雑性に見合った知識が生み出されていないことに由来するのであり、そういう視点から従来の宗教や哲学、政治思想や経済理論を批判することが急務とされる。そしてこれらの試みは、社会問題に対症療法的に関わるだけでなく、しばしばコスモロジーを伴った。秩序全体の新しい意味付けを必要とした。秩序なくして自由はあり得ず、自由は秩序とともに存在する。秩序は人間の創造するものであるが、しばしば神や自然との共働が示唆されているように、恣意的なものではなく、またそれゆえ、秩序の外に秩序を無から作り出すような自由が存するのではない。

以上要約したような、初期社会主義者たちの自由論は、今日の自由と自由主義をめぐる議論に何らかの接点を持ち得るだろうか。純粋な歴史研究としての思想史学という立場から見れば、そんなことはすべて無駄であるかあるいは有害であろう。そうかもしれないが、以下あえて若干の蛇足を付け加えて結びとしたい。

はじめに述べたように、近年の「新自由主義」の台頭は自由の論じ方を大きく変えたが、具体的な政治・経済論の次元では論争はしばしば、政府による介入か市場中心かをめぐるドグマティックな対立軸に収斂したことは否定できない。しかし、自由主義の成立と展開について少しでも歴史的なパースペクティヴのなかで考えるならば、こうした対立軸だけでそれらを論じることが、想像力の欠如を示すことを見出すのは困難ではない。たとえば、ロザンヴァロンは『フランスにおける国家』のなかで、フランス自由主義の国家との関わりでのアンビヴァレントな性格について、歴史的な視点を与えてくれる。▼66

ロザンヴァロンによれば、フランスにおける自由主義の成立は、フランス革命によって性格付けられており、すなわち中間集団に対する攻撃という点で、個人主義の確立と国家の中央集権化とが手をたずさえて進むことになった。トクヴィルのような人は例外として、自由主義者の多くは集権化に反対ではなかった。自由主義はその経済政策において市場を維持し、「小さい政府」を望むかぎりで、社会を国家から区別される自律性を持ったものと考える。しかし同時に社会は完全に自律的ではあり得ない。個人主義のもとでは解決することのできない大衆貧困問題、都市衛生の問題、労働問題その他の危機の発生。これらの解決を迫られるのは、国家である。そのために、自由主義者にとっても、国家の任務は社会に新しい連帯を作り出すことに見出される。社会統計の整備、大学など知的な機関の設立、衛生学、そして社会保険制度などの創設。こうしたことは、所有（ブルジョワジー）と労働の対立のあいだで、支配の正統性の調達に苦慮する自由主義国家が、社会の連帯を作り出すことでこの政治的不安定を切り抜けようとする戦略に沿うものであった[67]。

このような自由主義の社会連帯への関心は、通常の自由主義に抱かれるイメージとは異なるとしても、それが産業化のなかでの国民統合の課題を担うものでもあるゆえに、欠くことのできないものであった。そして、これまで検討してきたように、社会主義思想の側にあっても、このような関心の重複を容易にみとめることができよう。革命後の混乱のなかで社会を再組織することは、この時代に立場を超えて共有される関心としてあった。

それらの関心の帰結は、従来の「政治的なもの」とは異なる「社会的なもの」の成立とその多面的な展開であった。この時代に「社会主義」をはじめ、「社会政策」「社会学」など「社会」の名を冠する思想や運動、ディシプリンがつぎつぎに生まれるのは偶然ではない。ここでは「社会」というそれ自体は古いタームに、時代の新しい意味が重ねられる。ある論者によれば、「社会」という領域の発見は、国家にも個人にも解消することのできない中間領域の発見であった。それはもちろん、私的所有者が自由に生産物を交換する領域という意味での、個人主義的に定義された「市民社会」とも異なっている。大衆貧困問題に典型的なように、もはや問題は個人の責任に帰すべき次元にはなく、また伝統的な政治の扱う事項とも異なる。それは新しい連帯と同時につねに危機の出現を想定した概念であり、人口などが主要な論争点とされるように、自然的、生物学的なメタファーと連関している。[68] そしてこれによって、国家や政治の役割は小さくなるのではなく、むしろ新しい政治や行政がこれらの問題の周りに再編される。

　このような「社会的なもの」に直面した政治の変質については、政治学の内部でも鋭い指摘がなされていた。たとえばアレントは、フランス革命に「社会問題（social questions）」の政治への侵入を見出し、自由を支える公共性の空間が消失したことを指摘した。アレントによれば、生命の必要に支配される「社会」という領域は、古典古代における家政の拡大と考えられるものであり、人間の自由と両立しない。「社会」の価値の上昇は、生命を最高善とし、貧困をはじめとする受苦への匿名的な「同情（compassion）」を政治の原理として、人間の差異性を奪うことになった。[69] またウォーリンは、政治的なものの社会的なものへの「昇華」をデモクラシーにとっての危機と考える。[70] こうした指摘はたしかに鋭く一面を突いている。しかし、この時代にいかなる「政治的な」オールタナティヴが可能であったが疑わしいのみならず、「社会的な」ものの捉え方においても疑問がないわけではないと思う。

　まず「社会的なもの」は、たとえメタファーであれ、「家政」の拡大として描かれるような、単一の力ではあり得ない。それは過去の時代には知られていなかった、内部に複雑な差異や矛盾、規範の対立を含む動的なシステムと考えられるべきである。それはプルードンがその主著のひとつに「貧困の哲学（Philosophie de la misère）」という副題を付したことにも表れている。マルクスの揶揄にもかかわらず、この副題は独特の意味を持つ。プルードンの説明によれば、ここで「貧困」とは「大衆貧困問題」と同義である。[71] 貧困が「哲学」を持つのは、それが体系的なものだからであり、彼の描く「貧困」は経済的なそればかりでなく、家族・道徳・宗教などをめぐって人口問題で閉じられるような、産業社会における人間の存在条件の全体である。それはいわばかつての包括性を備える伝統的な道徳哲学を裏返しにしたようなものだったといっても過言ではないだろう。

次に、アレントも気付いていることであるが、ジャコバン主義はこのような「社会問題」を解決しようとしたゆえに危険であるというよりも、むしろその点に無力であり、それゆえにこれを放棄したと言うべきであろう。このことは社会問題と向かい合おうとした初期社会主義の多くが、ジャコバン的な政治的解決を継承するよりは、批判することを眼目としていたことに表現される。たとえばプルードンにとって、ルソーのような「同情」は公的原理にはなり得ないものであった。

一方、「新自由主義」以降の現代の自由主義は、このような「社会的なもの」を乗り越え、産業化の問題にピリオドを打つことに成功しているのだろうか。新自由主義は政府の市場への介入を批判し、自由を個人の創意や努力の側に奪い返すことを主張する。この個人主義的な「新自由主義」の主張とは裏腹に、現実の「新自由主義」的な政府のとった政策の目的は、市場やそれに結び付けられた自由というレトリックを駆使することにより、国際競争力を阻んでいるとされる強固な労働組合などの非市場的関係に打撃をあたえ、上から強力に「再‐産業化（reindustrialization）」をはかることであった。問題の大半は、決して産業からの個人の自由ではなく、自由の名のもとにおける、新たな効率の良い産業秩序の導入であった。政府にとって一国全体の生産力としての経済は重大な関心事であり続けており、しかもその正統性の大きな部分を経済活動の維持と発展から引き出している。サン＝シモンが考えたように、国家全体が生産組織となり、経営体となる事態は、変わっていないというより、いっそう進行している。その意味ではわれわれは「自由主義」の名のもとで、デュルケームの定義する意味での「社会主義」を不十分に実行していることになる。いま自由を論じることの意義は、生産力の問題に容易にすり替えられるような、政府か市場かという次元の問題ではなく、自由の価値の次元の問題、たとえば単なる「エージェント的な主体性」ではなく、「テレオノミー的な主体性」▼72をいかにして各人が享受することができるか、に存するだろう。産業化の問題圏をすこしでも超えようとするのであれば。

たしかに現在「社会的なもの」もまた、行き詰まっている。「社会的なもの」を解決する方法で歴史上残ったものは、初期社会主義のような構想ではなく、ひとつは少数者の強力な指導によって、労働者階級を強制的に「主体」化する共産主義的な方法であり、これは失敗が明らかになった。もうひとつは、生産力の発展とともに時間をかけて労働者階級を政治参加させ、諸権利を享受できるようにし、次第に「市民」化していく社会民主主義の方向であり、ヨーロッパではかなりの成果を挙げた。相対的な後進国や非西欧世界で試みられている、さまざまの形態の開発主義や「会社主義」も、このような「社会的なもの」への対処として理解することができよう。では自由主義はどうか。自由主義は明確に社会民主主義的政策を採らないばあいでも、このような「社会的なもの」を内面化することによって存続し得たと言えよう。こうした「社会民主主義的コンセンサス」の抱える問題を批判することが、一時は流行になった。しかし、「社会的なもの」の魅力が低迷しているからといって、それに代わる「政治的な」ヴィジョンを批判する側が提出しているとは、到底言うことができない。

初期社会主義の奔放な構想力は、一九世紀における産業化の特有の段階に対応するものであり、ただちに普遍化できるようなものではない。それらの構想はいくつかのアイデアを後世にのこしたものの、そのままの形姿ではもとより実現しなかった。しかし「政治的なもの」も「社会的なもの」も行き詰まっているように見える今日、必要なのは「政治的なもの」と「社会的なもの」、それらの関係を考えるさいの、想像力であろうと思われる。そのようなものは初期社会主義には溢れていた。新自由主義以後の自由主義をめぐる議論に何よりも欠けていたのは、こうした想像力ではなかっただろうか。われわれの来るべき社会の生の形成が、政府か市場か、とか、共同体か個人か、などといった、単純で魅力に欠ける二項対立の次元で論じられてよいはずはない、と思うのである。

Ⅳ

その後の展開

第七章　ベンジャミン・タッカー——アメリカ的アナーキズムの系譜

1　問題の所在——リバタリアニズム、アナーキズム、プラグマティズム

リバタリアニズムは、しばしば現代アメリカの政治思想の文脈で話題となる思想潮流である。政治的にはその勢力は決して大きいものではなく、アメリカの二大政党制のいずれかに代表されているというわけではない。しかし政治哲学上では、リバタリアニズムの立場は重要な一角を占めている。そうなったのは、ロールズの『正義論』の「リベラル」な政治原理に対する批判的応答としても読まれた、R・ノージックの『アナーキー・国家・ユートピア』に依るところが大きい。もっとも、アカデミックな政治哲学として扱われる以前に、リバタリアニズムは運動として少なくとも一〇〇年以上の比較的長い歴史を有している。

最近でも、アメリカで政府の縮小を求める「ティーパーティー」運動が注目を集めたが、この運動にはリバタリアニズムの影響が強いことが指摘された。リバタリアニズムは、政府の機能を維持するか縮小するかという座標軸で政治的な対立構図を理解する視点からは、当然後者、すなわち「右派」に分類される。さらに共和党に主として代表される「新保守主義／新自由主義[1]」が、小さな政府を主張しながらもセキュ

リティの維持などいくつかの政府の役割については重視するのに対して、リバタリアニズムはそういうことにも批判的であるため、新自由主義よりもいっそう極端な主張として捉えられることもある。しかし、このように政治思想を同一の線分上に配置し、リバタリアニズムを極右に位置付けることには問題があると考えられる。

まず、政府ないし国家の左翼思想における位置付けの変化を考えてみる。政府の役割を重視するのが左翼だという見方は、比較的近年のものである。一九七〇 - 八〇年代以降に新自由主義の影響力が強まり福祉国家が守勢に立たされるに至るまでは、むしろ左翼は反国家的と位置付けられるのが一般的だった。

正統派のマルクス主義は資本主義体制における国家をブルジョワジーの階級支配の道具だとして批判の対象とした。他方で現実に存在する社会主義国家を、資本主義世界経済のもとでは問題や限界を含むものではあっても、将来の社会主義世界への過渡期の体制として基本的に肯定した。マルクス主義内部でこうした道具的で階級還元的な国家像が改まるのは、グラムシおよび構造主義的マルクス主義のそれぞれの系譜と、それらに影響を受け一九七〇 - 八〇年代に盛んになったネオマルクス主義の国家論によってだった。マルクス主義が国家の評価をめぐって揺れていたのに対して、政府ないし国家に対して一貫して否定的だったのはアナーキズムであった。この点で社会民主主義とアナーキズムとは、マルクス主義を中間項として両極にあると見ることもできる。

左翼が市場の作り出す不平等を問題視し、新自由主義によって縮小を求められるようになった国家をむしろ擁護するような配置が成立するのは、（もともとヨーロッパを中心に社会民主主義が政権を運営してきた実績があるとはいえ）保守が国家批判と市場主義に転じたあとの比較的近年のことにすぎない。このような構図はアメリカではやや旧い起源を持つが、かつては例外的であったアメリカの対立構図がグローバル化の進展で反転して、世界に共通の図式だと捉えられるようになった。もっとも、新自由主義はその言説において国家の縮小を言いながら、実際には経済に介入し国家が市場を支えている面があり、軍事や治安維持の面では強い国家が目指されているのであり、こうした市場と国家の二元論で政治的対立構図を捉えることには問題が多く含まれている（後述）。

リバタリアニズムについて言えば、それが新自由主義と経済政策で近いにもかかわらず、文化的な領域ではむしろニューレフトと親近的な面を持つことが、これまで語られてきた。たとえばノージックの『アナーキー・国家・ユートピア』のなかの、とくに（メタ）ユートピア論の部分は、ニューレフトに多く見られたコミューン構想と親近的である。またアナルコ・キャピタリスト（無政府資本主義者）として知られるマーレイ・ロスバードは、一九六〇 - 七〇年代の社会反乱の時代にヴェトナム反戦運動に加わり、ニューレフトとともに闘争したというユニークな経歴を有する。こうしたリバタリアニズムの性格は、現在の右と左といった政治的対立構図には収まらないものがあることを示唆している。

本章の課題は、リバタリアニズムの思想的位置付けを再考するために、この思想系譜の歴史に遡り、そのコンテクストの一環を明らかにすることである。その対象として、一九世紀の末から二〇世紀初頭のアメリカで活動したアナーキストであるベンジャミン・R・タッカー（Benjamin Ricketson Tucker 一八五四 - 一九三九）を取り上げてみることにしたい。タッカーについてはアメリカのアナーキズムないしリバタリアニズムの思想史で言及されることは多く、珍しい対象というわけではないし、ロスバードなど後世のリバタリアンによって、右派個人主義（right wing individualism）の系譜に収められている。[2] タッカーは自らの思想をアナーキズムと称することが多いが、リバタリアンという呼称もほぼ同じ意味で用いている。後に忘れられた思想系譜を復権しようとしたロスバードの試みは意義があると思われるが、このような右派個人主義という性格規定が、どの程度タッカーの思想的特徴を表現し得ているかというと、以下のような歴史的経緯を考えれば、必ずしも自明とは言えないだろう。

まず、タッカーがアメリカにおいて社会主義運動が最も盛り上がった時代に活動し、しかも自らを社会主義者と規定している点である。アメリカ史ではよく知られているように、一九世紀末から二〇世紀の初めにかけては、制約のない資本主義の急速な発展と、独占企業による労働者や農民に対する収奪がなされ、それに対する抵抗運動が激しくなるなかで社会主義が盛んになった。また、これらの運動に対する暴力的な弾圧は過酷を極めた。しかし後のアメリカでは、改革主義やニューディールによって、政府が介入し社会改良に努めたことにより、社会主義は長く不振となり、これがアメリカの政治的構図の特徴となった。一九世紀末から二〇世紀の初めにかけては、アメリカで社会主義が盛んに論じられた例外的な時代に当たるが、この時期のアメリカのアナーキズムも、社会主義同様失われた記憶に属する。

タッカーによれば、社会主義はマルクスに代表される国家的社会主義（state socialism）と国家に批判的なP・J・プルードンやジョサイア・ウォーレンの社会主義とに大別される。前者が権威（authority）を原理とするのに対して、後者は自由（liberty）を原理とする社会主義であり、タッカーは後者の系譜のもとに自らのアナーキズムを位置付ける。後者の思想は個人主義的な性格を持つが、それが社会主義であるのは、独占（monopoly）に反対する思想であるからである。

タッカーによれば、独占の最たるものは国家であって、▼3それゆえ独占に反対する社会主義者は自らの主張を一貫させようとすれば、アナーキズムに至るはずだ、ということになる。タッカー自身、アナーキズムとほぼ互換的にリバタリアニズムという語を用いているが、タッカーの置かれた環境やその社会主義観は、今日のリバタリアニズムのそれとはかなり異なっていると言うことができよう。

次にプラグマティズムとアナーキズムないしリバタリアニズムの関係について考えてみたい。プラグマティズムはここ何十年かのあいだに、政治理論（政治哲学）の世界でも注目されるようになった。政治理論へのプラグマティズムの導入については、よく知られているようにR・ローティの功績が大きい。ローティはニーチェとアメリカのプラグマティズムにおける真理観の類似性に着目し、真理は人間の実践を離れて存在する実体ではなく、人間がその生の目的のために作り出したものであるとする。この観点から彼は政治哲学上の固定的な対立軸（たとえば、理性と感情、リベラル対コミュニタリアンなど）を脱構築し、プラグマティックな政治哲学を説いた。

いわゆるポストモダンの影響を受けた政治理論家のなかで、W・コノリーはローティとは異なる文脈でニーチェとフーコーを政治理論にもたらした。彼の実践的立場は、アメリカのナショナリズムに批判的な点でローティとは対照的であるが、コノリーもまた、W・ジェイムズの多元的宇宙論や創発性の考え方に親近性を見出し、プラグマティズムの政治理論への貢献を評価している。

ところでリバタリアニズムについて見れば、最近脚光を浴びる以上のようなプラグマティズムの考え方と対照的で相容れない面が大きいと見られてもおかしくない。リバタリアニズムはしばしば、私的所有権と市場とに一方的に信頼を寄せ、他の考え方を承認しないドグマティックな思想であり、プラグマティックな要素に乏しいと見られる。アメリカの著名な歴史家ホフスタッターによれば、プラグマティズム的思考は、社会進化論における生存競争への適応論を批判し、人間がその環境を創造する能力を承認することから生まれた。[4] リバタリアニズムは、プラグマティズムが批判の的としたスペンサー的な社会進化論と、その正当化の方法に相違が見られることはあっても、結論的には近いと考えられる。最近の政治哲学でデューイを再評価する議論の多くは、コミュニタリアン的立場と親近的であり、個人主義的なリバタリアニズムとは対立する、等々。

しかし、リバタリアニズムやアメリカのアナーキズムが、必ずしもプラグマティズムと相容れないわけではなさそうな証拠もまた見出される。最近の宇野重規によるプラグマティズムの政治思想の紹介のなかには、アナーキズムにつながる契機がいくつか取り上げられている。[5] より旧くは、鶴見俊輔のアナーキズムとプラグマティズム両方の系譜への深い関心を想起することができる。アナーキズムの系譜には、個人主義的傾向の強いアメリカにおいても個人主義的ではないアナーキズムも含まれるので一概には言えないが、それでもプラグマティズムとアナーキズムに何らかの接点があると考えてもおかしくない。

また、プラグマティズムの思想的源流として関心を寄せられることの多い、R・W・エマソンやH・D・ソロー、W・ホイットマンら超越主義（transcendentalism）の系譜は、アメリカのリバタリアニズムやアナーキズムにとってもその源流と目されることがある。ソローがアメリカによるメキシコ戦争の開始を非難して、マサチューセッツ州の税の支払いを拒否し、そのことによって拘置された出来事は、後のリバタリアン的な反税闘争の祖先としてしばしば持ち出される。ただし、ソローは税金を支払うこと自体を望まなかったのでなく、不当な戦争を行う政府に税金を支払うことでこれを支えることを拒否したと解釈されるべきであろう。税金の支払いの拒否はソローにとっては公的な抗議の意味を含み、市民的不服従（civil disobedience）の行動と解釈されよう。そしてまたソローは『ウォールデン（森の生活）』によって、エコロジー思想の源流としてもよく知られる思想家である。このように、当時のアナーキズム的な個人主義思想が有していた意味合いは、今日のリバタリアニズムに解消できない広がりを持つものであったことが推測される。

エマソンの名高い講演「アメリカの学者（The American Scholar）」（一八三七）[6] は、アメリカの精神的な独立宣言とも言える記念碑的な講演として、しばしば言及されてきた。このなかでエマソンは、書物に学ぶことの重要性に触れながらも、書物をそのまま信じ込むのではなく、そこから活動のなかでの創意を引き出すことの必要を説いた。このような精神的態度はプラグマティズムにそのまま継承されたと言えるだろう。プラグマティズムは、カントやヘーゲルなどドイツをはじめとするヨーロッパの思想に学びながら、それをアメリカ化し、生活に根付かせることにおいて大きな役割を果たした。

これらと並行する関係をアメリカのアナーキズムないしリバタリアニズムに見出すことは不可能ではないように思われる。タッカーはプルードンやクロポトキンのようなヨーロッパのアナーキズム思想に共感し、多くのことを学びつつ、これをアメリカ社会での論争のなかで創造的に作り替え、個人主義と市場競争により重点を置くタイプのアナーキズム説を作り上げた。本章では、タッカーがヨーロッパのアナーキズムをどのように継承し、またそれをどのように「アメリカ化」したのかについて考えたい。

2　ベンジャミン・タッカーとアメリカの個人主義的社会主義

ベンジャミン・タッカーは、マサチューセッツ州に、クウェーカー教徒の父とユニテリアンの母のあいだの息子として生まれた。タッカーは後に無神論者となるが、この宗教上の個人主義的ラディカリズムの背景は、彼の後の思想内容において重要な意味を持ったと考えられる。タッカーの生まれた街は、捕鯨が盛んな港があり、彼の父も捕鯨船の船主として捕鯨のビジネスに携わっていたことがあった。このような、世界の大洋を周航するコスモポリタン資本主義の精神が、彼の思想に影響を与えているという指摘もある。その後父は事業に失敗してタッカーとともにニューベッドフォードに移る。この街で両親は一九世紀の良きリベラルといった生活態度を保持していた。母はトマス・ペインの思想に影響を受け、チャリティ活動を行っていた。街もそのようなふるまいに合致した雰囲気を持っていたという。

ダーウィンやスペンサーに代表される進化論思想も、この街の知的なサークルで好意的に受容された。こうした最新の流行思想は、ホフスタッターが描いたような弱肉強食の保守的思想として受容されたわけではなく、「ジェファソン的」民主主義者であることと進化論者であることとは、当時の文脈では矛盾なく共存していたらしい。[7]

若いタッカーは、その頃ボストンに在ったマサチューセッツ工科大学（ＭＩＴ）に入学する。ここで彼は当時盛り上がっていた多様な社会主義運動に出会う。アメリカの労働運動と社会主義とは、この一九世紀後半に激しい盛り上がりを見せていた。

アメリカについては、本格的な社会主義勢力が存在しないことがその政治的特徴のひとつとして挙げられることが多いが、この時期は例外的に階級対立が先鋭化した時代だった。

南北戦争後、本格的に進行する工業化を背景に、石油、製鉄、鉄道、保険などの産業での寡占化が進み、カーネギー、ロックフェラー、モーガンなどに代表される億万長者が登場して、「金ぴか時代（gilded age）」が現出した。それと同時に制約のない資本主義のもとで、移民など立場の弱い人びとを中心とした労働者に対する過酷な搾取が行われるようになった。また進展した鉄道業は独占的利益を上げていたが、それは多くの農民の犠牲を伴うものだった。農民は借金苦から逃れようと、インフレ政策を要求するグリーンバック党や、銀の自由鋳造などを求めた「ポピュリズム」の運動を展開するようになった。

この時期は資本主義の寡占的な支配に対抗するために、労働者の広範囲の組織化が進んだ時代であり、労働組合は繰り返しストライキによって抵抗した。しかしストに対する警察の暴力的な弾圧は過酷を極め、労働者と警察の衝突で多くの死者が出る事態もしばしば生じた。なかでもアナーキストが爆弾を投げた疑いで逮捕されたヘイマーケット事件（一八八六）は、こうした過酷な対立を象徴するものだった。いわば、南北戦争に続く「もうひとつの内戦」が、資本と労働のあいだで闘われていた時代であったと言える。[8]

タッカーはニューイングランド労働改革同盟（New England Labor Reform League: NELRL）に入会し、ここでアメリカ社会主義の先駆者ジョサイア・ウォーレンの思想を知る。タッカーの思想が個人主義的な性格を有する労働運動に傾いていくのはウォーレンの影響によるところが大きいと思われる。個人主義と労働運動とは、二〇世紀以後の常識では相容れないように思われるが、この時代において両者は相容れないわけではなかった。[9] 一八六九年には「労働騎士団（その本来の名称は、The Noble Order of the Knight of Labor という）」が結成された。これはタッカーが加入したNELRLと近い個人主義的な性格を持った労働組合であった。タッカーはジャーナリストになり、一八八一年より自ら新聞『自由（*Liberty*）』を発行し、他の社会主義者との論争のなかで、その個人主義的アナーキズム思想を展開していくことになる。[10]

3 タッカーのアナーキズム理論

タッカーは『書物の代わりに（*Instead of Book, by a man too busy to write one: a fragmentary exposition of philosophical anarchism*）』（一八九三）と題された著作において、彼の新聞 *Liberty* などに載った論争的な諸記事を再録しているが、それら論争へのイントロダクションとして、冒頭に「国家的社会主義とアナーキズム」という題名の短い論文を掲載している。この論文では、彼のアナーキズムについての考え方が簡明に提示されている。

このなかでタッカーは、近代の社会主義がアダム・スミスによる原理の論理的な演繹にほかならないことを示したうえで、近代社会主義の系譜を二つに分割する。ひとつは「国家的社会主義（state socialism）」と彼が呼ぶもので、これはマルクスによって代表されるとする。この立場によれば、階級的独占を打破するための唯一の方法は、商業的・産業的利益のすべてを集権的に国家管理とすることである。政府は同時に銀行家であり、資本家（雇い主）であり、農場主であり、要するにすべてでなければならない。人民はすべて政府によって雇用される労働者となる。政府は多数決原理によって決定される。経済的競争は排除され、価格は政府が決める。「諸独占に対する救済策は独占（The remedy for monopolies is MONOPOLY）」でしかない、というのが、国家的社会主義の主要な考え方である。[11]

それに対してもうひとつの社会主義の系譜が、プルードンやジョサイア・ウォーレンに始まるアナーキズムである。これは、人間に関する事柄はすべて、個人または個人によって構成される自発的結社（voluntary association）に委ねられるべきであり、国家は廃棄されるべきだ（should be abolished）とする考え方である。タッカーは国家的社会主義を「権威」の原理、アナーキズムを「自由」の原理にもとづくものとして社会主義思想を二分している。

タッカーはアナーキズムの原理を「平等な自由（equal liberty）」に求める。人間の義務は「他者の自由を侵害しないこと」に尽きる。アナーキズムが望むのは、各人の自由が平等に成り立つことである。それに対してタッカーによれば、国家は独占（monopoly）であり権利の侵害（invasion）である。このような国家観は、ローマ・カトリック教会が信仰を独占し、個人の信仰の自由を侵害するものだという彼の宗教観と並行するものでもある。

タッカーは以下の四種類の独占を問題にする。これらは経済的な独占であるが、いずれも国家につながっている。第一は「貨幣の独占（money monopoly）」であり、国家が貨幣発行の独占権を有していることを問題にしている。第二は「土地の独占（land monopoly）」である。第三には「関税の独占（tariff monopoly）」が挙げられる。第四に「特許の独占（patent monopoly）」が問題とされる。タッカーは労働の成果としての所有を認めるが、発明の才能を所有する権利は認めない。特許の独占が廃止されるならば、発明の成果が多くの人びとに享受される大いなる利点があると述べられる。[12]

タッカーは自らのアナーキズムを正当化する倫理学説について体系的には語っていないが、功利主義には肯定的に言及した箇所がある。後のリバタリアニズムのいくつかの潮流（たとえばロスバード）とは異なり、タッカーは自然権のようなものは認められないとし、所有権（property right）は、自然権ではなく社会的な約束事（social convention）だとする。[13] ここには当時流行していた進化論による自然権の否定が影響していることも考えられる。また、ルソーなどの社会契約的な思想にも否定的な言及が見られる。

国家は独占であり権利の侵害であるから否定されなければならない、というようなタッカーの主張に対しては当然さまざまな疑問が考えられる。タッカーの大部な『書物の代わりに』の大半は、アナーキズムの批判者からする多数の疑問や批判に対して、タッカーが応答しアナーキズムを擁護する記事によって成り立っている。たとえば私的所有者のあいだに国家なしに平和な秩序が果たして成り立つのか、という疑問である。タッカーは基本的に暴力に対して否定的であり、アナーキズムのなかの実力行使に依存する立場には明確に批判的である。しかし侵害を排除し正当な権利を擁護するための強制力は否定されていない。アナーキズム社会にも侵害者が現れる可能性は否定できないので、訴訟など裁判手続きの必要性は承認されているようである。タッカーは侵害（invasion）と権利の防衛（defense）とが明確に区別できると考えている。彼の場合、国家は定義上「侵害」者であるとされるので、こうした法的制度は国家とは呼ばれないが、必要とされていないわけではない。

タッカーの経済に関する考え方は、この書物のなかで、当時の論争点をめぐってさまざまに展開されている。たとえばボイコット戦術の許容範囲について、国家経営の銀行に代わる相互的な銀行（mutual banking）について、等々。タッカーはこれらの具体的な問題については、多面的で慎重な検討をする思想家であったように思われる。私にはそれらを論評する能力がないので、専門的研究者に委ねたい。

そのなかでタッカーの立場が明確に示されているのは、グリーンバック党に対する批判である。政府紙幣増刷とインフレ政策を国家に求めるグリーンバック党は、独占と対決しているはずであるのに、独占の元凶である国家と闘う代わりに国家に依存している、とタッカーは批判している。[14] タッカーにとって諸独占（資本の私的独占）と闘うのに、唯一の独占（国家の公的独占）を持ち出すのは矛盾であり、許されないことと考えられたのである。

タッカーの思想がアメリカのリバタリアニズムの原点にある思想のひとつであるとすれば、そこからどのようなことが導かれるだろうか。タッカーは自らの思想をフランスのアナーキストであるプルードンの社会主義思想に連なるものと考えていた。そういう意味では今日の政治思想的な配置では右派の位置を与えられているリバタリアニズムは、左翼的な起源を持つということになる。もっとも、それはアナーキズムが左翼であり社会主義の一分派であることを前提する限りにおいてであり、すでに当時からアナーキズムと社会主義とは重なる関係があるが同一ではない、という見解も示されていたようである。[15]

しかし、そのような留保をしたうえで、なおそこに左翼的起源が見出されるとすれば、タッカーが当時のアメリカ資本主義の発展の現状を肯定する立場にはなく、他の社会主義者と同様、南北戦争終結後アメリカ北部を中心に展開する寡占的な資本主義と対立する姿勢を持っていたことにおいてである。タッカーの見通しによれば、個人的所有を侵害する寡占ないし独占は、かならず国家が存在することによって形成される。国家は寡占ないし独占の味方である。このような見解は今では独断的に思われるかもしれないが、革新主義による改革以前のアメリカの政治権力のあり方を見れば、そういう考えが導かれても意外ではないとも言える。

次に、今度はタッカーの思想がヨーロッパのアナーキズムから何を学び、それをどのように変えたか、という点について。「自由」と「権威」という二つの原理を対抗させるという論法はプルードンのたとえば『連合の原理』などに見られるものであり、それらからタッカーが学んでいることは、タッカー自身が認めるように明らかである。プルードンとともにタッカーが自らの先駆として挙げるアメリカの社会主義者、ジョサイア・ウォーレンは、もともとイギリスのロバート・オーウェンに共感し、アメリカでニューハーモニーの共同体の建設を行った人物であるが、オーウェンの思想のなかに共同体社会における個人の自由が抑圧される可能性があることに危惧を感じるようになった。彼は、労働と等価で商品が交換される試みである「タイムハウス」での実践など、オーウェンに影響を受けながらも、独自の道を歩んだ人物と伝えられている。[16] ウォーレンが学んだオーウェンに比べ、プルードンは個人主義的なアメリカの社会主義にとって、より好適な思想であったと考えられる。

しかし、タッカーの思想がプルードンと基本的に同じであるかというと、ここには無視できない相違が存在すると考えられる。まず、私的所有権（private property）について、プルードンにはよく知られている『所有とは何か』と題する著作があり、このなかでプルードンは、これまで私的所有を正当化してきた先占、労働等の根拠を批判し、私的所有を「盗み」であるとした。そして所有の代わりに「占有」を正義にかなうものと主張した。それに対して、タッカーには私的所有権そのものに対する批判的な検討は見られない。もっとも、プルードンは後年には私的所有権に対する批判を後退させ、共産主義的な共同所有に対抗して私的所有権を擁護するようになり、彼の所有権批判はかなりの程度文脈に依存するという面もある。しかしその点を考慮しても、タッカーの場合には、個人主義と所有とが強く結び付いているアメリカ的特徴を見出すことができる。

次に「自由」と「権威」の二原理の関係付けも両者では同じではない。タッカーの場合、「権威」はもっぱら国家と関係付けられており、独占および侵害と同義の国家に対抗するものとしての個人あるいは自発的結社が「自由」を担う主体として位置付けられ、「自由」と「権利」とは二分法的に対比される。これに対してプルードンにおけるオリジナルな両原理の対比ははるかに複雑で慎重な性格のものである。プルードンは二つの原理が対抗しながらも相互に依存する「弁証法的な」面があることを繰り返し指摘しており、アナーキズムによっても「自由」が「権威」に一方的に勝利すると考えられているわけではない。たとえば国家権力の強大化に対して家族の自律性はそれに対抗する「自由」に寄与するが、家はその内部において家父長的な「権威」の場である。

タッカーには、プルードンに見られるような、矛盾を社会の原理的問題として捉えようとする発想には乏しいように思われる。ただし、タッカーが、具体的な論争の主題となった事柄に対しては、プラグマティックで個別的な応答をしている箇所を見出すことができる。たとえば国家による家族への介入を認めないアナーキズムは、親による子への虐待を承認するのか、といった個別的で実践的な問いに対して、明白な暴力が認められる場合に限り家の内部の問題に社会が介入できる、などとしている。[17]

4 リバタリアニズムの歴史的な位置付けについて

先に触れたようにホフスタッターは、アメリカにおける社会進化論を資本主義的な生存競争を正当化する文脈でもっぱら解釈した。しかしこのような解釈は進化論思想とその影響の多様性についての研究が進んだ現在では維持できないものになっている。[18] スペンサーの進化論に少なからず影響を受けたアメリカの個人主義的アナーキズムに対しても、(今日のリバタリアニズムに対してしばしば向けられるような)無制約な資本主義の擁護論であるとするような批判を向けることは適切ではない。

しかし、ホフスタッターがその古典的名著『改革の時代』で示した思想の歴史的な見取り図は、今日再検討する価値があると思われる。この著作の主題のひとつに、アメリカにおける二〇世紀的な現代国家が、いかなる思想的要因によって形成されたか、という問いがあった。一九世紀後半の農民運動である(固有名詞としての）「ポピュリズム」と、それよりも都市的で洗練された「革新主義」が、アメリカにおける現代国家と民主主義の形成に寄与してきたアイロニーを含む経緯が語られている。

とくに興味深いことは、ホフスタッターがアメリカの現代国家は皮肉なことに、国家を嫌う個人主義的な人びとによって要求された、と解釈している点である。一九世紀後半のアメリカにおける工業化の進展によって、彼の言う「地位革命（status revolution）」が生じる。これまでアメリカの地方都市などの比較的小さなコミュニティで指導者であった階層が没落し、いわゆる「金ぴか時代」が到来して、大規模な実業家や富豪が影響力をふるう時代となる。この時期に「ポピュリズム」や「革新主義」の運動に参加して民主主義を担ったのは、組織と独占に反発する、「地位革命」によってその地位を脅かされた人びと（小生産者、法律家、牧師、教師など）であった。[19] 彼らにとって株式会社形態の資本は独占的であり、公正な経済を阻害するものと考えられていたのである。今日、株式会社が資本主義の主たる担い手であることは自明のことであるので、当時の人びとの資本主義観が今とは大きく異なっていたことがわかる。

その結果新しいタイプの民主主義が生まれ、国家の役割が増大した。セオドア・ローズベルトに代表される革新主義の政治家は、これまでの政治家のように大資本の側に付くのではなく、資本と労働の両者に対して公正な立場に立つことを旨とした。もともとは国家を嫌い国家からの自律を自由と考えていたような人びとが、大資本の支配に抗するなかで、国家の経済への介入を望むようになったのである。

新自由主義的な国家批判は、しばしばアメリカの現代的な介入国家（大きな国家）が何か外から持ち込まれた異物や寄生物であるとするが、ホフスタッターの解釈が興味深いのは、そうではなくて、現代国家は社会の要請から生まれたのであることを説得的に示した点にある。重要なことは、こうした革新主義における個人主義的な立場からの国家への期待は、国家が市場の競争を縮減するのではなく、公正な競争を国家が保障すべきだ、ということにあったということである。

このような個人主義的立場からの公正な経済秩序への要求は、アメリカの現代国家の完成期と言えるニューディールの時代には、一部では継承されながらも失われていく傾向にあった。この時代になると巨大化した法人企業による寡占的な支配は所与となり、それに対抗できるのはやはり巨大な組織となった労働組合以外になくなった。国家は大企業と労組を中心とした利益団体のあいだでその利益を調整するブローカー的な役割を果たすようになる。アメリカの政治学において、利益集団間の自由競争からルールができるとする「政治過程論」(ベントレーやトルーマン)や、またR・ダールの多元主義(ポリアーキー)論が展開されるのは、こうした大集団間の関係によって民主主義が新たに定義されたことを示すものであった。

このようなニューディールの立場を受け継ぐいわゆる「リベラル」(介入的・改良主義的自由主義)は、第二次世界大戦を勝利に導いたこともあって長く信頼を得ていたが、一九六〇-七〇年代以後不満に直面し、周知のように一九八〇年代のレーガン政権以後はそれを批判する「新保守主義/新自由主義」が優位に立つことになった。国家を縮小し市場の自由な領域を拡大すべきであるという立場(新自由主義)と、国家は市場での競争がもたらす格差を是正するためにある程度の介入をし、非市場的な領域を確保すべきだという立場(リベラル)とが、これ以後政治的対立構図の基本を形作ってきた。

ホフスタッターの描く歴史は、この固定的な対立構図のいずれにも属さない第三の立場が存在したことに気付かせてくれる。すなわち、市場を放任することは公正を害するから国家の介入を肯定するが、介入は市場の領域を縮小するためではなく、逆に公正な市場競争を維持することを目的とする、というものである。革新主義の時代にはあったこの第三の立場は、その後忘却され、先の二項対立のいずれかに吸収されてしまった。

しかし、近年この立場はさまざまに脚光を浴びるようになってきている。学問的にはよく知られているように、M・フーコーの講義録『生政治の誕生』がもたらした関心が作用している。この講義録は「新自由主義」の起源を探求しているが、その内容は講義の後に成立するサッチャーやレーガンの政権の「新自由主義」の主張とは必ずしも重なっていない。フーコーは戦間期にアメリカで行われた「リップマン・シンポジウム」などをもとに、一方でレッセ・フェール的な自由放任論と区別され、他方で国家活動の拡大によって自由競争の領域を制限するタイプの自由主義とも異なる性格を持つ主張として、彼のネオリベラリズムを定義している。この立場では、市場の自由を作り出すためには、国家は積極的に介入しなければならないとされるのである。

以上のような学問上の潮流に加えて、二〇〇八年の世界金融危機に代表されるような経済危機が、市場と国家の関係についての考え方の変化をもたらしていることも注目される。すなわち、市場がバブルとバブルの崩壊を繰り返すなかで、その自律性に対する信用は低下し、市場が崩壊の危機にあるとき、頼ることができるのは、やはり国家や国家間組織による適切な介入しかない、という認識である。ここにはレッセ・フェールの限界が明らかになる。しかし実際にはこれまでから、新自由主義的政権が自分たちに都合が良い市場を形成するために、国家による経済への介入を積極的に行ってきたことを考えるならば、この認識はむしろ当然であると思われる。これは、先に挙げた「第三の立場」的な視点を取り込まなければ、新自由主義を正当化することが困難になったことを意味する。

この第三の立場は、何が市場の自由競争を歪めていると考えるかによって、さまざまなヴァリエーションと、イデオロギー的には対照的であるような立場を取ることができると考えられる。すなわち市場を歪めているのが主として巨大企業の独占的利益だと考えられるならば、「革新主義」の時代に見られたような左派的なタイプが生まれる。独占禁止立法の趣旨はこのような考え方にもとづくと言えよう。一方労働組合が労働賃金を吊り上げていることが不正であり、資本主義の活力を奪っているという見方からは、この立場の右派的タイプが得られる。たとえばイギリスのサッチャー政権は、労働組合を弱体化させるために国家権力を積極的に行使した。「新自由主義」の実際はこうした面を多分に含んでいると見られる。先ほど挙げたフーコーの講義録などの刺激もあって、近年関心が高まっているドイツのオルドー学派の場合も、政治的立場はさまざまである。なかにはナチスの経済政策に協力したケースが存在し、ナチスの経済政策が「自由主義的」であったとする解釈が学界に衝撃を与えた。[20] このような場合、労働組合を敵とすることで労働賃金の下方硬直性を打破して経済を効率化し、社会主義的な主張を封じ込めることが目指された。

こうして第三の立場の右派的なタイプにおいて、強権的国家と自由経済とは、対立的であるよりも補完的である。こうしたことは、もちろんナチスと同列には論じられないにしても、アメリカやイギリスの新保守主義／新自由主義政権や途上国の政治への介入において、しばしば見られるものである。しかし、このような新自由主義と統合した右派タイプの場合、資本の寡占的な状況には手が付けられないことが多く、公正な市場を担うことができるのかどうかは疑わしい。「新自由主義」が虚偽的である理由のひとつは、すでに個人や小さな企業間の公正な競争などは望み得ず、大組織のあいだの寡頭的な競争しか存在しないのに、公正な市場競争のレトリックをもって国家を批判するとともに、現実の市場社会を正当化しようとする点にある。新自由主義が公正の規範を満たしていると考えられていないことは、それがしばしば「弱肉強食」としてイメージされていることにも表現されている。

ところで、今回検討したような個人主義的で反国家的な社会主義（アメリカ的なアナーキズム）の系譜については、どのように位置付けられるのだろうか。ホフスタッターの書物では、こうした系譜については何も触れられていない。これはアメリカで個人主義的なアナーキズムが現実政治のうえでマイナーな影響力しか持ち得なかったこととも関係があるが、今日のリバタリアニズムの思想的影響力を考えるならば、それは欠落と言うべきかもしれない。リバタリアニズムの思想的起源をたどってみることで見えてくることのひとつは、この第三の立場以外に、さらに失われたもうひとつのポジションが存在したのではないか、ということである。

このアメリカ的アナーキズムのポジションを「第四の立場」と呼ぶとすれば、これは「第三の立場」の人びとと社会的基盤や独占への反対という問題関心を共有しながら、頑なに国家に依存することを拒否した人びとのポジションである。この立場の特徴は、国家介入の拒否ということが決して現状の寡占状態を追認することを意味しない、という点である。タッカーとほぼ同時期の著作の表題に「ジェファソニアン的アナーキズム」[21]なる言葉が用いられていることが示すのは、これらの立場が弱肉強食の現実をシニカルに肯定するのとはまさに反対の、理想主義的性格を有していたということである。

それらのことを承認したうえで、なおアメリカ的アナーキズムに問われる疑問は、そうした国家を介さない方法に果たして実効性があるのか、という問いであろう。タッカーもボイコットのような戦術や自由で相互的な銀行の構想などを検討していたが、歴史のなかでは成果を挙げたとは言いがたかった。革新主義以後の国家介入と、アナーキストを名乗る一部のテロリストの行為への非難などのために、アメリカのアナーキズムは他の社会主義の諸流派とともに衰退していく。

このような潮流が変化したのは、やはり一九六〇‐七〇年代の社会運動を契機としてであっただろう。左翼運動のなかに反国家的なアナーキズムの影響力が増すとともに、他方では政府への信頼感の喪失とともに、右と目されるようになるリバタリアニズムも復権していくことになった。このようななかで、一時はニューレフトとともにヴェトナム反戦運動に参加していたマーレイ・ロスバードによって、アメリカの個人主義的なアナーキズムの伝統を甦らせる試みがなされる。

ロスバードの思想については今回検討する余地はないが、多くの点でタッカーとの共通点を見出すことができる。「自由」と「権威」の二原理の対抗関係もそのひとつである。社会主義はタッカーの場合といくらか異なって、目的は「自由」なのだがそのための手段が「権威」的な方法に依る矛盾した思想として位置付けられている。[22] ロスバードは市場と私的所有を擁護するが、現在の資本主義をそのまま肯定するわけではない。アメリカの資本主義の展開は多くは国家権力と結び付いており、自由と矛盾する独占や帝国主義として批判されている。こうした経済の不公正に対して、国家がその救済者となることは当然否定される。不正に対しては社会運動で立ち向かうべきだ、というのがロスバードの考え方であり、こうした点でタッカー的な系譜が継承されていると思われる。

新自由主義に対するリバタリアニズムの意義があるとすれば、それはどこに見出されるのだろうか。新自由主義的な自由の考え方が浸透するなかで、われわれはどれ程の自由を得たのだろうか。新自由主義の問題点は、不平等が進行したということだけでなく、自由もまた窒息しかけている、ということにもあるのではないか。セキュリティを守るという名目で社会的な監視が強化される。言論にタブーと自主規制が増大する。これは新自由主義的な自由の追求が不十分だからではなく、むしろ新自由主義的な自由に必然的に伴う事態であると考えられる。たとえば株式市場が一般の投資家に投資の機会を広げようとすれば、投資のルールの強化や会社の情報公開の義務化は不可避となる。多くの人がコンピュータ・ネットワークを利用する自由が増大すればするほど、不正侵入や情報流失の危険が増すので、セキュリティの管理の強化が要請される、等々。こうして新自由主義のもとで、自由と規律化や管理化とは反対物ではなく、両者が相携えて進行することになる。こうした権力の作用は政治的支配者から来るだけでなく、多くの人びとの要請によって下から支えられているという面があるので、息苦しい世の中になったと感じてもそれらを批判することは困難なのである。

これに対して、リバタリアニズムの自由は根本的に異なった性格を持っているように思われる。たとえばタッカーは特許権を認めていない。ロスバードは、プライヴァシーの権利を認めず、またプライヴァシー侵害や名誉棄損を根拠とした言論の制約をリバタリアン的な自由と相容れないものと考えている。[23] 暴力を用いない限り、「やられたらやり返す」のが自由だ、というのがロスバードの主張なのだろう。もとより、このような自由の概念には多くの問題が含まれているのは当然である。しかし、リバタリアニズムは、新自由主義とは性質の異なる自由のあり方を示唆する点で、再考に値する。

終章

本書を締め括るに当たって、アナーキズムという括りで政治思想を考えることに今日どれほどの意味があるのかについて、あらためて考えることにしたい。もっとも、現代の政治思想について論じることは本書の目的ではなく、これについては別の機会を考えているので、あくまで本書で論じた一九世紀を中心とした思想史との関連で触れるにすぎない。

本書の各所で触れてきたように、一九世紀におけるアナーキズムの始祖とされる諸思想家が、今日通常にイメージされるアナーキズムに直接関係を有するわけではない。アナーキズムとされる思想の括りはかなり便宜的なものであり、その内実が検討されるよりも前提とされることでそれ以上の探求が妨げられていることが問題だというのが私の関心としてずっとあった。一九世紀中ごろまでの初期アナーキズム思想は、現在アナーキズムと考えられている思想とは必ずしも接点を持たないし、また現在の時点でのアナーキズムを構成する要素も矛盾に満ちている。本書の目的はアナーキズムの通念に依存することなく一九世紀半ばまでのアナーキズム的な思想の意味を伝えることにある。それは現代の政治状況において特定の党派や運動に肩入れするものではないだけに、その実践的意味を説くことは難しく、少なくとも自明ではない。

意義があるとすれば、大別して二つの面があると考えられる。第一には、社会的・実践的意義はひとまずおいて、政治思想史学や政治哲学のなかの初期アナーキズム思想の意義を明らかにすることである。英語圏を中心にした政治哲学にあってアナーキズム思想的な契機は無視されているわけではなく、近年のリバタリアニズムやアナルコ・キャピタリズムなどとの関連もあって、一つの極端な立場として参照されることもあるが、歴史的な観点を欠いていることが多い。一方、政治思想史や社会思想史にあっては、初期アナーキズム思想の主な思想家や著作の名に触れられることはあっても、その位置付けをめぐる議論が盛んに行われているとは言いがたい状況にある。現在でも一九世紀の社会思想史、社会運動の思想史の通史的叙述にあっては、マルクスとエンゲルスによって作られた視点から初期アナーキズム思想の意義と限界が語られていることが多い。本書のねらいは、このような常識から距離をとり、初期アナーキズムの諸思想の、それぞれ個別の問題圏に寄り添うように思想を再構成することである。たとえばプルードンは中央集権に抗する中間集団の擁護や自主管理的社会主義あるいは連合主義の主張と結び付けられて回顧されることが多いが、その背景になっている存在論的次元にあるとも言える思想的根拠が問われることは少ない。本書はまず、このような思想系譜の忘れられた面を明らかにすることを目的とする。

第二には、現在の政治思想におけるアナーキズム的な諸思想を検討するさいの批判的な照準点を提供することである。一九世紀のアナーキズムの始祖とされる思想は今日的な意味でのアナーキズム思想と同じではないが、同じではないと認めることではじめて、両者がどのように関係付けられるのかを問うことができる。

アナーキズム的な思想が現在にあって時に注目される理由を見出すことは困難ではない。一九六〇－七〇年代以降、政治における国家の独占的な地位は明らかに低下し、世界市場や国際組織、NGOなどの非政府組織などの活動領域が拡大していった。そのような変化とともに、国家の正当性を根拠づけることは以前より困難になった（たとえばJ・ハーバーマス『後期資本主義における正当化の問題』）。政治理論の目的も、プラトンやアリストテレス以来の「よい国家」の条件を論じることには止まらなくなり、「政治」の領域とは何かについて偶然性にさらされる事態が到来する。プルードンは「統一」を自明の前提とする政治理論を、右であれ左であれ批判の対象とした（『連合の原理』）。それはナショナリズムの批判に止まらず、社会的分化（分業）の進展や社会の複雑化を中心とした彼の社会理論に基礎を置く主張でもあった。このような主題は、社会学理論の系譜で洗練されていくが、それに先駆けて、プルードンの主要な知的貢献でもあった（プルードン『人類における秩序の創造』）。

社会関係の複雑化は現代社会の恩恵であり強みでもあるのだが、とくに一九六〇‐七〇年代の先進諸国での社会的大変動以来、社会的利害や考え方の複雑な対立がもたらされ、その結果政治的統合の困難が深まっていった。第二次世界大戦後長く続いてきた政治経済システムへの不信感は高まっており、その資本主義的な代案として世界を席巻した新自由主義も今では呪詛の的となっている。左翼のオールタナティヴは、多文化主義への拡散に行き詰まり感が生じるようになって以来、マルティテュードへの期待（ハートとネグリ）、左派ポピュリズム（ラクラウとムフ）、共産主義の復権（バディウ、ジジェク）などさまざまな展開が見られるようになった。今回はこれらを検討する余裕はないが、いずれも問題を抱えていて有力な方向を見出しているとは言いがたい。

そのような混乱と先の見えない状況は、社会運動のなかにアナーキズム的な実践への期待を一部で抱かせる理由にもなっていると思われる。しかしそれは、かつて一部のアナーキズム思想に見られたような、たんなる現存の社会秩序の破壊ではあり得ないだろう。残念ながら絶望や憎悪が希望を圧倒する現在において、現存秩序を否定したあとに到来するのは憎悪に満ちた暴力の悪循環である可能性が高い。政府への信頼が低下しているのは理由のあることだが、これ以上政治不信を深めていくならば、新しい社会が生まれる期待よりも社会の崩壊を帰結する危険の方が大きいだろう。

一方、闘争と混乱に希望を見出すのとは逆に、権力から自由でローカルな、共同体的で調和的な関係の復権を説く立場もアナーキズム的なものの一側面と言えようが、これもまたさまざまな問題に直面する。こうした立場は反グローバル資本主義の立場に加え、いよいよ人類生存の危機が問題にされているエコロジー思想が結びついて主張されることが多い。人間と自然および人間相互の調和的関係を回復させる実践はさまざまに可能であろうし、その意義は小さくない。しかし人間と自然とともに人間と人間の関係が激変して、「人新世」が言われ、また動物やＡＩとの境界をはじめ人間の輪郭も定かではなくなっている現在、安定した調和的な関係を求めることがむずかしいこともたしかである。

文明や社会のオールタナティヴについての問いに、今具体的な答えを出すことが困難ななかで、思想史的考察としてまず考えてみたいのは、より長期的な歴史のなかで、これまで批判的な思想系譜と見られてきたものがどのように曲がり角にあるかということを思考し、このような試みのなかに一九世紀の初期アナーキズム的諸思想を置いてみることである。

まずフランス革命をはじめとする近代の諸革命は、その後の批判的な社会思想にとって長くモデルを形成してきた。マルクスの思想やマルクス主義も、一面ではこれらの限界を指摘しつつも、フランス革命由来の人民主権型の政治を自らの革命論のなかに取り込み強化してきたことは明らかである。

それに対して、アナーキズム的な諸思想と「革命」との関係は微妙である。たしかに、近代のアナーキズム諸思想の成立にフランス革命は不可欠の契機としてあった。ゴドウィンやプルードンには革命への言及は多く、実践的にも両者は革命との関わりを有した。寡頭的な政治経済体制への批判や貧しい民衆層への共感は、理論以前に革命支持の基盤をなしていた（最もシニカルなシュティルナーにおいてさえ、「唯一者の連合」をそのように解釈することも可能だろう）。しかし、このような初期アナーキズム思想が革命に中心的役割を果たしたわけではなく、革命への幻滅やすれ違いに帰結した。プルードンの思想を継承する社会主義者たちも主要な役割を担った革命であるパリ・コミューンは、ごく短期間しか続くことはなかった。それは初期アナーキズム思想の後のアナーキズムと諸々の革命の関係について見ても当てはまる。

このようにアナーキズム的諸思想は革命への何らかの批判的距離をもって成立していると見ることができる。左派のなかで革命に対する意義のある批判を行った流派でもある。本書で取り上げたアナーキズム的思想は当然、政治権力に対して距離を置こうとする志向を有する。しかしそれはいわゆる「反権力」と同じではない。「反権力」は権力に対する憎悪として受動的な感情に基礎付けられていることが多く、それゆえにこのような立場が革命に成功して権力を掌握すると、いっそう残忍な権力の行使に導かれた。このような傾向はフランス革命ですでに明瞭であり、そして二〇世紀に絶頂に達した。一九世紀のアナーキズム思想は、何らかの意味での個人の自立（ゴドウィンにとっての「自由な思慮の領域」やシュティルナーにとっての唯一者性）が脅かされる場合には政治権力に対して批判ないし抵抗が主張されるが、政府批判や国家の否定自体が目的とされるならばそれは倒錯だとする立場に近い。

アナーキズム側から見ると、革命言説の偶然性が透けて見えるとも言える。一九世紀の初期アナーキズム諸思想は（シュティルナーをおそらく別として）、漸進的な理性の発展や自然法的正義の観念を有するなど、一八世紀啓蒙のある部分を継承した思想系譜と特徴付けることができよう。ところで「啓蒙」と「革命」とを一続きの必然的なつながりと見ることはできない。一八世紀のフランス啓蒙の思想家で革命を予想した者はほとんどいない。革命家によって顕彰されたルソーでさえ、フランスのような広大な国家において自らの掲げる人民主権が実現するとは考えなかった。スコットランド啓蒙のヒュームは、古典的共和主義にも批判的で過激な情念の爆発を危惧し、またスミスは産業者や労働者の勤勉さを称賛したが、だからといって彼ら彼女らが政治を担うべきだとは考えず、腐敗していることを知りつつも貴族政治の存続をアイロニカルに承認したのだった。

啓蒙の時代に出来上がった文明化という視点は、初期アナーキズム思想にも継承される。分業が進むと人びとのあいだの差異が拡大するとともに相互依存の関係が深まる。人民主権的な意志の一致は、共通の敵が見出される場合に限り成り立ち、そのような条件が失われると一致は崩れ革命は崩壊に至る。一九世紀のアナーキズム的諸思想に特徴的なのは、政治秩序に打撃を加え一気にそれを崩壊させるといった、一般にアナーキズムについて持たれがちな通念（バクーニンやソレルの影響があると考えられる）とはむしろ逆に、そのような政治とは異なる領域に秩序の実質を見出そうとする点である。それは短期的な政治的決着に希望を求めるのではなく、漸進的で長期的な方向を指し示すものである。社会契約的な一致には依存しない社会秩序のあり方はすでに啓蒙の時代に提起されていたが、ポスト革命の時代にそれを継承したのが初期アナーキズム思想だった（アメリカとフランスの二つの革命に関わった、英国のトマス・ペインは「社会は善、政府はせいぜい必要悪」とする有名な定式化によって契約説的思考から脱却し、見ようによってはアナーキズム的な思考に移動している。しかし、ゴドウィンはペインのようには考えず、むしろ社会を一体的なものとして捉える発想のなかに問題を見出していた）。

政治や経済、文明の全体を一挙に転覆させる考え方は、帝国主義や金融資本の支配が顕在化する一九世紀末から二〇世紀初頭にかけて勢力を増すが、その頂点はレーニンらボリシェヴィキによるロシア革命の成功（一九一七）であった。しかし、革命自体が暴力的な支配に転じていったのに加え、共産主義革命への対抗として、もうひとつの既存秩序の転覆運動であるファシズムが台頭して、自由主義と合わせて三つ巴の争いとなった。信じられないような規模の犠牲を出した第二次世界大戦がようやく終わり、戦後出来上がった政治体制はそのような危険な転覆をさせないために工夫がなされた。この戦後体制は植民地支配の残存などさまざまな矛盾や欺瞞を有し、一九六〇年代後半から七〇年代前半にかけて、ニューレフトの批判の対象となる。ニューレフトの言説のなかには「世界革命」などの言葉が躍ったが、政治的革命につながるものではなく、文化の大変容など別領域にその本領は発揮された。アナーキズム的な発想に親近性が見られるのもそのためである。ニューレフトの衰退のあと、現秩序を転覆する試みは、カルト宗教や宗教的原理主義、限定的ながらポピュリズム、そして今現在ではロシアのような権威主義的独裁国家に担われるようになっている。これらが復讐を原理とする以上、明るい未来が拓かれることは考えられない。グローバル資本主義国際秩序に問題が多いことはそのとおりだが、いま積極的な意味での転覆の可能性があるかというと悲観的にならざるを得ない。転覆に賭けるのではない仕方でそれを作り替えていく長期的視点が必要である。

ここで想起するのは、一九世紀のアナーキズム的諸思想がポスト革命的であったという点である。それは革命による政治秩序の転覆の限界を見据えた思想であり、革命で目指される政治とは異なる場や関係に秩序の実質を移動させようとする思想と言うことができよう。同時にそれは革命が破壊した旧来の秩序に戻るのではなく、革命がもたらした秩序の偶然性を受け止め、それを包摂するような秩序を漸進的に形成していく方向性を有している。その意味で秩序創造的なのである（プルードン『人類における秩序の創造』）。

ところで戦後日本の思想に目を移せば、ここにも革命の影がずっと見え隠れしてきた。左派系はある時点まではロシア型または中国型の社会主義革命をモデルとしながら、その機会を失い、革命は日延べされてその先はやがて見通せなくなった。他方でリベラル派は社会主義革命には慎重であったが、その代わり近代日本での革命の不在、市民革命なき近代化に負い目を抱き続けた。戦争の惨禍をもたらした軍国主義への反省と戦前戦中の体制からの断絶をもとに出発した日本のリベラルにとって、「八月革命」(宮沢俊義)は憲法理論上可能であっても憲法制度がアメリカによって与えられたことで、いわば自力の革命の機会を失ったとも言えるからである。高度経済成長や冷戦の終結を経て、日本は「革命」的なヴィジョンからいっそう遠ざかっていった。そして現在、日本のリベラルや左派は、平和主義の貴重な遺産を引き継ぎつつも、保守支配と新自由主義への非難に終始するだけでヴィジョンを提示できず、その命脈が尽きるのではないかという心配さえ生じさせている。冷戦終結後に形成された「保守対リベラル」の対立構図も有効とは言えなくなっている今、アナーキズム的思想はいずれにも属さない政治観を提供するものとして検討に値するかもしれない。

本書は繰り返し言うように、現代における何らかのオールタナティヴを提示しようとするものではなく、アナーキズムと呼ばれてきた思想系譜の主として一九世紀における展開を検討することにより、批判的思考の長期的な趨勢をたどり直し、読み替えることを目的としている。プルードンはじめテクスト自体の検討においてさえ作業の端緒に付いたばかりなのが残念だが、今後も機会を見つけて今回の欠落を埋めていこうと考えている。

あとがき

本書は一九八〇年代半ばに提出した私の修士論文をもとに書いたゴドウィン論から始まり、三〇年以上にわたって書いてきた文章のなかから、通常アナーキズムに属するとされる思想家の研究に関するものを集めた論文集である。それらに今回新たに書いた「序章」「中間章」「終章」を加えた。その意図は通常のアナーキズム思想史を構成することとは必ずしも同じではないことは、序章などで書いたので繰り返さない。なお本書で扱った思想家のなかで、マルクスはアナーキストには含まれないが、一九世紀半ばのアナーキズム的な思想家たちと共有する面も対立する面もともにあって、比較のために不可欠な思想家であるので、本書でも取り上げることにした。

「まえがき」でも触れたように、本書は実践的な社会運動としてのアナーキズムに何らかの貢献をしようとするものではない。アナーキズムの実践家からすれば、アナーキズムは何より自由を求める衝動、情熱の所産であって、本書で扱ったような理屈は必要がない、といった反応があっておかしくない。このようなアナーキズム観には一理あり、これを否定するつもりは、私には全くない。ただし、現代社会では希求される自由の内実に自明性が失われてきたこともたしかであろう。私の求める自由とあなたの求める自由とは同じではなく、対立するかもしれない。そのような場合は自由をどのように把握するかをめぐって議論の必要が生じることを承認しないわけにはいかない。

そして何より本書で目指したことは、既存のアナーキズム思想史を前提するのではなく、その自明性を揺るがすことであり、そのためにアナーキズムという思想系譜が確立する直前の一九世紀前半の思想に焦点を当てることにした。それゆえ、アナーキズムを完結した主義として把握するのではなく、その政治的・社会的コンテクストのなかに読み込み、後にアナーキズムの始祖とされる思想系譜の特徴を浮き上がらせることに重点を置くことにした。

そしてこのような解釈枠組みの再検討には、一九八〇年代以来政治理論の領域で展開されてきたさまざまな潮流（正義論、政治的なものをめぐる議論、統治性論、ポストモダニズムの政治論など）が影響を与えていることは、一読していただければ直ちに了解していただけることと思う。

それには偶然的事情も関連している。本書に収録した論文の多くは、雑誌や論文集の編者からの求めに応じて書いたものだが、アナーキズム思想史について求められることは少なく、自由主義や民主主義など、より一般的な政治思想や政治理論の観念を特集した著作や雑誌において、それらとの比較としてアナーキズム的思想を扱ったものが大半を占める（第三章と第六章は自由主義、第四章は民主主義、第七章はプラグマティズムの特集に参加して書いたものである）。それゆえ各論文の成立事情にはそれぞれの理論的なコンテクストが影響を与えている。本書に収録するに当たって、新たに加えた論考とともに、アナーキズム的なもののコンテクストを再考し、各論文を位置付け直すことを試みたのだが、論文間のコンテクストの不一致が克服されるには至っていない。また先にも触れたように論文の初出については三〇年余りの隔たりがあるために、文体や表現の不統一も目立つ。これらも今回最小限度で表現の統一を高めるように努力したが限界もある。以上の点について読者のご寛恕を請いたいと思う。

この三〇余年のあいだ、本書で主として扱った思想家たちの研究が盛況であったとは言えないが、最近になってとくにプルードンについては、金山準氏（北海道大学）の注目すべき研究書や、また立派な訳業が出版されるなど事情が変わってきた感もある。しかし本書では自分の過去の論文を整理することで手一杯で、このような新しい成果を取り入れることが出来なかった。お詫びするとともに、別の機会に果たそうと考えている。

何はともあれ、初出時にはあまり目立つことのなかった各論文を、このようなかたちで新たに読んでいただけることになり、幸運に恵まれることを、私は読者および出版社の方々に深く感謝申し上げたい。各々の論文執筆時にご指導をいただき、お世話になった方々は多数に上るが、長い期間にわたるゆえに、まことに失礼ながらお名前を挙げることは控えさせていただこうと思う。

この企画は、かつて作品社におられた渡辺和貴さんに勧められて始まった。しかし私の仕事が遅いために、渡辺さんが他社に移られるまでに出版することができなかった。その後作品社の福田隆雄氏、倉畑雄太氏、田中元貴氏がこの企画を引き継いでくださった。二〇二〇年の春から新型コロナウイルス感染症により大学も混乱してこの仕事を中断せざるを得ない期間もあったが、主要な理由としては私の仕事の遅さゆえに、完成はますます先延ばしになってしまった。このあいだ辛抱強く待ち続けてくださった作品社の方々には本当にお世話になり、この場を借りて深く感謝申し上げたい。

二〇二二年秋　駒場にて

森 政稔

註

序章　アナーキズムとアナーキズム的なものの概念をめぐって

▼1　ユルゲン・ハーバマス『近代の哲学的ディスクルス』三島憲一ほか訳、岩波書店、一九九九。

▼2　三宅芳夫『ファシズムと冷戦のはざまで——戦後思想の胎動と形成 1930–1960』東京大学出版会、二〇一九。

▼3　デヴィッド・グレーバー『アナーキスト人類学のための断章』高祖岩三郎訳、以文社、二〇〇六。

▼4　マーシャル・サーリンズ『石器時代の経済学　新装版』山内昶訳、法政大学出版局、二〇一二。

▼5　ピエール・クラストル『国家に抗する社会』渡辺公三訳、風の薔薇、一九八七。

▼6　デヴィッド・グレーバー『民主主義の非西洋起源について——「あいだ」の空間の民主主義』片岡大右訳、以文社、二〇二〇。

▼7　デヴィッド・グレーバー『アナーキスト人類学のための断章』高祖岩三郎訳、以文社、二〇〇六。

▼8　Oliver Davis, *Jacques Rancière*, Polity Press, 2010.

I　アナーキズムの思想的意義

第一章　アナーキズム的モーメント

▼1　たとえば、George Woodcock, *Anarchism: A History of Libertarian Ideas and Movements*, World Publishing Co.,

1962.（G・ウドコック『アナキズムI　思想篇』『アナキズムII　運動篇』白井厚訳、紀伊国屋書店、一九六八）、James Joll, *The Anarchists,* Little, Brown and Company, 1964.（ジェームズ・ジョル『アナキスト』萩原延寿・野水瑞穂訳、岩波書店、一九七五）、David Apter and James Joll (ed.), *Anarchism Today,* Doubleday, 1971.（D・アプター、J・ジョル編『現代のアナキズム』大沢正道ほか訳、河出書房新社、一九七三）などがこの時期に著されている。また日本でもこの時期アナーキズム思想への関心は高く、古典的思想を翻訳した三一書房の「アナキズム叢書」、バクーニンの著作集、また（今回失礼ながら内容の紹介、検討をする余裕がないが）高いレベルのプルードン研究もかなり多数がこの時期に出版されている。

▼2　桑田礼彰・福井憲彦・山本哲士編『ミシェル・フーコー　1926–1984　権力・知・歴史』新評論、一九八四を参照。この左翼批判とおそらく同様の理由でフーコーが自らをアナーキストではない、と語ったこともよく知られている。

▼3　David Apter and James Joll (ed.), *Anarchism Today*（D・アプター、J・ジョル編『現代のアナキズム』）などが指摘しているように、それまでのアナーキズムにはあまり例がなく、一九六〇 - 七〇年代のアナーキズム的思想の特徴として挙げられている要素が、近代科学技術批判であったことを見ると、最先端技術を利用したアナーキズム思想というのは奇妙に見えるかもしれない。しかし、六〇 - 七〇年代の運動家たちのなかには若い科学者、技術者が多く含まれており、このような運動家たちが潜在的なテクノクラートであったゆえに、科学と社会の矛盾に敏感であり、オールタナティヴなテクノロジーの追求に向かったことを考えれば、連続性もまた認められる。ただ、インターネットなどの情報技術がもともと軍事関係のテクノロジーから始まったこととも関連して、「戦争機械」的な方向への文化変容が生じたのかもしれない。

▼4　David Apter and James Joll (ed.), *Anarchism Today*（D・アプター、J・ジョル編『現代のアナキズム』）

▼5　フランス・ファシズム思想の詳細で優れた研究として、深沢民司『フランスにおけるファシズムの形成』岩波書店、一九九九。このなかでも、ファシズムに大きな影響を与えたアナーキズム的、サンディカリズム的思想家として、ソレルの思想が取り扱われている。また日本において右翼に流れ込む思想のなかに、アナーキズムの分権的思想を見出す酒井哲哉の研究も興味深い（酒井哲哉「アナキズムの想像力と国際秩序――橘樸の場合」山脇直司ほか編『ライブラリ相関社会科学7　ネイションの軌跡』新世社、二〇〇一）。

▼6　田中ひかる『ドイツ・アナーキズムの成立――『フライハイト』派とその思想』御茶の水書房、二〇〇二。

▼7 田中ひかるによれば、バクーニンら「反権威派」の多くが「アナーキスト」を自称するのは一八七〇年代以降であり、またドイツ社会主義労働者党（後のドイツ社会民主党）大会で、主流派から暴力性のゆえに「アナーキスト」と名指されるグループが出現するのは一八八七年だという。

▼8 James Joll, *The Anarchists*（ジェームズ・ジョル『アナキスト』）

▼9 板垣哲夫による日本のアナーキズム思想の研究（板垣哲夫『近代日本のアナーキズム思想』吉川弘文館、一九九五）は、大杉栄、辻潤、石川三四郎、ギロチン社の人びとなどを扱い、異なるタイプのアナーキズム諸思想を理論的に比較している点で非常に興味深い。このなかで今回特徴付けた「アナーキズム」の性格に近いのは大杉栄であると思われる。板垣によれば、大杉は「共同性による政治性の解体」を目指したが、他者を政治的に操作するため、意識的に共同的関係を演出しようとして、しばしばこれが「政治性による共同性の解体」へと反転した。大杉の思考のなかで、人類は創造者へと高められ、生の拡充が志向されるが、このなかには「反逆」「破壊」「乱調」が含まれていた。また、水溜真由美の研究は大正デモクラシー思想の発展との関係で、大杉栄、有島武郎、石川三四郎にアナーキズム思想の可能性を探っている（水溜真由美「大杉栄とアナキズム——近代日本思想史のパラダイム転換に向けて」『相関社会科学7』東京大学大学院総合文化研究科国際社会科学専攻、一九九七）。

▼10 ソレルは自らの思想に強い影響を受けたものとしてレーニンを扱い、レーニンを高く評価する。レーニンが実際にソレルに影響を受けたかどうかはともかくとして、マルクス主義が二〇世紀にカウツキー流の社会民主主義からボリシェヴィズムへと転回するさいに、「アナーキズム」の成立と共通の要因が作用していることは十分考えられる。このような交差が、対立者の間で共有される二〇世紀的前提を作り上げたのだと言えよう。

▼11 シュティルナーは、「自由」をもひとつの空疎な抽象であるとして退け（ここではブルーノ・バウアー流の自由が批判されていた）、代わりに自己を享受することを説く。シュティルナーのプロテスタント的自由や主体性の批判については、住吉雅美の研究が詳しい（住吉雅美『哄笑するエゴイスト——マックス・シュティルナーの近代合理主義批判』風行社、一九九七）。

▼12 一九世紀末のニーチェが流行した頃シュティルナーが再発見されたことが示すように、このような権力観をシュティルナーまで遡行させる解釈もあり得ると思われる。しかし私はこの点についてはシュティルナーと

ニーチェのあいだに差異があり、シュティルナーは権力意志には関心がなく、自己の欲求の享受に踏みとどまった、と考えている。

▼13 平田清明や望月清司に代表される六〇 - 七〇年代の「市民社会派」は、今日の市民社会論とは異なるレベルで市民社会の自律性をテーマ化していたが、そのさいマルクスがプルードン批判のなかで学んだものを重視し、プルードンを小市民主義として切り捨てるのとは全く異なる仕方で扱った。ただ残念なことには、プルードンの契機が、プルードン自身の文脈のなかで検討されるには至らなかった。

▼14 オークショットは共通の目的を持たない civil association の概念を自由の条件として提起した『人間的行為について』の註（Michael Oakeshott, *On Human Conduct*, Clarendon Press, 1975, p. 319）のなかで、共通目的に導かれる集団としての国家概念を批判してきたプルードンを取り上げ、「共同体でもなく、専制でもなく、アナーキーでもない、社会的平等の状態を発見する」ことを述べたプルードンの一節を「悪くない」と評している。リバタリアニズムの研究書にも、類似した視点からのプルードンへの評価が散見される。ただし、リバタリアニズムにとって自由の基礎であり前提でもある私的所有権をプルードンが問題視する点では、両者は決定的に異なっている。今回はこの問題を論じる余裕がないので、別の機会にゆずりたい。

▼15 プルードンとバクーニンらとのあいだの差異に注目し、前者を評価した先例として、関廣野による度々の指摘を忘れるわけにはいかない。

Ⅱ 先駆者たち

第二章 W・ゴドウィン

▼1 半沢孝麿「フランス革命期のイギリス急進主義政治思想」上・下『国家学会雑誌』第七四巻第三・第四号、第七・第八号。半沢教授はゴドウィンの哲学における存在論の優位が、革命に必要な主体の論理を掘りくずしたことを指摘される。

▼2 J. G. A. Pocock, *The Machiavellian Moment*, Princeton, 1975.（J・G・A・ポーコック『マキャベリアン・モーメント――フィレンツェの政治思想と大西洋圏の共和主義の伝統』田中秀夫・奥田敬・森岡邦泰訳、名古

屋大学出版会、二〇〇八）
▼3 Ibid., p. 463. これはとくにボリングブロックについて指摘されている。
▼4 Ibid., p. 464.
▼5 E. Royle, and J. Walvin, *English Radicals and Reformes 1760–1848*, The Harvester Press, 1982, p. 14.
▼6 佐々木武「「英国革命」一七七六年」阿部斉ほか編『アメリカ独立革命——伝統の形成』東京大学出版会、一九八二、一六七‐一九四頁。
▼7 E. P. Thompson, *The Making of the English Working Class*, *Penguin Books*, 1963, p. 99.（エドワード・P・トムソン『イングランド労働者階級の形成』市橋秀夫・芳賀健一訳、青弓社、二〇〇三）
▼8 Ibid., pp. 28–. この点で革命思想が宗教批判と結びついたフランスとは対照的である。
▼9 Ibid.
▼10 Pocock. op. cit. p. 485.
▼11 L・スティーヴン『十八世紀イギリス思想史』中巻、中野好之訳、筑摩書房、一九六九、一八〇頁。
▼12 Royle and Walvin, op. cit. pp. 32–.
▼13 J. Priestley, *An Essay on the First Principle of Government*.
▼14 P. H. Marshrll, *William Godwin*, Yale U. P., New Haven & London, 1984, pp. 32–45.
▼15 以下、非国教会派の政治思想の概略については、次を参照した。A. Lincoln,, *English Dissent 1763–1800*, Cambridge, 1938.
▼16 Thompson, op. cit. ジョージ＝リューデ『イデオロギーと民衆抗議——近代民衆運動の歩み』古賀秀男ほか訳、法律文化社、一九八四。ジョージ＝リューデ『歴史における群衆——英仏民衆運動史 1730~1848』古賀秀男ほか訳、法律文化社、一九八二参照。
▼17 Royle and Walvin, op. cit. p. 41.
▼18 ジョージ＝リューデ『イデオロギーと民衆抗議』八八頁。
▼19 スペンス「人間の権利」都築忠七編『資料イギリス初期社会主義——オーエンとチャーティズム』都築忠七訳、平凡社、一九七五、一九‐二五頁。
▼20 以下の伝統的な記述については、主に、Marshall, op. cit. にもとづく。

▼21 パンフレットの内容については、G・ウドコック『アナキズムI 思想篇』白井厚訳、紀伊国屋書店、一九六八、八三 - 八五頁、および白井厚『ウィリアム・ゴドウィン研究』未來社、一九六四、二八 - 二九頁。

▼22 *A Vindication of the Rights of Men*, London, 1790.（メアリ・ウルストンクラフト『人間の権利の擁護／娘達の教育について』清水和子・後藤浩子・梅垣千尋訳、京都大学学術出版会、二〇二〇）

▼23 Marshall, op. cit. pp. 84–85.

▼24 *An Enquiry political Justice and its influence on General Virtue and Happiness*, London, 1793. しかし、本章では後述の理由により、次の第三版（そのファクシミリ版）を主として使用する。F. E. L. Priestley, *Enquiry concerning Political Justice and its influence on Morals and Happiness, photographic facsimile of the third edition corrected*, 3 vols, the university of Toronto press, 1946. 以下、P.-J. (I), P.-J. (II) と略記する。

▼25 第一版では「社会は善、政府は必要悪」というペイン的な定式や、政府を社会改良の道具と見るエルヴェシウス的立場が残存しているが、第三版ではその多くが実質的に修正されている。

▼26 P.-J. I, p. 165.

▼27 J. P. Clark, *The Philosophical Anarchism of William Godwin*, Princeton, 1977, p. 96.

▼28 ゴドウィンにおいて、理性と悟性とは区別されない。

▼29 P.-J. I, p. 121.

▼30 Ibid., p. 127.

▼31 ゴドウィンを一貫した功利主義者と見るか、ケンブリッジ・プラトニストにつながる理想主義者と見るかには争いがある。Clark, op. cit. は効用の原理の貫徹を主張することにより、後者の立場に立つ『正義』ファクシミリ版の編者、プリーストリーを批判している。しかし、実りのある議論とは考えられないので、本章ではこれ以上立ち入らない。

▼32 「フェヌロン大司教（archbishop Fénelon）vs 私の母親（my Mother）」として知られる。P.-J. I, pp. 127–128.

▼33 P.-J. I, p. 240 および Monro, *Godwin's Moral Philosophy*, Oxford, 1953, p. 161 を参照。

▼34 Clark, op. cit. pp. 25–26.

▼35 P.-J. II, p. 217.

▼36 P.-J. I, pp. 189–191.

▼37 P.-J. II, pp. 296–304.

▼38 P.-J. II, pp. 112, 227.

▼39 P.-J. I, p. 257.

▼40 P.-J. I, p. 330.

▼41 P.-J. I, p. 332. ゴドウィンはこのようにコミュニケーションの公開性を重視する立場から、カートライトとは異なり、秘密投票には懐疑的な態度を取る。秘密投票は富者の貧者に対する不当な影響力を排除する点では望ましいが、本来的に望ましい制度とは言えない、とされる。

▼42 P.-J. II, p. 116.

▼43 P.-J. II, pp. 117–119.

▼44 P.-J. II, p. 187.

▼45 P.-J. II, p. 293.

▼46 P.-J. II, p. 195.

▼47 D. A. Hume, *Treatise of Human Nature*, Book III, Part II, 1739–1740.（デイヴィッド・ヒューム『人間本性論 第三巻――道徳について』伊勢俊彦・石川徹・中釜浩一訳、法政大学出版局、二〇一九）

▼48 W. Godwin, *Things as They Are: or The Adventures of Caleb Williams*, 1794, London. テクストはオックスフォード版（1982）を使用した。

▼49 P.-J. I, pp. 445–446. なお、ここで登場する三類型の上位に「慈恵の人」が位置する（後述）。モンテスキュー政体論との対応については、Monro, op. cit. pp. 57–85.

▼50 この問題についてはMonro, op. cit. pp. 109–132 の鋭い考察を参照した。

▼51 Marshall, op. cit. pp. 144–154 は、カルヴァン派の厳格な教義と、非国教派の迫害を受けやすい立場に、ゴドウィンの強迫観念の原因を求めている。

▼52 アルバート・O・ハーシュマン『情念の政治経済学』佐々木毅・旦祐介訳、法政大学出版局、一九八五、二九頁以下。

▼53 P.-J. I, p. 192.

▼54 W. Godwin, *The Enquirer, Reflections on Education, Manners, and Literature*, London, 1797, pp. 230–234. 本章では

テクストは第二版（1823）を使用したが、参照箇所についてはほとんど差がない（以後 Enq. と略す）。

▼55 ゴドウィンは『正義』で卓越性の規準が財産の大小に移り、真の才能が公約尊敬を受けなくなったことを批判している。P.-J. II, p. 428.

▼56 Dr. Parr への書簡で述べられている。

▼57 D. A. Locke, *Fantasy of Reason, Routledge & Kegan Paul*, 1980, p. 144.

▼58 Marshall, op. cit. pp. 172–194.

▼59 Enq. p. 3.

▼60 St. Leon, *A Tale of the Sixteenth Century*, 3 vols., London, 1799.

▼61 Ibid. Vol. 2, p. 235 (quoted from Monro, op. cit. p. 99).

▼62 Hume, op. cit. Book III, Part III.

▼63 Enq. p. 51.

▼64 Ibid.

▼65 Ibid., p. 270.

▼66 Ibid., p. 29.

▼67 Ibid., p. 45.

▼68 Ibid., p. 66.

▼69 Ibid., p. 94. ゴドウィンはこの点に関し、『エミール』におけるルソーの教育論は、教師が詐術を用いて一方的に教育を行うものであり、教師と生徒の対等で率直な関係に反するものだとして批判している。

▼70 Ibid., p. 65.

▼71 W. Godwin, *Thoughts on Man, his Nature, Productions and Discoveries*, London, 1831, pp. 273–298.

▼72 Thoughts on Man, pp. 164–180.

第三章　M・シュティルナー

▼1 自由主義についての論争を整理したものとして、斎藤純一「自由主義」白鳥令・佐藤正志編『現代の政治思想』東海大学出版会、一九九三が簡明で有益である。

▼2 たとえば、G. Burchell, C. Gordon, and P. Miller (ed.), *The Foucault Effect*, Harvester, 1991 所収の諸論文を参照。

▼3 Max Stirner, *Der Einzige und sein Eigentum, Universal-Bibliothek*, Philipp Reclam jun., Stuttgart, 1972, S. 123.（シュティルナー『唯一者とその所有』上（下）、片岡啓治訳、現代思潮社、一九七七、一五〇頁）

▼4 Ibid., S. 114.（同上、一三八頁）

▼5 シュティルナーのプロテスタンティズム批判、ドイツ観念論との関係等に関しては、住吉雅美「マックス・シュティルナーの近代合理主義批判（1）-（4）」（未完）、『北大法学論集』第四二巻第二号以下を参照。この論文はシュティルナーの全体像を知るうえでも非常に貴重な成果である。

▼6 Max Stirner, *Der Einzige und sein Eigentum, Universal-Bibliothek*, S. 97.（シュティルナー『唯一者とその所有』上、一一八頁）

▼7 *Liberalismus, in Geschichtliche Grundbegliffe*, Band 4, S. 741–785.

▼8 ヘーゲルのポリツァイの問題については、岩崎稔「統治のテクノロジーとしてのポリツァイ」『現代思想』一九九三年七月臨時増刊号、稲葉振一郎「市民社会論・序説」『窓』第一一号などを参照。

▼9 Max Stirner, *Der Einzige und sein Eigentum, Universal-Bibliothek*, S. 123.（シュティルナー『唯一者とその所有』上、一六一頁）

▼10 Ibid., S. 124.（同上、一五〇頁）

▼11 Ibid., S. 172.（同上、下巻、九頁）

▼12 Ibid., S. 173.（同上、一〇頁）

▼13 Ibid., S. 199.（同上、四五頁）

▼14 「移ろいゆく自我」については、住吉、前掲論文、が詳しい考察を展開している。

▼15 Max Stirner, *Der Einzige und sein Eigentum, Universal-Bibliothek*, S. 39.（シュティルナー『唯一者とその所有』上、四九頁）

▼16 Ibid., S. 342.（同上、下巻、二三一頁）

▼17 シュティルナーとプルードンの所有論の比較は興味深いテーマであるが、今回は立ち入れない。

▼18 Max Stirner, *Der Einzige und sein Eigentum, Universal-Bibliothek*, S. 265.（シュティルナー『唯一者とその所有』下、一二六頁）

▼19 Ibid., S. 306.（同上、一八二頁）

▼20 Ibid., S. 344.（同上、二三二頁）

▼21 Ibid., S. 324.（同上、二〇七頁）

▼22 Ludwig Feuerbach, *Das Wesen des Christentums*, Universal-Bibliothek, Philipp Reclam jun., Stuttgart, 1969, S. 71.（フォイエルバッハ『キリスト教の本質』上（下）、船山信一訳、岩波文庫、一九六五、九〇頁）

▼23 代表的な論考として、山之内靖『現代社会の歴史的位相——疎外論の再構成をめざして』日本評論社、一九八二を参照。山之内氏の疎外論で興味深いことは、かつて類からの疎外として捉えられていた疎外論を、逆に悟性の普遍的能力が自己増殖し個体の欠如や差異等が隠蔽されることへと、疎外の意味そのものを転換したことにある。

▼24 Ludwig Feuerbach, *Das Wesen des Christentums*, S. 81.（フォイエルバッハ『キリスト教の本質』上、一〇五頁）

▼25 Ibid., S. 106.（同上、一三八頁）

▼26 Ludwig Feuerbach, *Vorlesungen über das Wesen der Religion*, *Gesammelte Werke 6*, Akademie Verlag, Berlin, 1984. S. 26.（フォイエルバッハ「宗教の本質にかんする講演」上（下）『フォイエルバッハ全集』第一一巻（第一二巻）、船山信一訳、福村出版、一九七三、二一二頁）

▼27 Ibid., S. 92.（同上、下巻、六頁）

▼28 動物社会学の知見をもとに、愛とエゴイズムについて自明性を突き崩す洞察を加えたものとして、真木悠介『自我の起源』岩波書店、一九九三。私は大いに刺激を受けたが、本章の材料でこれを消化するには至らなかった。

▼29 Ludwig Feuerbach, *Vorlesungen über das Wesen der Religion, Gesammelte Werke 6*, S. 61.（フォイエルバッハ「宗教の本質にかんする講演」上、二六一頁）

▼30 Ibid., S. 245.（同上、下巻、二一五頁）

▼31 Ibid., S. 149.（同上、上巻、一九四頁）

▼32 Ibid., S. 150.（同上、一九五頁）

▼33 Ibid., S. 264.（同上、三四四頁）

▼34 Ibid., S. 277.（同上、三六一頁）

▼35 Max Stirner, *Der Einzige und sein Eigentum*, Universal-Bibliothek, S. 199.（シュティルナー『唯一者とその所有』下、四四頁）

▼36 Ibid., S. 229.（同上、八四頁）

中間章　一九世紀初期アナーキズム思想の可能性と現代的意義

▼1 Saul Newman, *Postanarchism*, Polity Press, 2016. またポストアナーキズムについては、ルース・キンナ『アナキズムの歴史——支配に抗する思想と運動』米山裕子訳、河出書房新社、二〇二〇が触れていて参考になる。

▼2 プルードンが私的所有権に関する態度を変えたことには、二月革命時に彼が議員として私的所有権の廃止を提議し、他のあらゆる議員の不興を買って否決された経験があると考えられる。ただし、プルードンの立場は私的所有を否定して共有（共産主義）を行おうとするものでは決してなかった。革命的状況のなかで所有階級と非所有（労働者）階級の対立が深まり、プルードン自身も労働者階級の側に立って闘おうとしていたことは明らかだが、彼の理論における私的所有批判はそのような階級間を分断する争いに適するものであったかというと疑問である。そして彼はたんなる私的所有批判よりも、相互信用などを基礎とする社会構想に重点を移していくことになる。このようなプルードンと二月革命の関係については別の機会に論じたいと考えている。

▼3 P.-J. Proudhon, *Du principe fédératif, Oeuvre completes de P.-J. Proudhon*, XV, Riviere, 1959, p. 274-.

Ⅲ　マルクス、プルードン、フランス社会主義

第四章　マルクス

▼1 本章では社会主義一般を論じる余裕はない。マルクスに限定して論じることをご容赦いただきたい。

▼2 Hannah Arendt, *Between Past and Future [Enlarged Edition]*, Viking Press, 1968.（ハンナ・アーレント『過去と未来の間』引田隆也・齋藤純一訳、みすず書房、一九九四、一九‐三〇頁）

▼3 F. A. Hayek, *The Counter-Revolution of Science*, The Free Press, 1952.（F・A・ハイエク『科学による反革命——理性の濫用』佐藤茂行訳、木鐸社、一九七九、二六〇‐二六四頁）

▼4 K. Marx, *Kritik des Hegelischen Staatsrecht* (1834), *Marx Engels Werke*, Band 1, Dietz Verlag, 1957, S. 230.（カール・マルクス「国法論批判」『ヘーゲル法哲学批判序論』真下信一訳、大月書店、一九七〇、五一頁）

▼5 「最後に私は、第三の完全に絶対的な統治形態に移る。これはわれわれが民主制と呼ぶものである」。Spinoza, *Tractatus Politicus*.（スピノザ「政治論」『世界の大思想9 スピノザ』井上庄七訳、河出書房新社、一九六六、四二一頁）

▼6 K. Marx, *Zur Judenfrage* (1843), *Werke*, S. 370.（カール・マルクス『ユダヤ人問題によせて』城塚登訳、岩波文庫、一九七四、五三頁）

▼7 K. Marx und F. Engels, *Die Deutsche Ideologie*, Neuverö entlichung des Abschnittes 1 des Bandes 1, Hrsg. von W. Hiromatsu, Kawadeshobo-shinsha, 1974, S. 38. 訳文は同じ編集本の廣松渉訳に従う。廣松訳三八頁。

▼8 *Die Deutsche Ideologie*, S. 144. 廣松訳一五二頁。

▼9 *Die Deutsche Ideologie*, S. 134. 廣松訳一四二頁。

▼10 K. Marx, und Engels, F., Manifest der Kommunistischen Partai (1848), Werke, Band 4 (1969), S. 465–466.（マルクス、エンゲルス『共産党宣言』大内兵衛・向坂逸郎訳、岩波文庫、一九七一、四三‐四五頁）

▼11 K. Marx, *Die Klassenkampfe in Frankreich 1848 bis 1850*, *Werke*, Band 7 (1969), S. 19.（マルクス『フランスにおける階級闘争』中原稔生訳、大月書店、一九六〇、四三頁）

▼12 K. Marx, *Klassenkampfe*, S. 34. 中原訳六四頁。

第五章　プルードンI

▼1 アナーキズム思想の「超歴史性」と「歴史性」のあいだには、興味深い問題が存在する。アナーキズムはしばしば権力のない社会というユートピアを描くことにより、この地上に歴史上存在したあらゆる政治権力の価値を否定し、始原的なものへの回帰、歴史的なもの自体の否定という点で「超歴史的」批判と見られることがある。実際、アナーキズム的想像力の助けとなるような思想は、古代以来、時代に関係なく現れてきたし（たとえばディオゲネス、エピクロス、ストア派、アルカディア思想など）、また西洋に限らず東洋にも

そのような知的伝統は存在する（老荘思想など）。しかし、このような「超歴史性」とは別に、まとまった思想系譜としての「アナーキズム」が成立するのは一九世紀の中頃以後だった、というアナーキズムの「歴史性」が存在する。そうした歴史的な意味での「アナーキズム」が一九世紀に成立した事情としてひとつには、フランス革命における「共和主義」に対する幻滅が生じ、それとは異なる方向への模索が始まったことが挙げられると思う。

▼2 二月革命一般について語る用意はないが、さしあたり以下のものを参照。阪上孝編『1848　国家装置と民衆』ミネルヴァ書房、一九八五。ジャン・カスー『1848年――二月革命の精神史』二月革命研究会訳、法政大学出版局、一九七九。一方、世界システム論で知られるウォーラーステインは、一八四八年を次のように位置付けている（I. Wallerstein, *After Liberalism*, New Press, 1995（I・ウォーラーステイン『アフター・リベラリズム――近代世界システムを支えたイデオロギーの終焉』松岡利道訳、藤原書店、一九九七）。彼によれば、「一八四八年の世界革命」の失敗によって、反システム運動が国家中心的な方向へと包摂されていく契機となる。その後、「リベラリズム」（これは国家主導による社会改良）を中心として「社会主義」（社会民主主義とマルクス主義）、「保守主義」の三つのイデオロギーが並立するが、これらはいずれも国家中心的な点では共通しているとされる。そのような傾向は、ウォーラーステインによれば、「一九六八年の世界革命」によって方向転換されるまで継続する。この歴史観からすれば、一九世紀のアナーキズムは、その反時代性によってユニークな位置にあるということになろう。

▼3 プルードンによる二月革命とその後の経過についての著作としては、本章で主として取り上げる『一九世紀革命の一般理念』のほか、『一革命家の告白』、『クーデタによって明らかにされた社会革命』などがある。これら諸著作のあいだの比較は興味深いが、今回は「プルードンのアナーキズム」を取り出すのが目的であるため、他の著作の検討は別の機会に回したい。

▼4 マルクスの有名な『哲学の貧困』は、そのタイトルを、批判の対象としたプルードンの著作『経済的諸矛盾の体系、あるいは貧困の哲学』の副題から取っている。しかし、このマルクスの批判は、プルードンの著作の全体の構図とは関係なく、マルクスの経済学の立場から、プルードンの価値論の部分だけを一方的に断罪するかたちを取っている。『哲学の貧困』によって、マルクス主義者の多くが、プルードン批判は解決済みだと考えたことが、この時代の重要な問題を見逃すことにつながったと思われる。

▼5 「アソシアシオン」運動については、『社会思想史の窓』刊行会編『アソシアシオンの想像力——初期社会主義思想への新視角』平凡社、一九八九などを参照。

▼6 一九八〇年代にネオマルクス主義のあいだで盛んになった「マルクスの国家論ルネサンス」において、マルクスの「フランス三部作」はしばしば取り上げられ、理論的な検討がなされた。代表的なものとして、Bob Jessop, *The Capitalist State: Marxist Theories and Methods*, Basil Blackwell, 1982, pp.16–31。ここでは、マルクスの国家論における「階級闘争の道具」とは異なる、「社会関係の凝集体」「社会関係の総体」としての国家論の系譜として、この三著作が挙げられており、ニコス・プーランツァスのような構造主義的マルクス主義の国家論への影響関係が論じられている。

▼7 K. Marx, *Die Klassenkampfe in Frankreich, 1848 bis 1850* [first published in 1850], in MEW, Band 7, Dietz Verlag, 1960, S. 43.（カール・マルクス「フランスにおける階級闘争」ドイツ社会主義統一党中央委員会付属マルクス＝レーニン主義研究所編『マルクス＝エンゲルス全集 第七巻』中原稔生訳、大月書店、一九六一、四〇頁）

▼8 エンゲルス「家族、私有財産および国家の起原」ドイツ社会主義統一党中央委員会付属マルクス＝レーニン主義研究所編『マルクス＝エンゲルス全集 第二一巻』村田陽一訳、大月書店、一九七一、一七一頁。

▼9 K. Marx, *Der achtzehnte Brumaire des Louis Bonaparte*[first published in 1852, second edition 1869], in MEW, Band 8, Dietz Verlag, 1960, S. 115.（カール・マルクス、「ルイ・ボナパルトのブリュメール一八日」『マルクス＝エンゲルス全集 第八巻』村田陽一訳、大月書店、一九六二、一〇七頁）

▼10 Ibid., S. 117.（同上、一一〇頁）

▼11 K. Marx, *Die Klassenkampfe in Frankreich, 1848 bis 1850*, S. 34.（カール・マルクス「フランスにおける階級闘争」、三二頁）

▼12 世界経済の動向で革命を説明する記述は、K. Marx, *Die Klassenkampfe in Frankreich, 1848 bis 1850*, S. 16, 98.（カール・マルクス「フランスにおける階級闘争」、一三、九四頁）

▼13 K. Marx, *Der Bürgerkrieg in Frankreich*[first published in 1871], in MEW, Band 17, Dietz Verlag, 1962, S. 342.（カール・マルクス「フランスにおける内乱——国際労働者協会総評議会の呼びかけ」『マルクス＝エンゲルス全集 第一七巻』村田陽一訳、大月書店、一九六六、三一九頁）

▼14 K. Marx, *Der Bürgerkrieg in Frankreich*, S. 341.（カール・マルクス「フランスにおける内乱」、三一七頁）

▼15 Ibid., S. 228.（同上、三一五頁）

▼16 これは、Proudhon, P.-J., *Idée générale de la révolution au 19e siècle* [fi rst published in 1851], in *OEuvres complétes* 2, Slatkine, 1982.（プルードン『プルードンI 十九世紀における革命の一般理念』陸井四郎・本田烈訳、三一書房、一九七一）の章のタイトルとなっている。

▼17 'fraternité'の訳語について。言うまでもなくこの語は、男性の兄弟を意味するfrèreに由来するもので、本来的には「兄弟愛」を指すものである。しかし、政治上の文脈でこの語が用いられる場合は、実際の家族関係ではなく、比喩的な意味での社会関係を指すのが一般的であり、その意味で「友愛」の訳語が用いられるのもあながち誤りとは言えない。プルードンがfraternitéを批判するさいには、語源的な意味での「兄弟愛」を社会全体に及ぼすことの不当性を論じているとも言えるのであり、社会の自律した成員間に何らかの連帯感情が存在すべきことを否定するものとは言えない。

▼18 この図像について、プルードンも言及している。ルイ・ブランとフランス革命の三原理について、P.-J. Proudhon, *Idée générale de la révolution au 19e siècle*, p. 372。

▼19 Ibid., p. 166.

▼20 Ibid., pp. 181–182.

▼21 そう言うからといって、プルードンが家族を軽視していたわけではない。むしろ家の内部では男性中心主義的な家長の支配を当然とする、「悪名高い」プルードンのアンチ・フェミニズムが存在する。本章ではこの問題には立ち入らないが、本文で触れたことの文脈に即して言えば、「家」と「社会」とを峻別し、自由と平等そして相互性で特徴付けられる「社会」の領域に、「家」の不平等で一方的な関係を持ちこまない、ということである。

▼22 P.-J. Proudhon, *Idée générale de la révolution au 19e siècle*, p. 191.

▼23 Ibid., p. 186.

▼24 Ibid., p. 182.

▼25 Aimé Berthod, 'Introduction,' in Proudhon, P.-J., *Idée générale de la révolution au 19e siècle*.

▼26 P.-J. Proudhon, *Système des contradictions économiques, ou philosphie de la misère* [first published in 1846], in *OEu-*

vres complètes 1, Slatkine, 1982.（ピエール＝ジョゼフ・プルードン『貧困の哲学』斉藤悦則訳、平凡社、二〇一四）

▼27 P.-J. Proudhon, *Idée générale de la révolution au 19e sicle.*

第六章　プルードンⅡ

▼1 たとえば、ハイエク的な新自由主義の視点からする自由主義の概説および思想史として、John Gray, *Liberalism*, Open University Press, 1986 があるが、グレイによれば、一九世紀イギリスの自由主義の絶頂時代に、思想界ではベンサムもJ・S・ミルもそれぞれの仕方で古典的自由主義から逸脱し、自由主義が凋落する契機となったと論じている。こうした自由主義思想史の構成は、従来のものとは大きく異なると思われる。

Ibid., pp. 28–31.

▼2 F. A. Hayek, *The Counter-Revolution of Science* ,1952.（F・A・ハイエク『科学による反革命——理性の濫用』佐藤茂行訳、木鐸社、一九七九）

▼3 J. S. Mill, *On Liberty*, 1859.

▼4 Emile Durkheim, *Le Socialisme: sa défi nition, ses débuts, la doctorine saint-simonienne*, Paris, 1971, p. 49.（デュルケム『社会主義およびサン＝シモン』森博訳、恒星社厚生閣、一九七七、三一頁）なお、この書物は、一八九五年から翌年にかけてのデュルケームの講義をもとにしたもので、原著の初版は一九二八年に出版されている。

▼5 Ibid., p. 59.（同上、四四頁）なお、デュルケームはマルクスについてはどう解釈しているかというと、マルクスをプラトンやモアなどの「共産主義」とは関係ないものとし、産業社会を構想する点で、「社会主義」の一種として扱っている。彼の時代にはすでにマルクス主義の影響はフランスでも大きなものとなっていたが、それをフランス社会学流に再解釈して取り込もうとする試みであろうか。

▼6 Ibid., p. 68.（同上、五三頁）

▼7 Ibid., p. 55.（同上、三九頁）

▼8 Ibid., p. 65.（同上、五〇頁）

▼9 Ibid., p. 82.（同上、七一頁）

▼10 Louis Blanc, *Organisation du travail*, Paris, 1839, p. 26.

▼11 Ibid., p. 81.

▼12 Ibid., pp. 87–93.

▼13 Ibid., pp. 38–46.

▼14 Ibid., p. 106.

▼15 Ibid., p. 105.

▼16 Ibid., p. 126.

▼17 シャルル・フーリエの伝記については、Jonathan Beecher, *Charles Fourier, The Visionary and His World*, Berkeley, 1986（ジョナサン・ビーチャー『シャルル・フーリエ伝——幻視者とその世界』福島知己訳、作品社、二〇〇一）が詳細であり、これを参照した。

▼18 フーリエの生涯の最大の著作、『普遍的統一の理論（*La Théorie de l'unité universelle*）』の副題は次のようになっている。*Traité de l'association domestique-agricole, ou attraction industrielle.*

▼19 Charles Fourier, *Théorie des quatre mouvements, OEuvres complètes de Charles Fourier*, tom. 1, pp. 183–191（フーリエ『四運動の理論』上・下、巖谷國士訳、現代思潮社、一九七〇）および、Beecher, op. cit., pp. 221–223.

▼20 サドとの比較については、Simone Debout, *L'Utopie de Charles Fourier*, Paris, 1978.（シモーヌ・ドゥブー『フーリエのユートピア』今村仁司監訳、平凡社、一九九三）の第一章などを参照。

▼21 Fourier, *La Théorie de l'unité universelle, OEuvres complètes de Charles Fourier*, tom. 4; Beecher, op. cit., pp. 197–204.

▼22 Fourier, *Théorie des quatre mouvements, OEuvres complètes de Charles Fourier*, tom. 1, pp. 71, 90, 130.

▼23 Ibid., pp. 223–224.

▼24 Ibid., pp. 224–253.

▼25 Ibid., pp. 265–269.

▼26 Beecher, op. cit., pp. 226–227, 241–253.

▼27 Fourier, *Théorie des quatre mouvements, OEuvres complètes de Charles Fourier*, tom. 1, p. 263.

▼28 *Publication des manuscrits de Charles Fourier, Volume II* (Paris, 1852), *OEuvres complètes de Charles Fourier*, tom.

10, pp. 7–10.

▼29 フーリエが一時ナポレオン帝政に期待して接近しようとしたことも、このような現実的な領域で秩序の「保証」者を求めたことの一環であるかもしれない。

▼30 このような地球の自己創造は、『四運動の理論』のなかでは、性的存在としての地球が北極と南極のふたつの性的極を持ち、それぞれ北極液と南極液を出し交接することによって説明されている。

▼31 "Du Libre arbitre, " *OEuvres complètes de Charles Fourier*, tom. 2, p. v.

▼32 Ibid., pp. XXXVI–XLIII.

▼33 Ibid., p. LI.

▼34 Pierre-Joseph Proudhon, *Qu'est-ce que la propriété?, ou Recherches sur principe du droit et du gouvernement, premier mémoire* (1840), *OEuvres complètes de P.-J. Proudhon*, Nouvelle édition, Rivière, tom. IV, chap. V. pp. 298–347.（プルードン「所有とは何か」『プルードンIII』長谷川進訳、三一書房、一九七一）

▼35 Proudhon, *Qu'est-ce que la propriété?, Deuxième mémoire, lettre à M. Blanqui sur la propriété* (1841), *Oeuvres complètes*, Nouvelle édition, Rivière, tom. X, p. 23.

▼36 Ibid., p. 42.

▼37 Proudhon, *Avertissement aux propriétaires, ou lettre à M. Victor Considérant sur une defénse de la propriété* (1842), *OEuvres complètes*, tom. X, p. 222.

▼38 Proudhon, *Deuxième mémoire*, pp. 47–49.

▼39 Ibid., pp. 50–51.

▼40 Ibid., p. 61.

▼41 Ibid., p. 54. なお、プルードンは以上のような立法の歴史について、次の文献を参照している。Marquis de Pastoret, *Histoire de la legislations*, 11 vols. (1817–1837).

▼42 Proudhon, *Deuxième mémoire*, p. 73.

▼43 Ibid., p. 30.

▼44 Proudhon, *De la Célébration du dimanche* (1839), *OEuvres complètes*, tom. IV, pp. 31–96.

▼45 Proudhon, *Deuxième mémoire*, p. 35.

▼46 プルードンは自由主義者たちを次のように類型化している。①産業家（J.-B. Say など）、すなわち laissez faire, laissez passer の支持者、②銀行家たち、saint-simoniens, phalanstériens も含まれる、③法学者たち（M. Rossi など）、④モラリスト。Proudhon, *Avertissement aux propriétaires*, pp. 178–181.

▼47 Ibid., p. 195.

▼48 Ibid., p. 199.

▼49 Ibid., pp. 198, 202.

▼50 Ibid., p. 214.

▼51 Ibid., p. 220.

▼52 Proudhon, *De la Création de l'ordre dans l'humanité ou principes d'organisation politique* (1843), *OEuvres complètes*, tom. V, p. 34.

▼53 Ibid., p. 63.

▼54 Ibid., p. 79.

▼55 Ibid., p. 82.

▼56 Ibid., p. 84.

▼57 Ibid., p. 137. プルードンの叙述に従えば、哲学（la philosophie）と科学（la science）としての経済学（l'économie politique）のあいだに、メタフィジーク（la métaphysique）と呼ばれる知の形態が取り上げられる。これは通常の意味での「形而上学」ではなく、文字通り自然学のメタ理論という意味で、科学の方法論（méthode）として位置付けられている。メタフィジークはそれ自体では科学ではなく、科学のための手段にすぎないが、「系列（série）」の基本性格がここで論じられている。

▼58 Ibid., p. 147. ここではプルードンの博物学への興味が示されているようであるが、なかでもリンネの植物分類学については、自然界の規則的な秩序を図表に示し、それにもとづいて未発見の種を想定するなど、「系列」の客観性を保証するものとして引証されている。

▼59 Ibid., p. 153.

▼60 Ibid., p. 296.

▼61 Ibid., p. 330.

▼62 Ibid., p. 356.

▼63 Proudhon, *Système des contradictions économique, ou philosophie de la misère*, 2 vols. (1846), *OEuvres complètes*, tom. I, p. 67.（ピエール＝ジョゼフ・プルードン『貧困の哲学』斉藤悦則訳、平凡社、二〇一四）

▼64 Ibid., p. 68.

▼65 Ibid., p. 76.

▼66 Pierre Rosanvallon, *L'État en France de 1789 a nos jours*, Paris, 1990. フランス自由主義のこのような生成過程については重田園江氏から示唆をいただいた。

▼67 Jacque Donzelot, *L'Invention du Social*, Paris, 1984.（ジャック・ドンズロ『社会的なものの発明——政治的熱情の凋落をめぐる試論』真島一郎訳、インスクリプト、二〇二〇）

▼68 George Steinmetz, *Regulating the Social, the Welfare State and Local Politics in Imperial Germany*, Princeton, 1993, pp. 55–59.

▼69 Hannah Arendt, *On Revolution*, New York, 1963.（ハンナ・アーレント『革命について』志水速雄訳、中央公論社、一九七五）、とくに第二章「社会問題（The Social Question）」参照。

▼70 Sheldon S. Wolin, *Politics and Vision Continuity and Innovation in Western Political Thought*, London, 1960.（シェルドン・S・ウォーリン『西欧政治思想史』尾形典男・福田歓一ほか訳、福村出版、一九九四）とりわけ最終章「組織化時代の政治思想」を参照。

▼71 Proudhon, *Système des contradictions économique, ou philosophie de la misère*, Vols. 2, pp. 311 . ピエール＝ジョゼフ・プルードン『貧困の哲学』斉藤悦則訳、平凡社、二〇一四）

▼72 真木悠介『自我の起源——愛とエゴイズムの動物社会学』岩波書店、一九九三は、社会生物学者ドーキンスの所説を批判的に検討しつつ、「主体性」に関してこの二つのレベルを区別している（同書、八三 - 八四頁）。その内容は手の込んだもので、ここで紹介する余裕はないが、新自由主義以降の自由論で主張される「自由」の「質的な」性格を検討するためにも、このような原理的な考察は貴重ではないかと思われる。

第七章　ベンジャミン・タッカー

▼1　新保守主義と新自由主義は通常、同じ政権によってなされる諸政策の、それぞれ文化的側面と経済的側面について言われることが多いが、両者は必然的に結びつくわけではない。「リベラル」や「ニューレフト」を標的とする攻撃が、こうした偶然の結びつきを作ったとも解される。またアメリカでは新自由主義的側面も含めて「新保守主義」の語が多く用いられるが、ヨーロッパでは伝統的に保守主義は市場中心主義とは結びつきにくかったので、このような用法は違和感があると言えよう。

▼2　Murray N Rothbard (ed.), *The Right Wing Individualist Tradition in America*, Arno Press & The New York Times, New York, 1972. このコレクションにはタッカーの著作などを含め、リストによれば三八点が集められている。私は東京大学駒場図書館所蔵のものを利用した。

▼3　タッカーの用いる独占（monopoly）の語は、文脈によっては寡占の方がふさわしいと思われる場合があるが、タッカーについて述べる箇所ではそのままにした。また国家と政府の異同についても、タッカーが国家（state）の語を多く用いているので、なるべくそれに従った。

▼4　Richard Hofstadter, *Social Darwinism in American Thought*, University of Pennsylvania Press, Philadelphia, 1944 の ch. 5, ch7（R・ホフスタター『アメリカの社会進化思想』後藤昭次訳、研究社出版、一九七三）など参照。

▼5　宇野重規「プラグマティズム――習慣・経験・民主主義」『政治哲学3　近代の変容』岩波書店、二〇一四を参照。

▼6　Ralph Waldo Emerson, *The American Scholar*.（ラルフ・ウォルドー・エマソン「アメリカの学者」『アメリカ古典文庫17』斎藤光訳、研究社出版、一九七五）

▼7　以上のタッカーの伝記的な事柄については、David DeLeon, *The American as Anarchist, Refl ections on Indigenous*, The John Hopkins University Press, Baltimore and London, 1978, p. 65 による。なおこの書物は、アメリカのアナーキズムに、タッカーのような個人主義的（右派）タイプのほかに左派的（共同体的）アナーキズムの伝統も見出しており、これに従うとアメリカ的アナーキズムとリバタリアニズムとは必ずしも重ならないことになる。

▶8 Howard Zinn, *A People's History of United States: 1492–Present*, 1980.（ハワード・ジン『民衆のアメリカ史』上、猿谷要監修、富田虎男・平野孝・油井大三郎訳、明石書店、二〇〇五）の第一〇、一一章参照。

▶9 イギリス一九世紀において、自由主義の側から個人の自由を擁護する目的で団結権を主張する立場が存在したことについて、たとえば、岡田与好『経済的自由主義——資本主義と自由』東京大学出版会、一九八七、第二章などを参照。

▶10 Deleon, op. cit., p. 73.

▶11 Benjamin Tucker, *Instead of a Book: By a man too busy to write one, a fragmentary exposition of philosophical anarchism*, in M. Rothbard (ed.), *The Right Wing Individualist Tradition*, 1972, p. 7.

▶12 Ibid., pp. 10–13.

▶13 Ibid., p. 61.

▶14 Ibid., p. 179.

▶15 William Bailey, Josiah Warren: The First American Anarchist, in M. Rothbard (ed.), *The Right Wing Individualist Tradition, 1972* (first published in 1906), 'introductory'.

▶16 Ibid., p. 9.

▶17 Tucker, op. cit., p. 144.

▶18 ピーター・J・ボウラー『進化思想の歴史』下、鈴木善次ほか訳、朝日新聞社、一九八七など、ボウラーの一連の進化論についての再考を参照。

▶19 Richard Hofstadter, *The Age of Reform: From Bryan to F. D. R.*, Alfred A. Knopf, New York, 1955.（ホーフスタッター『改革の時代——農民神話からニューディールへ』清水知久ほか訳、みすず書房、一九八八）、とくに第四章を参照。

▶20 ナチスの経済政策の「自由主義的」側面とオルドー学派の関わりについて、雨宮昭彦『競争秩序のポリティクス』東京大学出版会、二〇〇五を参照。

▶21 Henry Bool, *Henry Bool's Apology for his Je ersonian Anarchism* (first published in 1901), in *individualist Anarchist Pamphlets*, The Right Wing Individualist Tradition, 1972.

▶22 Murray N. Rothbard, Left and Right, The Prospects for Liberty, 1965, in *Left and Right: Selected Essays 1954–1965*,

The Right Wing Individualist Tradition, 1972.（マリー・ロスバード『自由の倫理学――リバタリアニズムの理論体系』森村進・森村たまき・鳥澤円訳、勁草書房、二〇〇三）

▼23　Murray N. Rohtbard, *The Ethics of Liberty*, New York University Press, New York and London, 2002, p. 121.

索引

ア行

カ行

サ行

タ行

ナ行

ハ行

マ行

ラ行

初出一覧

まえがき　書き下ろし

序章　アナーキズムとアナーキズム的なものの概念をめぐって　書き下ろし

第1章　アナーキズム的モーメント　「アナーキズム的モーメント」『現代思想』2004年5月号、青土社

第2章　W・ゴドウィン——合理性と判断力　「未完の急進主義とW・ゴドウィン」『国家学会雑誌』第99巻（第7・第8号)、国家学会、1986年

第3章　M・シュティルナー——自己性と差異　「アナーキズムの自由と自由主義の自由——シュティルナーとフォイエルバッハのばあい」『現代思想』1994年4月号、青土社

中間章　一九世紀初期アナーキズム思想の可能性と現代的意義　書き下ろし

第4章　マルクス——国家を超える市民社会　「社会主義」福田有広・谷口将紀編『デモクラシーの政治学』、東京大学出版会、2002年

第5章　プルードンⅠ——ジャコバン主義批判　「プルードンとアナーキズム——〈政治的なもの〉と〈社会的なもの〉」小野紀明・川崎修編『岩波講座　政治哲学3　近代の変容』、岩波書店、2014年

第6章　プルードンⅡ——産業化と自由、そして連帯　「産業化と自由、そして連帯——初期社会主義思想からみた自由と自由主義」佐々木毅編『自由と自由主義——その政治思想的諸相』、東京大学出版会、1995年

第7章　ベンジャミン・タッカー——アメリカ的アナーキズムの系譜　「ベンジャミン・タッカーとアメリカ的アナーキズムの起源」『現代思想』2015年7月号、青土社

終章　書き下ろし

あとがき　書き下ろし

森政稔（もり・まさとし）
一九五九年三重県生まれ。東京大学法学部卒業、同大学院法学政治学研究科博士課程中退。筑波大学社会科学系講師などを経て東京大学大学院総合文化研究科国際社会科学専攻教授。専攻は政治・社会思想史。著書に『変貌する民主主義』『迷走する民主主義』（ともにちくま新書）、『〈政治的なもの〉の遍歴と帰結』（青土社）、『戦後「社会科学」の思想』（ＮＨＫ出版）がある。

アナーキズム――政治思想史的考察

二〇二三年三月五日　初版第一刷印刷
二〇二三年三月一〇日　初版第一刷発行

著　者　森政稔

発行者　福田隆雄
発行所　株式会社作品社
〒一〇二‐〇〇七二　東京都千代田区飯田橋二‐七‐四
電話　〇三‐三二六二‐九七五三
ファクス　〇三‐三二六二‐九七五七
振替口座　〇〇一六〇‐三‐二七一八三
ウェブサイト　https://www.sakuhinsha.com

装丁　山田和寛＋佐々木英子（nipponia）
本文組版　大友哲郎
印刷・製本　中央精版印刷株式会社

ISBN978-4-86182-706-8　C0010　Printed in Japan